An Introduction
to Philosophy

哲学导论

程广云 / 主编

图书在版编目(CIP)数据

哲学导论/程广云主编. —北京：北京大学出版社，2018.3
ISBN 978-7-301-29064-4

Ⅰ. ①哲… Ⅱ. ①程… Ⅲ. ①哲学—高等学校—教材 Ⅳ. ①B

中国版本图书馆 CIP 数据核字(2017)第 328573 号

书　　名	哲学导论 ZHEXUE DAOLUN
著作责任者	程广云　主编
责任编辑	闵艳芸
标准书号	ISBN 978-7-301-29064-4
出版发行	北京大学出版社
地　　址	北京市海淀区成府路 205 号　100871
网　　址	http://www.pup.cn　新浪微博 @北京大学出版社
电子信箱	minyanyun@163.com
电　　话	邮购部 62752015　发行部 62750672　编辑部 62750673
印　刷　者	三河市博文印刷有限公司
经　销　者	新华书店
	730 毫米×980 毫米　16 开本　22.25 印张　329 千字 2018 年 3 月第 1 版　2022 年 1 月第 2 次印刷
定　　价	58.00 元

未经许可，不得以任何方式复制或抄袭本书之部分或全部内容。
版权所有，侵权必究
举报电话：010-62752024　电子信箱：fd@pup.pku.edu.cn
图书如有印装质量问题，请与出版部联系，电话：010-62756370

江 怡
如何写作哲学导论(代序)

广云教授组织完成了《哲学导论》一书,嘱我作序。我以往也曾参与过类似的导论或概论的写作,并对如何写作导论还曾发表过一些言论,从理论到实践都做了一些探索。如今,阅读了广云教授等编写的这部《哲学导论》,还是有些问题愿意提出来,与大家共同思考。

我们知道,哲学这门学问或学科最初来自西方,古希腊的"爱智慧"为哲学赋予了缘起意蕴。虽然已经历了两千多年的历史,但"哲学"却始终如同新鲜事物,不断被人们传诵和教导。这也就是为什么导论性质的哲学入门书,永远都会有新的作者和读者。的确,正因为哲学常说常新,我们也需要不断反思自己对哲学的理解方式,不断补充对哲学的新的理解,根据时代变化,根据科学发展,也根据人们思想观念的改变。然而,尽管如此,我们还是可以对哪怕是入门性质的哲学导论给出一些基本的概念,这些概念应当是所有谈论哲学这门学科的人都会涉及的内容。试想一下,如果一门学科的导论入门在不同作者那里表现为不同的内容,或者是以不同的方式呈现出来,那么,我们还会认为这些导论是在讨论同一门学科吗?不幸的是,我们现在看到的各类哲学导论似乎正面临着这样的困难。这似乎就给我们提出了这样一个难题:我们是否可以找到所有的哲学导论都必须包含的内容,使得这些导论讨论的是同一个学科?

为了回应这个问题,不同时代的哲学家们采用了不同的方法去尝试找到这些共同的内容。例如,早在18世纪,法国哲学家们对哲学的理解基本上是将之看做人们对一切事物的自然理解方式,也就是说,当我们要讨论事物的自然本性时,我们就需要采用哲学的方式,这种方式包括了理性、自然、情感、一般人性等概念。但到了19世纪的德国,哲学家们对哲学的理解发生了变化,哲学不再是对自然事物本性的追问,而是对人类精神世界的最高把握,也就是说,当我们需要讨论哲学时,我们是在讨论人类意识活动的自我实现问题。这样,哲学就与我们的日常生活没有直接的现实联系,而只是与我们的精神生活的最高目标有观念上的联系。在今天,当我们讨论哲学的时候,我们更关心的,是哲学对我们经验生活的直接关切,是哲学能够为我们的现实活动提供的指导和帮助。从这些历史描述中,我们似乎很难看到不同历史时期的哲学家们对哲学这门学问共同内容的论述,或者说,哲学家们似乎只是对自己感兴趣的哲学问题给出了自己的解答或者对相关问题提出了自己的理解,但却没有对哲学作为一门共同学问或学科提出某些共同的观念和主张。我相信,这完全是因为,哲学这门学问或学科原本就是这样的:她正是以展现不同哲学家思想的这种特殊方式,表明了这门学科的特点。在哲学史上就有这样的说法:"哲学就是哲学史",因为哲学就是以历史的方式展现这门学科的内容和特点。然而,令人遗憾的是,这种以哲学史代替哲学,或者说,用哲学的发展历史去定义哲学学科性质的做法,显然无法使得一般读者对哲学性质获得真实的了解,更无法使得我们对哲学这门学科得到一般的理解。其结果,我们看到的哲学导论必定是不同版本的哲学史。这就是为什么这本《哲学导论》同样是以哲学史的面目呈现在读者面前的。

那么,我们需要追问的是,难道哲学导论只能这样来书写吗?离开了哲学史,我们就无法介绍哲学这门学科或学问了吗?如果是这样,我们就只能承认,哲学这门学科还停留在学科发展的早期阶段,或者说,我们还没有形成对哲学这门学科的一般理解。然而,事实并非如此。经过两千多年的发展,哲学这门学科已经成为独立的学科,无论有多少学科从哲学的母体中分离出去,哲学作为一门独立学科依然保持着无法被取代或被取消的独特地位。这也就是为什么我们会在不同的历史时期强调哲学学科特殊性的重要原因。许多自然科学、社会科学、人文科学的学科逐渐在历史发展过程中形成和消失,但唯有哲学这门学科自诞生之日起就从来没有被取消过,更没有被任何其他学科所取代。这些事实恰好表明,哲学的确是一门独立的学科,她应当有自己的独特内容,这些内容是在其他任何学科中不加以讨论和处理的。因此,哲学导论就应当包含这样一些内容。

作为一门独立的学科，哲学应当具有自己独特的研究对象、研究领域、研究方法以及研究途径。这是任何一门学科能够作为一门独立学科的重要标志。那么，我们就会提出这样的问题，哲学的研究对象、领域、方法和途径究竟是什么？事实上，对这些问题的回答，也正是哲学本身，或者说，哲学研究原本就是要回答这样一些问题的。这似乎又让我们回到了问题的起点：哲学是以其对自身性质的规定来从事研究的，换句话说，哲学是以讨论自身性质问题而展开研究的。或许，正是由于哲学研究的这种特点，使得哲学导论难以用讨论自身性质的内容而加以展现，因为哲学家们对这些内容的讨论恰好构成了哲学历史的主要内容。这又进一步解释了为什么哲学导论总是被写成哲学史这个问题了。

当然，这本哲学导论是为哲学专业的本科生们所写的，这就需要专门说明一下了。首先，关于什么是哲学的问题，这的确是一本哲学导论必须要回答的问题。我们知道，在古希腊，"哲学"被解释为一种爱智慧的学问。如今，我们理解"哲学"这个概念的含义，也通常是按照这个解释。然而，由于"爱智慧"这个说法已经被人们滥用了，所以，我们最好把它替换为另一种说法，即"追问智慧的活动"。在本书中，作者们则把这个概念解释为"学问"与"修行"。值得注意的是，这里的"学问"和"修行"并非名词，而是动词，是作为活动或行为的一种说法。难得的是，本书作者用简短的言语，就把中国、西方和印度的哲学思想做了比较，最后得到一个结论："哲学不是任何一种知识入门、知识大全或者至上知识，而是对于知识的批判和反思。这种批判和反思依靠人的智能和人的灵性。哲学通过开发人的智能，启发人的灵性，不断激发人的求知本能，培养人的爱智品格。"应当说，这个说法是能够被接受的，并且可以用于解释不同的哲学传统。

其次，关于为什么要学习哲学的问题，这也是每个哲学初学者都会提出的问题。虽然本书作者对这个问题给出了很好的回答，即从历史起源上说明哲学"无用之大用"的道理，但对于一个初入哲学的本科生来说，依然无法让他们完全摆脱以是否有用的逻辑去评判哲学学习对他们的未来生活能够带来实际好处的思路。其实，仔细想来，所谓"无用之大用"的说法还是没有摆脱用哲学的功用去理解哲学价值的做法。如果我们换一个思路考虑这个问题，或许会有更好的理解。学习哲学的目的并不在于能够给我们带来什么，而是在于我们选择学习哲学的最初动机。如果说哲学是一种对智慧的追求，那么，我们每个人都应当有自己的哲学。既然如此，我们就需要考察不同人的哲学观是如何相互影响、相互作用，以至于我们可以从不同的哲学观中得到有益的启示；或者是，我们如何可以通过对不同哲学观的考察，得到我们可以共同理解的哲学观念。而所有这些考察正是构成了我们学习哲学的最初动机。或许有人会说，我们需要学习哲学的动机并非如此复杂，我们只是需要为我们的灵魂寻找一个安身之处，为我们的精神建立一个可以依靠的家园。应当说，这些想法其实都是无可指责的，因为它们恰好反映了普通人对于哲学的朴素理解和最初追求。然而，作为一门学科或学说的哲学却有着不同于普通人理解的特征和内容。这些特征和内容就包含了哲学概念的意义澄清和哲学观念的逻辑论证，包含了抽象思维和推理活动在哲学研究中的根本作用。从这个意义上说，哲学学习是一种思维能力的训练过程，是一种将对经验事实的观察判断能力提升到对事实性质的抽象理解的能力的过程。也正是因为哲学学习是这样一种训练过程，因而哲学专业学习就变得非常必要了。

最后，关于怎样学习哲学的问题，这原本是仁者见仁的问题，但本导论的作者对此给出了自己的解释。作者借用黑格尔和马克思的观点，说明哲学学习必须要从了解哲学的历史出发，因为这些哲学历史就是人类社会的发展史，也就是每个时代的精神反映。特别是，作者对马克思关于"哲学正在世界化"和"世界正在哲学化"的观点做了自己的解读，由此表明哲学乃时代精神的精华和文化的活灵魂。但这显然并非有关学习哲学的方法，而是对哲学的理解方式。如果从学习哲学的方法角度看待哲学的性质，我们就会得到不同的理解方式，而这些方式不仅可以帮助我们更好地看待哲学，也可以帮助我们消除对哲学的误解和神秘感。我想，本导论的作者们正是希望能够通过对哲学性质的不同理解，让我们走进哲学学习本身，由此得到哲学学习的基本路径和重要方法。

总之，通观全书，相信读者们会有一种强烈深厚的历史纵深感和畅快淋漓的思想通透感。从古到今，从西到中，从印度到犹太，从希腊到罗马……，所有这些历史画卷如数家珍般的展现于我们面前，让我们如临其境般的感受到了哲学的思想力量。不仅如此。这部哲学导论的最大特点在于,作者以朴实的语言清晰地说明了哲学发展的昨天和今天,揭示了哲学思想之深邃的奥秘,特别是对当代哲学讨论的重要领域、问题和方法都做了很好的梳理。这些都使得这部哲学导论具有不同于其他同类著作的鲜明特征:目前还没有哪部哲学导论性质的著作会把当代哲学中的主要问题和方法作为其中的主体部分。的确,形而上学、知识论、语言哲学、心灵哲学等领域,都是以它们所研究的问题而形成独特的研究范围,这些哲学问题也构成了当代哲学的主要内容。特别值得注意的是,作者把分析哲学、现象学和解释学都作为哲学方法单列成章,这的确真实地反映了这些哲学思潮在当代哲学中具有的重要方法论地位。这种处理方式也与国内已经出版的同类著作有很大的不同。在这种意义上可以说,这本《哲学导论》的确是一部创意大胆、立意独特、蕴意深远的哲学导论,相信读者在阅读该书的时候也能够亲身感受到这些特点。

是为序。

《哲学导论》编写组

程广云(引论、第一、二、三、四、五、六章)
梅剑华(第五、七章,第八章第一节)
叶磊蕾(第六章,第八章第二、三节)
陈德中(第九章)

目录 /Contents

引 论 /1
　什么是哲学 /1
　为什么学习哲学 /4
　怎样学习哲学 /6
　论坛哲学、讲坛哲学、实践哲学 /9
　进一步阅读 /11
　思考与讨论 /18

上 篇
古代哲学传统

第一章　中国哲学传统 /23
　中国哲学的形成 /23
　儒家哲学 /32
　道家哲学 /40
　中国哲学的发展 /45
　进一步阅读 /53
　思考与讨论 /58

第二章　印度哲学传统 /59
　印度哲学的形成 /59
　婆罗门教哲学 /62
　佛教哲学 /67
　印度哲学的发展 /71
　进一步阅读 /77
　思考与讨论 /83

第三章　希腊哲学传统 / 84
　早期希腊哲学　/ 85
　柏拉图哲学　/ 92
　亚里士多德哲学　/ 96
　晚期希腊、罗马哲学　/ 103
　进一步阅读　/ 106
　思考与讨论　/ 113

中篇　近代哲学传统

第四章　从中世纪到近现代　/ 119
　希伯来、波斯、阿拉伯哲学　/ 119
　中世纪欧洲哲学　/ 125
　文艺复兴与科学革命　/ 130
　宗教改革与思想启蒙　/ 137
　进一步阅读　/ 144
　思考与讨论　/ 148

第五章　英美哲学传统　/ 149
　经验主义　/ 149
　经验主义（续），功利主义　/ 155
　实用主义　/ 163
　实证主义　/ 165
　进一步阅读　/ 171
　思考与讨论　/ 175

第六章　欧陆哲学传统　/ 176
　理性主义　/ 176
　理性主义（续），历史主义　/ 182
　人本主义　/ 201
　后现代　/ 208
　进一步阅读　/ 212
　思考与讨论　/ 216

下 篇
当代哲学形态

第七章　当代哲学问题 / 221
形而上学 / 221

知识论 / 229

语言哲学 / 235

心灵哲学 / 246

进一步阅读 / 256

思考与讨论 / 269

第八章　当代哲学方法 / 270
分析哲学 / 270

语言分析 / 271

经验分析 / 277

总结 / 279

现象学 / 281

现象学运动与现象学方法 / 281

胡塞尔的现象学方法 / 286

总结 / 300

解释学 / 300

海德格尔：实是性的解释学 / 302

伽达默尔的解释学方法 / 308

进一步阅读 / 314

思考与讨论 / 319

第九章　当代实践哲学 / 320
政治哲学 / 320

道德哲学 / 327

法哲学 / 334

进一步阅读 / 341

思考与讨论 / 343

后　记 / 344

引 论

"哲学导论",顾名思义,是一门将大家引导到整个哲学课程体系的哲学课程。因此,正如对于任何一门学科一样,对于"哲学"这门学科,"导论"首先须回答一些基础性和前提性的问题。这些问题至少应当包括:

1. 什么是哲学?
2. 为什么学习哲学?
3. 怎样学习哲学?

我们将这样三个问题称之为"三W(What、Why、How)问题"。"引论"回答的也就是"三W问题"。

什么是哲学

"哲学"是现代汉语的一个词。在古代汉语中,虽然有"哲"和"学"两个字,但却没有"哲学"这个词。19世纪日本学者西周首次用日语中的汉字——"哲"和"学"两个字来指称从西方引进日本的一门学科;1896年前后中国学者黄遵宪首次介绍这一表述,用来指称从西方引进中国的这门学科。此后,哲学这个词就在汉语中出现了。在汉语中,"哲"意指聪明、智慧;"哲人"意指聪明而具有智慧的人。中国上古典籍《尚书·皋陶谟》借用大禹名义说:"知人则哲,能官人,安民则惠,黎民怀之。"《孔氏传》解释说:"哲,智也。无所不知,故能官人。惠,爱也。爱民则归之。"① 这两句话简

---

① 《尚书》"虞书·皋陶谟"([汉]孔安国传)。

哲学导论

要勾勒了中国哲学传统的基本特征：从哲学中开出政治、伦理，乃至宗教。总之，"哲学"意指聪明、智慧之学。在中国哲学传统中，这种聪明、智慧主要是指伦理—政治的聪明和智慧。

世界三大哲学传统中的哲学词源

哲学传统（语言）	语词	含义
中国古代（汉语）	道（术）、玄学、道学、理学	形而上
古印度（梵文拉丁化拼音）	1. darśana 2. anviksiki	1. 见：见解、思想、观点及有助于解脱的学科 2. 察：探究的学问及逻辑
古希腊（希腊文拉丁化拼音）	philosophia	爱智（慧）

关于哲学学科定位，与其作高深的、烦琐的系统理论论证，不如让我们回到哲学原初状态中去。朴素的理念往往具有不证自明而又清楚明白的特性。在哲学清澈的、透明的活水源头中，我们可以体认哲学的精神，领会哲学的力量。

在希腊哲学传统中，哲学称为"爱智慧"而不是"智慧"，哲学家称为"爱智者"而不是"智者"。

由于智者末流流于诡辩，柏拉图和亚里士多德把智者看成是歪曲真理，玩弄似是而非的智慧的人，亦即诡辩论者。这是希腊哲学传统称哲学为"爱智慧"而不是"智慧"，称哲学家为"爱智者"而不是"智者"的根据所在。

关于德尔斐神庙的箴言——"认识你自己"，苏格拉底的解释是"自知其无知"（即"人应当知道自己无知"）。这一思想在其他哲学传统中同样可以得到印证。在中国哲学传统中，孔子说："知之为知之，不知为不知，是知也。"① 老子说："知人者智，自知者明。""为学日益，为道日损。损之又损，以至于无为。无为而无不为。""知不知上；不知知病。夫唯病病，是以不

---

① 《论语》"为政第二"。

病。"① 这些话大致说的是一个意思。这就是说，人应当知道自己知识的局限。人应当知道，与未知的海洋相比较，人们已知的点滴，不过沧海一粟。而任何个人知识又仅仅是人类知识总和的沧海一粟。哲学教导人们不满已知的此岸，引领人们向往未知的彼岸。

在德尔斐神庙的门楣上还刻写着另一行希腊文："万勿过度。"这是亚里士多德"适度"原则的思想渊源。这一思想在其他哲学传统中同样可以得到印证。在中国哲学传统中，孔子就提出了"中庸"原则；在印度哲学传统中，佛陀也提出了"中道"原则。

"德尔斐神庙的箴言"及其阐释，说明哲学作为"学问"和作为"修行"的二重属性。

哲学与其他学科的根本区别在于：哲学不是任何一种知识入门、知识大全或者至上知识，而是对于知识的批判和反思。这种批判和反思依靠人的智能和人的灵性。哲学通过开发人的智能，启发人的灵性，不断激发人的求知本能，培养人的爱智品格。

比如一座知识大厦，其他学科是用来建筑的，而哲学则是用来清场、奠基、检修的。如同建筑和拆迁都得使用脚手架一样，虽然哲学与其他学科使用类似的概念和原理、范畴和命题，但意义却根本不同。

研究哲学既不是对于各门具体知识的概括和总结，也不是对于各门具体知识的评判和裁决，而是对于现有知识的批判和反思，在这种省思中不断表达人的智能的和灵性的诉求。如果非要说哲学是知识的话，那么，哲学是关于无知的"知识"或知识的无知。或者按照库萨的尼古拉的话说，"哲学是一种有学识的无知"：

谁对他本人的无知认识得越深，他的学识就会越多。②

---

① 《老子》三十三、四十八、七十一章。
② 〔德〕库萨的尼古拉：《论有学识的无知》，尹大贻、朱新民译，北京：商务印书馆，1988，第5页。

为什么学习哲学

学习哲学的理由应当与人们研究哲学的理由是一个问题。这就涉及哲学起源问题。

亚里士多德的《形而上学》给我们留下了关于哲学起源问题的最早解释。他说：

> 求知是人类的本性。
>
> 哲学并不是一门生产知识。这一点，即便从早期哲学家们的历史看，也是很明白的。因为人们是由于诧异才开始研究哲学；过去就是这样，现在也是这样。他们起初是对一些眼前的问题感到困惑，然后一点一点前进，提出了比较大的问题，例如日月星辰的各种现象是怎么回事，宇宙是怎么产生的。一个人感到诧异，感到困惑，是觉得自己无知；所以在某种意义上，爱神话的人就是爱智慧的人，因为神话也是由奇异的事情构成的。既然人们研究哲学是为了摆脱无知，那就很明显，人们追求智慧是为了求知，并不是为了实用。这一点有事实为证。因为只是在生活福利所必需的东西有了保证的时候，人们才开始寻求这类知识。所以很明显，我们追求这种知识并不是为了什么别的好处。我们说一个自由的人是为自己活着，不是为伺候别人而活着；哲学也是一样，它是唯一的一门自由的学问，因为它只是为了它自己而存在。①

根据亚里士多德的说法，哲学首先根源于人的一种形而上学本能——"求知是人类的本性"。世界是奇异的，人生是奇异的。人们是由于感到诧异，感到困惑，觉得自己无知才开始研究哲学。这是哲学发生的内在动因。其次，哲学根源于一种社会历史条件："只是在生活福利所必需的东西有了保证的时候，人们才开始寻求这类知识。"因此，在一个大家为生计而奔波的时代和国

---

① 〔古希腊〕亚里士多德：《形而上学》，吴寿彭译，北京：商务印书馆，1959，第1页；《西方哲学原著选读》上卷，北京大学哲学系外国哲学史教研室编译，北京：商务印书馆，1981，第119页。

度，人们是不会考虑哲学的。只有在文化（文明）达到一定程度的时候和地方，才能产生哲学。这是哲学发生的外部条件。总之，研究哲学是为了求知，并不是为了实用。求知是爱智的表现。只有获得闲暇的人们，才能发生哲学的兴趣。哲学是一门自由的学问。

人们经常提出一个问题：哲学有什么用？我们的回答是：从实用层面说，哲学的确是"无用"的。学习哲学不仅无助于我们升官发财、争名夺利，甚至由于境界的提高、品位的上升，反而有害于我们对于这些东西的追求和获取。但是，用庄子的话说，"无用者，大用也"。① 我们可以从两个基本角度来论证哲学所谓"大用"：一是从哲学与具体科学的关系来看，哲学是一切具体科学的不可或缺的前提或基础。对于任一理论系统，至少存在一个理论原子是这个理论系统所无法证明的。这就是说，对于任一理论系统，至少存在一个假定性的或预设性的理论前提或基础。完成这一假定或预设的正是哲学。譬如，当人们具体地探讨事物某一因果关系时，必定已经一般地确立了因果关系的信念，即"凡事必有因果"；当人们具体地探讨世界某一规律时，必定已经一般地确立了规律的信念，即"凡事必有规律"。因此，归根结底，任一科学命题都蕴涵了至少一个哲学命题。二是从哲学与现实生活的关系来看，哲学是一切现实生活的不可或缺的根本或依据。从任一现实生活问题出发，寻根究底，都会这样那样归结到至少一个哲学问题。比如，当我们提出"为什么学习哲学"这一问题时，即使按照最低标准回答，如"为了考试通过……修满学分……毕业、获得学位……工作……生活"等，只要不断提出"为什么"，就能进入哲学问题。如果我们对于"为什么要工作"这样一类问题，还能给予"为了生活"这样一种似乎比较确定的回答的话，那么我们对于"为什么要生活"这样一类问题，就不能给予任何一种确定的回答了。这是一条界限：凡问题提到了无法回答的地步时，这个问题就是一个哲学问题。与科学问题的回答相比较，哲学问题的回答必定不是一元的，而是多元的。

---

① 参见《庄子》"人间世第四"。有一"大木"，"是不材之木也，无所可用"，但却全身保命，此为"大用"。这一典故散见《庄子》多处。

哲学对于具体科学和现实生活的诸如此类的意义和价值，就是它的"用处"所在。

怎样学习哲学

同样，学习哲学的方法应当与人们研究哲学的方法是一个问题。只有从根本上领会哲学的精神，才能从根本上把握学习以及研究哲学的方法。这又涉及哲学以及哲学历史发展问题。

黑格尔在《哲学全书》第一部导言、《哲学史讲演录》导言中表达了自己的哲学观和哲学史观。他说：

> 哲学史上所表现的种种不同的体系，一方面我们可以说，只是一个哲学体系，在发展过程中的不同阶段罢了。另一方面我们也可以说，那些作为各个哲学体系的基础的特殊原则，只不过是同一思想整体的一些分支罢了。那在时间上最晚出的哲学体系，乃是前此一切体系的成果，因而必定包括前此各体系的原则在内；所以一个真正名副其实的哲学体系，必定是最渊博、最丰富和最具体的哲学体系。
>
> 哲学的每一部分都是一个哲学全体，一个自身完整的圆圈。但哲学的理念在每一部分里只表达出一个特殊的规定性或因素。每个单一的圆圈，因它自身也是整体，就要打破它的特殊因素所给它的限制，从而建立一个较大的圆圈。因此全体便有如许多圆圈所构成的大圆圈。这里面每一圆圈都是一个必然的环节，这些特殊因素的体系构成了整个理念，理念也同样表现在每一个别环节之中。
>
> 所以我们就常碰到对于哲学史的很普通的看法，认为它应当是对于一大堆在时间中产生和表现出来的哲学意见的罗列和陈述。像这类的材料，我们客气一点可以称之为意见；而在那些自信可以下比较彻底的判断的人，也许会干脆叫这种哲学史为无意识的东西的展览，或者至少是单纯沉溺在思想和概念中的人们所犯的许多错误的展览。这种说法我们

不只是在那些自己承认不懂哲学的人那里可以听到（他们自己承认不懂哲学，因为在一般人看来对于哲学的无知并不妨碍他们对哲学随便下判断；正相反，他们每个人都自信能够对哲学的价值和性质下判断，虽说他们对于哲学毫无所知）；而且从那些自己在写哲学史和曾经写过哲学史的人那里也同样可以听到。哲学史照这样说来，既是各式各样的意见的罗列，那么，它将变成一个无聊的好奇的东西，或者我们也可以说只是一种博学的兴趣。因为所谓博学，主要地只是知道一大堆无用的东西，这就是说，除了对那些无用的东西具有一些知识之外，本身没有任何别的内在意义和价值。

然而有人却以为像这样学习别人的不同意见和思想也是有用的：有刺激思维能力、引起许多好的思想的好处，这就是说，有可以引起另一些意见的好处，于是哲学史这门学问的功用，就在于从一些意见引起另一些意见。

对于哲学努力之为无用的证明，可以直接从这种对于哲学史通常的肤浅看法引申出来：即认为哲学史的结果所昭示的，不过只是分歧的思想、多样的哲学的发生过程，这些思想和哲学彼此互相反对、互相矛盾、互相推翻。这个不可否认的事实，似乎包含有可以把耶稣基督下面的一句话应用到哲学上面来的理由和必要："让那死了的人去埋葬他们的死人；跟着我来。"全部哲学史这样就成了一个战场，堆满着死人的骨骼。它是一个死人的王国，这王国不仅充满着肉体死亡了的个人，而且充满着已经推翻了的和精神上死亡了的系统，在这里面，每一个杀死了另一个，并且埋葬了另一个。这里不是"跟着我走"，按照这里的意思倒必须说，"跟着自己走"。这就是说，坚持你自己的信念，不要改变你自己的意见。何必采纳别人的意见呢？

这样的情形当然就发生了：一种新的哲学出现了。这哲学断言所有别的哲学都是毫无价值的。诚然，每一个哲学出现时，都自诩为：有了它，此前的一切哲学不仅是被驳倒了，而且它们的缺点也被补救了，正确的哲学最后被发现了。但根据以前的许多经验，倒足以表明《新约》

里的另一些话同样地可以用来说这样的哲学,——使徒彼得对安那尼亚说:"看吧!将要抬你出去的人的脚,已经站在门口。"且看那要驳倒你并且代替你的哲学也不会很久不来,正如它对于其他的哲学也并不曾很久不去一样。

哲学史的事实并不是一些冒险的行为,一如世界的历史并不只是一些浪漫的活动,换言之,它们并不只是一些偶然的事实,迷途骑士漫游事迹之聚集:这些骑士各自为战,作无目的的挣扎,在他们的一切努力里,看不出任何效果。哲学史同样也不是在这里异想天开地想出一个东西,在那里又主观任性地想出另一个东西,而是在思维精神的运动里有本质上的联系的。精神的进展是合乎理性的,我们必须本着对于世界精神这样的信心去从事历史,特别是哲学史的研究。①

根据黑格尔的观点,哲学史上每一个体系都是哲学本身的一个环节。哲学史是所谓"圆圈的圆圈"。哲学史上的纷纭意见,其实都是精神进展中的合理环节。哲学或哲学史既不是一个思想的展览,也不是一个思想的战场,而是人类精神的进展。正如在人类史上,凡人必死(人都是要死的),任何个人作为个体是不会与世长存的,但他的某些生理的、社会的和心理的因素(如遗传基因、遗产遗业、思想学说等)却通过后代得以在历史上保留、发扬一样,在哲学史上,任何理论作为体系是不会与世长存的,但它的某些因素却同样得以在历史上保留、发扬。

马克思同样表达了自己的哲学观和哲学史观。他说:

> 任何真正的哲学都是自己时代的精神上的精华,因此,必然会出现这样的时代:那时哲学不仅在内部通过自己的内容,而且在外部通过自己的表现,同自己时代的现实世界接触并相互作用。那时,哲学不再是同其他各特定体系相对的特定体系,而变成面对世界的一般哲学,变成当代世界的哲学。各种外部表现证明,哲学正获得这样的意义,哲学正

---

① 〔德〕黑格尔:《小逻辑》,贺麟译,北京:商务印书馆,1980,第54—55、56页,《哲学史讲演录》第1卷,贺麟、王太庆译,北京:商务印书馆,1959,第16—17、17、21—22、22、24页。

变成文化的活的灵魂，哲学正在世界化，而世界正在哲学化，——这样的外部表现在一切时代里曾经是相同的。①

根据马克思的观点，哲学是"时代精神的精华"和"文化的活的灵魂"。哲学历来是面对可能世界的，但却终将面对现实世界。哲学历来是一些特定的体系，但却终将变成"面对世界的一般哲学""当代世界的哲学"。"哲学正在世界化"是说哲学正在干预现实世界，一种真正的世界哲学（不是各个体系的总和）正在形成，而"世界正在哲学化"则是说世界正在趋向哲学理想：一种批判和反思的理性。

总之，我们研究哲学既不是为了卖弄自己的渊博，嘲弄别人的浮浅；也不是为了标榜自己的一贯正确，证明别人的一概错误；而是参与一次精神历险。正如每一个人的成长一样，人类的成长同样经历着童年、少年、青年等等的时段。今天，当我们学习和研究例如古代三大哲学传统或近代两大哲学传统时，我们就是在重新体验人类精神成长的历程。童年是幼稚的，但也是天真的。正如每一个人在成长中一样，人类在成长中同样获得了一些宝贵的东西而又丧失了另一些珍贵的东西。成熟就意味着：一方面我们得到了理性，另一方面我们失去了激情。在无知时，我们充满了对于知识的兴趣；在拥有某些知识时，我们反而消解了对于知识的兴趣。哲学的精神是爱智、求知，其中，"爱"的热情、"求"的壮志比任何智慧、任何知识本身更重要；而对于智慧的兴趣、对于知识的兴趣比任何智慧、任何知识本身更根本。因此，我们必须不断重新体验个人和人类曾经的生命历程。只有在登上知识的巅峰，面临无知的深渊时，才是一派哲学境界。

论坛哲学、讲坛哲学、实践哲学

哲学从形态上可以分为论坛哲学、讲坛哲学、实践哲学三类。论坛哲学是指哲学家、哲学工作者以及哲学专业群体面向起码受过一定专门哲学训练

---

① 《马克思恩格斯全集》第1卷，中共中央编译局编译，北京：人民出版社，1995，第220页。

的人们发表的哲学言论，主要是指哲学研究。实践哲学（非指与纯粹哲学相对应的，而指与论坛哲学、讲坛哲学相对应的）是大众在日常生活中奉行的哲学观念。讲坛哲学是哲学精英（哲学家、哲学工作者）面向大众（没有或者尚未受过哲学专门训练的人们）发表的哲学言论，主要是指哲学教学。三者之间无疑是一种互动的关系。毫无疑问，讲坛哲学构成论坛哲学与实践哲学之间的中介。

实践哲学一直是"沉默"的。而讲坛哲学则似乎早于论坛哲学出现。孔子周游列国，"述而不作"，"化三千、七十二"，其哲学言论由其弟子和再传弟子结集为《论语》，成为儒门经典。苏格拉底经常在雅典街市上进行哲学谈话。其弟子柏拉图和其再传弟子亚里士多德均有一半著作为对话形式（柏拉图对话流传而论文失传，亚里士多德对话失传而论文流传）。前有学园遗风，后有逍遥余韵。可见当年哲学多半属于讲坛哲学，而且富有魅力。但是，随着书写工具和印刷工具的发明、改进，论坛哲学逐渐高过讲坛哲学。

作为论坛哲学，哲学研究包括两个方面：一是哲学理论研究，二是哲学历史研究。前者是思想型的研究，具有各自的意义和价值；后者是学术型的研究，具有价值中立和意义悬置的特点。当然，史论结合。哲学历史研究是哲学理论研究的前提和基础，哲学理论研究是哲学历史研究的动机和目的。作为讲坛哲学，哲学教学与哲学研究相对应，包括哲学理论教学、哲学历史教学两个方面，前者以概念、范畴、命题、原理为线索；后者以人物、著作、学派、思潮为线索，相辅相成。论坛哲学、讲坛哲学逐渐内化、积淀，形成文化形态内核。这也就是实践哲学。

实践哲学是"沉默"的大多数人的生活实践哲学，尽管难登大雅之堂，毕竟浸透着大众世俗的心灵和日用的智慧，透露着传统文化的遗传信息和现代社会的环境信息；论坛哲学是"自言自语"的少数人的哲学工作游戏，尽管难出象牙塔，毕竟反映了哲学精英的思想创造，表达了他们的独立精神；而讲坛哲学则是哲学精英和大众之间的对话、交流、沟通。

实践哲学主要受到大众的实在经济利益和文化价值观念的驱动；论坛哲学主要受到哲学精英的智慧和人格的驱动；有两个重要因素支配着讲坛哲学：

一是意识形态因素，二是教育体制因素。

讲坛哲学，尤其哲学教学与其他学科教学之间的关系在于：第一，在哲学教学中必须遵守学术规范，体现学术创新。哲学教学如同其他学科一样，关键在于传授学理，研究问题。第二，在哲学教学中应当注重哲学学科特点。哲学与其他学科是有关联的，但这一关联却不是肯定性的，而是否定性的。也就是说，其他学科是传授知识，以一种"正的方法"使人们现有的知识得到增进或扩展，而哲学则是省思知识，以一种"负的方法"使人们现有的知识得到合理性的追问或正当性的怀疑。同样，如果非要说讲坛哲学是传授知识的话，那么，讲坛哲学是传授关于无知的"知识"或知识的无知。

进一步阅读

智者·爱智者

当时在希腊雅典，有一批专门收徒取酬，传授辩论术的职业教师，号称"智者"，如普罗泰戈拉等，均是能言善辩之人。传说普罗泰戈拉有一个学生。两人约定在这个学生毕业时，由他支付一半学费，另一半则待他首次打赢官司时付清。但这个学生毕业后却不执行律师职务，并拖欠另一半学费。于是，普罗泰戈拉向法庭控告并向这个学生说：如果你败诉则你应据判决即刻付清学费，如果你胜诉则你应据合约即刻付清学费，因此无论你败诉或胜诉，你都应即刻付清学费。这个学生反驳说：如果我败诉则据合约不应即刻付清学费，如果我胜诉则据判决不应即刻付清学费，因此无论我败诉或胜诉，我都不应即刻付清学费。这是一个著名的二难推理的例子。辩论术就这样走向了诡辩术。

希腊文 philosophia，由 philo（爱）和 sophia（智慧）合成。柏拉图、亚里士多德认为，"智慧"是属神的，只有神才能称为"智者"；而属人的则是"爱智慧"，人只能称为"爱智者"。依照希腊文原义，作为"爱智慧"，哲学既是一种"学问"，也是一种"修行"。

哲学导论

德尔斐神庙的箴言

当时在希腊雅典附近,有一个地方叫做德尔斐,有一座神庙供奉希腊神话中的太阳神兼智慧神阿波罗。在德尔斐神庙的门楣上刻写着一行希腊文:"认识你自己",史称"德尔斐神庙的箴言"。最终解释这一奥秘的是当时著名的哲学家苏格拉底。

太阳神兼智慧神阿波罗·德尔菲神庙遗址

当时雅典的生活方式是:奴隶劳动,自由公民大部分时间无所事事,工作对于自由人是不光荣的。苏格拉底的专门职业是他的哲学讲授,或他的社交活动——他的哲学的社交生活:闲逛、游荡,主要是聊天。他申明自己宁愿听从神,而不听从人;只要一息尚存,永不停止哲学的实践。他教导、劝勉所遇到的每一个人,劝说大家,敦促大家。这是对于道德问题的一系列无休止的讨论,这是一种道德说教,但却不是一种讲道、训诫、讲授或枯燥的道德说教。恰巧相反,苏格拉底不自以为是,不好为人师,不强人从己,充分保证并尊重他人的自由权利,避免一切粗暴无礼的态度。

这也就是"著名的苏格拉底讽刺",也称之为"接生术"(苏格拉底的母亲是一位接生婆)。关于这一"著名的苏格拉底方法",黑格尔指出:

苏格拉底的谈话（这种方法）具有一种特点：（一）他一有机会就引导人去思索自己的责任，不管这机会是自然产生的还是苏格拉底故意造成的。……接着（二）他就引导他们离开这种特殊事例去思索普遍的原则，引导他们思索、确信并认识什么是确定的正当的东西，什么是普遍的原则，什么是自在自为的真和美。这种工作，他是用著名的苏格拉底方法来做的；……这个方法主要地有两方面：（一）从具体的事例发展到普遍的原则，并使潜在于人们意识中的概念明确呈现出来；（二）使一般的东西，通常被认定的、已固定的、在意识中直接接受了的观念或思想的规定瓦解，并通过其自身与具体的事例使之发生混乱。这些就是苏格拉底方法的一般。①

阿里斯托芬的《云》

当时，著名喜剧家阿里斯托芬创作了喜剧《云》，辛辣地讽刺了苏格拉底的辩证法。

《云》的故事是这样的：一位父亲因他的儿子赛马、玩马而负债累累。这位父亲走到苏格拉底的"思想所"，请教一种赖账的办法——辩论术。阿里斯托芬将苏格拉底的"思想所"描述为诡辩家们的俱乐部，他们收徒取酬，教人辩论。他们有两种说理，一种较好的说理，一种较坏的说理；一种叫正理，一种叫歪理。不论有理无理，后者都可以在辩论中取胜，都可以制胜前者，无理说出理来，也就是无理取闹。阿里斯托芬将苏格拉底描述为智者："我在空中行走，思考太阳。""云"便是他们所信仰的"神"："不！她们是天上的云，是有闲人至大的神明/我们的聪明才智、诡辩歪理/以及欺诈奸邪全都由她们赋予。""从今后除了我们所信仰的天空、云和舌头/三者外，可不得再信仰什么旁的神！"这位父亲没有全部学会，便让儿子去学。但是，仅仅自己所学得的部分，就足以打发所有债主了。然而，儿子学成，超过父亲，乃至儿

---

① 〔德〕黑格尔：《哲学史讲演录》第 2 卷，贺麟、王太庆译，北京：商务印书馆，1960，第 53 页。

子打了老子，竟然照样说出理来。最后这位父亲放火烧了苏格拉底的"思想所"。① 显然，阿里斯托芬将苏格拉底混淆于一般所谓智者，将辩证法混淆于一般所谓辩论术。不仅如此，《云》对于苏格拉底的信仰、教育青年活动的讽刺，为后来审判苏格拉底作了一定的舆论准备。

苏格拉底之死

所谓"苏格拉底之死"，集中表现在柏拉图的三篇对话——《申辩》《克里多》和《斐多》里。

当时，苏格拉底的一位朋友来到德尔斐求神谕：有没有人比苏格拉底更智慧？神谕说：没有人更智慧了。对于这个神谕，苏格拉底认为：一方面，他知道自己没有智慧；另一方面，神不可能说谎。于是，他通过反证法解这个谜，也就是说：如果能找到一个人比他智慧，那就可以到神那里去提出异议了。他访问所有显得智慧的人如政界人士、诗人、工匠等，发现他们不管有无智慧，都不像他自己那样知道自己无知，因此是双倍的无知，而他则起码知道自己无知，在这一点上比其他人智慧。他由于这一查访活动树立了众多的敌人，得到了"最智慧的人"的称号，最后被起诉。罪名有两项：不尊敬旧神还引进新神、败坏青年。苏格拉底在法庭上自我申辩说：

> 其实，公民们，只有神才是真正智慧的，那个神谕的用意是说，人的智慧没有多少价值，或者根本没有价值。看来他说的并不真是苏格拉底，他只是用我的名字当作例子，意思大约是说"人们哪！像苏格拉底那样的人，发现自己的智慧真正说来毫无价值，那就是你们中间最智慧的了。"
>
> 我这个人，打个不恰当的比喻说，是一只牛虻，是神赐给这个国家的；这个国家好比一匹硕大的骏马，可是由于太大，行动迂缓不灵，需

---

① 〔古希腊〕埃斯库罗斯等：《古希腊悲剧喜剧全集》（6）"阿里斯托芬喜剧"（上），张竹明、王焕生译，南京：译林出版社，2007，第250、257、267页。

要一只牛虻叮叮它,使它的精神焕发起来。①

苏格拉底的申辩至此结束,大家投票。结果以二百八十一票对二百二十票宣告有罪。苏格拉底既不愿意认罪,也不愿意赎罪。审判官去判决,结果判他死刑。苏格拉底警告他的敌人们说,他们将要因为这件可耻的罪行受到严重的惩罚。然后苏格拉底转向他的朋友们说,死是不应该怕的,死不是一件可怕的事。死不过是睡一场连梦都没有的觉。死是活在另一个世界里。但是,在从判决到执行中存在一个间隙。当时,一年一度由城邦派遣的一艘朝圣大船刚刚出发,按照习俗,在这艘大船返回前不能处死犯人。苏格拉底的许多朋友准备利用这一机会营救他出狱,帮助他逃离雅典,但是为他所拒绝。苏格拉底认为,法律对他的判决是不公正的,但是他违反法律,置法律于不顾同样是不正确的。苏格拉底选择服从法律,饮鸩自尽——喝下毒药死去。后来,苏格拉底冤案被平反了。

在西方哲学史上,苏格拉底是哲学家的人格化身。他的生平就是他的哲学。他以他的一生去实践了他的哲学。他留下的箴言是:

未经省察的人生没有价值。
我去死,你们去活,谁的去路好,唯有神知道。②

关于著名的苏格拉底悲剧,黑格尔将道德与伦理区别开来,认为苏格拉底的"美德即知识"将伦理推进为道德(道德是伦理与反思的结合)。黑格尔指出:

在真正悲剧性的事件中,必须有两个合法的、伦理的力量互相冲突;苏格拉底的遭遇就是这样的。他的遭遇并非只是他本人的个人浪漫遭遇,而是雅典的悲剧,希腊的悲剧,它不过是借此事件,借苏格拉底而表现出来而已。这里有两种力量在互相对抗。一种力量是神圣的法律,是朴

---

① 《西方哲学原著选读》上卷,北京大学哲学系外国哲学史教研室编译,北京:商务印书馆,1981,第68、69页。
② 〔古希腊〕柏拉图:《游叙弗伦、苏格拉底的申辩、克力同》,严群译,北京:商务印书馆,1983,第50、55页。

哲学导论

素的习俗——与意志相一致的美德、宗教——要求人们在其规律中自由地、高尚地、合乎伦理地生活;我们用抽象的方式可以把它称为客观的自由,伦理、宗教是人固有的本质,而另一方面这个本质又是自在自为的、真实的东西,而人是与其本质一致的。与此相反,另一个原则同样是意识的神圣法律,知识的法律(主观的自由);这是那令人识别善恶的知识之树上的果实,是来自自身的知识,也就是理性——这是往后一切时代的哲学的普遍原则。

苏格拉底的原则造成了整个世界史的改变,这个改变的转捩点便是:个人精神的证明代替了神谕,主体自己来从事决定。①

苏格拉底之死　〔法〕雅克·路易·达维特(大卫)

---

① 〔德〕黑格尔:《哲学史讲演录》第3卷,贺麟、王太庆译,北京:商务印书馆,1959,第44—45、89页。

柏拉图式的爱

所谓"柏拉图式的爱",集中表现在柏拉图的两篇对话——《斐德若》和《会饮》里。

在前一篇,苏格拉底首先与斐德若一起讨论了莱什阿斯的一篇文章,说明没有爱情的人的长处。接着,苏格拉底戏拟了另一篇文章,说明有爱情的人的短处。最后,苏格拉底创作了第三篇文章,说明爱情的神圣,以及爱情与灵魂的关系。苏格拉底首先颂扬迷狂,认为迷狂包括预言的迷狂、宗教的迷狂、诗歌的迷狂以及爱情的迷狂;进而说明灵魂的本质和演变,灵魂的不朽,理智、意志和欲念,生命的经历、学问道德的修养,灵魂的轮回,灵魂的记忆;最后说明爱情的本质与表现,爱情就是当因美的感官印象而回忆美的理念时的心理紧张焕发状态。它就是哲学。

在后一篇,最初参加会饮的六人讨论的主题是爱情。前面五人各作一篇颂词,颂扬爱神。其中阿里斯托芬的颂词是:从前人类本来分成三种——男人、女人和"阴阳人"。他们的形体是一个圆团,每个器官各有两套。男人原来由太阳生出来,女人原来由大地生出来,阴阳人原来由月亮生出来。他们的体力和精力非常强壮,自高自大,乃至于图谋向诸神造反。宙斯把人截成两半。于是这一半想念那一半。男人的两半成为男同性恋,女人的两半成为女同性恋,只有阴阳人的两半成为异性恋。这就是说:我们本来是完整的,对于那种完整的希冀和追求就是所谓爱情。

接着,轮到苏格拉底。苏格拉底口述了第俄提玛关于哲学修养的启示:爱神是介乎美丑、善恶、有知与无知、神与人之间的一种精灵。它是贫乏神和丰富神的结晶。它就是一个哲学家;爱情就是一种欲望,想把凡是好的永远归自己所有;爱情的目的在凭美来孕育生殖,追求不朽:生殖乃是以新替旧,种族与个人都时时刻刻在生灭流转中。这种生殖既可以是身体的,也可以是心灵的。爱情的深密教,也就是达到哲学极境的四大步骤:从个别美的形体到全体美的形体,从美的形体到美的行为制度,从美的行为制度到美的

哲学导论

学问知识,从美的学问知识到以美本身为对象的学问,彻悟美的本体。

最后,参加会饮的第七个人表达了对于苏格拉底的颂扬。苏格拉底是作为爱情和哲学的典范受到颂扬的。由颂爱情,颂哲学,到颂苏格拉底,这三者是统一的。

柏拉图的会饮 〔德〕安瑟尔姆·费尔巴哈

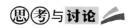

何谓哲学?

上篇

古代哲学传统

迄今为止，所谓世界哲学仍然是指各个国家和地区哲学的总和。世界哲学没有一个共同源头，但在多个源头里却具有几个核心地带。这些核心地带形成几个主流，亦即最大哲学传统，然后汇合若干支流，亦即较小哲学传统，形成世界哲学长河。个别哲学和哲学体系只是其中的浪花。所谓哲学传统是指一种可持续的哲学传承。它超越了哲学思潮、学派等等。任一哲学思潮、学派等等都以某一哲学传统为根据，都内化着、积淀着某一哲学传统。

四大或五大文明古国，表明古代世界具有四个或五个主要文化传统：美索不达米亚（巴比伦）文明、埃及文明、印度文明、中华文明以及作为希腊文明、罗马文明前身的爱琴（克里特）文明。但是，并非所有文化传统同时都是哲学传统。有了文化（文明）并非就有哲学和哲学体系，有了哲学和哲学体系并非就有哲学传统，有了某个小传统并非就有一个大传统。在世界历史上，只有中国、印度、希腊哲学所形成的传统源远流长，号称"世界三大哲学传统"。其他传统亦有一定的地位和影响。其中，希腊哲学和希伯来宗教共同形成西方哲学传统。

古代哲学是"人类童年时代"的哲学。马克思指出："*有粗野的儿童和早熟的儿童。古代民族中有许多是属于这一类的。希腊人是正常的儿童。*"① 如果我们把中国、印度、希腊哲学传统作一个比较，大致可以说，中国哲学是早熟型的，印度哲学是早衰型的，而希腊哲学则是正常型的。中国哲学侧重人际领域，偏重感性直观或实践理性；印度哲学侧重人生领域，偏重非理性直觉；希腊哲学侧重自

---

① 《马克思恩格斯选集》第2卷，北京：人民出版社，2012，第712页。

然领域（早期，中期转向人事领域，晚期转向人生领域），偏重理性思辨或理论理性。至于中国、印度、希伯来宗教传统，大致可以说，中国哲学是耻感—乐感型的、印度哲学是苦感型的、希伯来宗教是罪感—爱感型的。

世界三大哲学传统比较

中国哲学传统	印度哲学传统	希腊哲学传统
早熟型	早衰型	正常型
重人际领域	重人生领域	重自然领域（早期）（中期转向人事领域，晚期转向人生领域）
重感性直观或实践理性	重非理性直觉	重理性思辨或理论理性
		希伯来宗教传统
耻感—乐感型	苦感型	罪感—爱感型

第一章
中国哲学传统

中国号称"中华"。其中,"中"指中央,是国名,意谓居四方之中央;"华"指华夏,是族名,意谓光辉、文采、精粹,亦即文化发达。现实的中国是历史的中国的继续。这里,历史对于我们来说,不是已经消逝的过去,而是内化、积淀于现实中的现在。历史与现实的关系,仿佛地质层面中的深层与表层的关系一样,越是遥远的,越深藏于内;越是临近的,越表露于外。

中国哲学在世界哲学中有着重要的地位和影响。中国哲学传统属于世界三大哲学传统之一,是一件值得我们中华民族骄傲的事情。中国哲学的形成经历了一个从"百家争鸣"到"定于一尊"的基本过程。儒家哲学、道家哲学是中国哲学传统的两大核心。中国哲学的发展经历了一个从子学到经学乃至玄学、佛学、道学等等的基本过程。其中,"夷夏之辨""华梵之辨""佛学东渐""中西之辨"以及"西学东渐"推动了中国哲学的发展。中国哲学传统先后形成"儒道互补""儒释道合流"以及"中西互补""中西马合流"等等基本模式。

中国哲学的形成

传说中国上古时期曾有过一次"绝地天通"的文化事件:颛顼"乃命重黎,绝地天通"。"颛顼……乃命南正重司天以属神,命火正黎司地以属民。……是谓绝地天通"。所谓"绝地天通",就是"绝地民与天神相通之道"。① 由此，民神二分，政教合一，地与天、民与神之间形成了现实与理想、形下与形上两个世界的雏形，从而为中国哲学传统的形成和发展奠定了基础。

当原始氏族社会组织形式逐步发展为国家组织形式时，原有氏族社会习俗（"礼俗"）随之逐步发展为国家体制（"礼制"）。"三代之礼"（"夏礼、殷礼、周礼"）是这一发展过程的三个基本阶段。三代文化对于中国哲学传统轴心时代——春秋战国时期"诸子百家"有着深远影响，如夏之于墨、商之于道、周之于儒等。孔子认为"三代之礼"是一个有损有益的历史继承过程："殷因于夏礼，所损益可知也。周因于殷礼，所损益可知也。其或继周者，虽百世可知也。"相比"夏礼、殷礼"，"周礼"无疑是"三代之礼"的最高阶段："夏礼吾能言之，杞不足征也。殷礼吾能言之，宋不足征也。文献不足故也。""周监于二代，郁郁乎文哉。"②

西周以来，"中国""华夏"两个观念逐渐形成。"中国"是对于"四方"而言，"华夏"是对于"夷狄"而言。国家意识和民族意识的自觉，推动了中国哲学传统的形成和发展。

中国哲学传统得以进入一个轴心时代，其中的关键应当归结于殷周之际"文化革命"。现有甲骨文材料可以证明，殷商政权的合法性来自于"天命"。周作为西部一个较为落后的部族，取得政权，就必须把政权的合法性由天转移到德。而天对德的选择无法体现，则体现在民。因此，"皇天无亲，惟德是辅"。③ 这里就出现了周的"忧患意识"。"作易者其有忧患乎?"④ 为了总结殷所以亡和周所以兴的历史经验教训，周公（姬旦）制定了"敬德保民，以德配天，制礼作乐"⑤ 的"意识形态纲领"。"敬德保民，以德配天"亦即"得民心得天下"之类伦理政治（德治）策略。周公"制礼作乐"，中国成为"礼仪之邦"。东周（春秋战国）时期，儒家是沿着周公这一路线形成发展的。

---

① 《尚书》"周书·吕刑"、《国语》"楚语下"（[吴] 韦昭注）。
② 《论语》"为政第二""八佾第三"。
③ 《尚书》"蔡仲之命"。
④ 《周易》"系辞下传"。
⑤ 参见《尚书》"周书·大诰、康诰、召诰、洛诰、多士、无逸、君奭、多方、立政"。

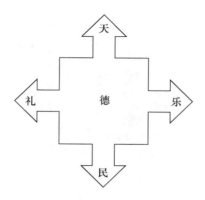

周代文化的基本构架

传说商周之际出现的《周易》和《尚书·洪范》分别提出了"阴阳"观念和"五行"观念,标志着中国哲学传统的开端。

所谓《周易》,包括"经"和"传"两部分。"经"包括"卦""卦辞""爻辞",共分上、下;"传"是解释经的,包括"彖传""象传""系辞传",各分上、下,及"文言""序卦""说卦""杂卦",合计十篇,统称"十翼"。相传"卦"为伏羲所画:"古者包羲氏之王天下也,仰则观象于天,俯则观法于地,观鸟兽之文,与地之宜,近取诸身,远取诸物,于是始作八卦,以通神明之德,以类万物之情。"① 这个记载展示了初人由直观而猜测,创始文化(文明)的景象。又传"辞"为文王、周公所作,"传"为孔子所作,其实"经"是殷周之际的作品,"传"是周秦之际的作品。"周",一指周朝,二指周到或普适;"易"有三义:简易、变易和不易。《周易》企图把宇宙简单化,用两个基本符号("- -、—")及其排列组合(64个卦象)来表达普遍适用于万事万物的变化与常态,属于象征主义体系,以符号来模拟万事万物及其运动、变化和发展的规律,既有科学思想的萌芽,也是迷信观念的胚胎。

所谓《尚书·洪范》,相传为箕子所作,是殷周之际的作品。《洪范》托

---

① 《周易》"系辞下传"。

阴阳八卦图

箕子言，提出"五行"："一曰水，二曰火，三曰木，四曰金，五曰土。水曰润下，火曰炎上，木曰曲直，金曰从革，土爰稼穑。润下作咸，炎上作苦，曲直作酸，从革作辛，稼穑作甘。"①"洪"是大，"范"是法。《洪范》用五个基本范畴（"水、火、木、金、土"）及其"相生相胜"来表达普遍适用于万事万物的变化与常态，属于类比主义体系，以范畴来表达万事万物及其运动、变化和发展的规律。其效用类似于《周易》。

五行图

---

① 《尚书》"周书·洪范"。

所谓三代是一个方国林立的时代。夏商周只是作为宗主国具有一定社会—文化声望。多元的社会形成多元的文化。到了东周（春秋战国）时期，周室衰微，诸侯并起，春秋争霸，战国争雄，社会的多元化以及文化的多元化均已达到鼎盛时期。

春秋战国时期，"百家争鸣"，是中国哲学传统的鼎盛时期，形成了以儒、墨、道、法、名、阴阳、兵、农、纵横、杂为代表的"诸子百家"。

在而后历史发展中，儒家（以孔孟为代表）和道家（以老庄为代表）在中国哲学传统中逐渐取得核心地位。但儒、道两家在中国哲学传统中的地位的确立却经历了一个历史过程。从一开始，名、阴阳、兵、农、纵横、杂诸家就不具有从总体上建构中国哲学传统的可能，法家在根本上也不具有同样的可能。只有儒家、墨家、道家才有可能。当时，儒、墨并称"显学"，此外还有杨朱、道家。然而历史的事实是，不是杨墨，而是儒道成为中国哲学传统核心。其中的奥秘无疑是由中国传统社会经济政治结构的选择机制所决定的。

春秋战国时期，社会进一步发展。社会的急剧动荡和变革，导致"礼坏乐崩"。由此，孔子"以仁释礼"，孟子"以义阐仁"，进一步将"礼制"发展为"礼教"（"仁义道德"），并提出了"仁政王道"，发展了周公的伦理—政治策略。孔孟标榜"仁义"，中国成为"仁义之邦"。此后，荀子进一步将"礼教"发展为"礼法"。

孔子"周游列国"，开私人讲学之风气，"化三千，七十二"。儒学以治"六经"（《诗》《书》《礼》《乐》《易》《春秋》）为本，蔚为大观。其中的正统是孔孟之道，又称"礼教""名教"，亦即"仁义道德"。尤其孔子，经过后人不断阐释，俨然成为中国哲学传统人格化身。其实孔子并不自称"圣贤"，不过自称学者而已。在他生前，他的弟子（如颜渊等）把他看作是一位道德和学问的导师。在他死后，孔子首先被他的弟子所圣化，如子贡等把他比喻为"日月"和"天"，不可企及。孟、荀对立，但在师承孔子上却一致。

哲学导论

孔子杏坛讲学图 ［明］吴彬　　　　　**老子骑牛图** ［明］张路

司马迁感叹："'高山仰止，景行行止。'虽不能至，然心向往之。"① 于是，孔子赫然成为中华民族精神领袖，诸如"天不生仲尼，万古长如夜"，"半部《论语》治天下"之类。

儒家对待道家一直比较宽容。这是因为道家虽然对于儒家有所批评，但是道家主张"隐世"，儒家主张"显世"，二者并不构成根本冲突。司马迁记

---

① ［西汉］司马迁：《史记》"孔子世家第十七"。

载了孔子对于老子的评论:"鸟,吾知其能飞;鱼,吾知其能游;兽,吾知其能走。走者可以为罔,游者可以为纶,飞者可以为矰。至于龙,吾不能知,其乘风云而上天。吾今日见老子,其犹龙邪!"① 这种"神龙见首不见尾"的形象描述,表达了孔子对于老子应有的印象。

孔子圣迹图:问礼老聃　[明] 张楷

儒家得以成为正统,其中的关键应当归结于孟子所进行的一次"文化批判"。孟子"距杨墨,放淫辞",意图"正人心,息邪说,距诐行,放淫辞"。孟子之所以主要以杨、墨两家为批判对象,是因为杨、墨两家具有与儒家相当的社会知名度以及社会影响力(儒墨并称"显学")。"杨朱墨翟之言盈天下。天下之言,不归杨,则归墨。"虽然杨、墨两家思想正好相反——"杨子取为我,拔一毛而利天下,不为也。墨子兼爱,摩顶放踵,利天下,为之。"——但孟子却认为二者殊途同归:"杨氏为我,是无君也;墨氏兼爱,是无父也。无父无君,是禽兽也。"孟子的结论是:"逃墨必归于杨,逃杨必

---

① [西汉]司马迁:《史记》"老子韩非列传第三"。

归于儒。"① 经过孟子批判，杨、墨两家自此往后成为"洪水猛兽"、异端邪说（墨学成为"绝学"，曾在近代有过一度"复兴"）。

随着中国传统社会出现统一趋势的是中国传统文化出现统一趋势。但究竟如何统一却起码存在两种方案：一是"杂糅百家"（以《吕氏春秋》《淮南子》为代表），其实质是建构多元化的社会和文化形态；二是"定于一尊"（以荀子、韩非子为代表），其实质是建构一元化的社会和文化形态。

周秦之际，出现了几篇类似思想史、学术史或哲学史的文章，如《庄子·天下》《荀子·非十二子》等，都在总结"百家争鸣"，并且都在主张"定于一尊"。

《庄子·天下》认为原本存在一个"道术"，无所不包，其中道理有小有大，有精有粗。曾几何时，"道术""为天下裂"，成为"方术"，"诸子百家"均为"一曲之士"，作者对他们有褒有贬，唯独对关尹、老聃（"关尹、老聃乎，古之博大真人哉。"）、庄周有褒无贬，但作者也承认他们所得到的，并非道术全体。② 这里代表了道家的观点。

荀子将"十二子"划分为"六说"，认为他们（包括子思、孟轲）虽然"持之有故，言之成理"，但却有见于此而无见于彼，蔽于此而不知彼，均为"邪说""奸言"，唯独仲尼、子弓得到作者称许："若夫总方略，齐言行，一统类，而群天下之英杰，而告之以大古，教之以至顺。……六说者不能入也，十二子者不能亲也。……是圣人之不得势者也，仲尼子弓是也。一天下，财万物，长养人民，兼利天下。通达之属，莫不从服，六说者立息，十二子者迁化。则圣人之得势者，舜禹是也。今夫仁人也将何务哉？上则法舜禹之制，下则法仲尼子弓之义，以务息十二子之说，如是则天下之害除，仁人之事毕，圣王之迹著矣。"③ 这里代表了儒家的观点，明确主张以孔子儒家思想来统一诸子百家学说。

韩非子批评儒墨"显学"均为"愚诬之学，杂反之行"，认为"儒以文

---

① 《孟子》"滕文公下""尽心上""滕文公下""尽心下"。
② 《庄子》"天下第三十三"。
③ 《荀子》"非十二子篇第六"。

乱法，侠以武犯禁"，"诸子百家"属于"五蠹"，"故明主之国无书简之文，以法为教；无先王之语，以吏为师；无私剑之捍，以斩首为勇"。① 这里代表了法家的观点，明确主张文化专制主义。

秦灭六国，以郡县制取代了封建制，确立了中央集权和大一统的社会秩序。这就结束了多元社会和文化形态，开启了一元社会和文化形态。但"定于一尊"究竟定在哪家？却经历了一个历史的选择过程。这个历史过程大致起于秦始皇，止于汉武帝。

秦始皇采纳了韩非的法家思想及李斯关于"以法为教、以吏为师"的意见和"焚书坑儒"的主张。秦重法家，二世而亡。

汉初（汉高祖、文帝、景帝）重道（法）家（黄老之学），主张"休养生息、无为而治"。

汉武帝时期，董仲舒对策："《春秋》大一统者，天地之常经，古今之通谊也。今师异道，人异论，百家殊方，指意不同。是以上无以持一统，法制数变；下不知所守。臣愚以为诸不在六艺之科，孔子之术者，皆绝其道，勿使并进，邪辟之说灭息，然后统纪可一，而法度可明，民知所从矣。"② 汉武帝采纳了董仲舒"罢黜百家，独尊儒术"的建议。儒家从而成为正统。儒家成为正统之后，兼收并蓄，建构中国哲学传统。

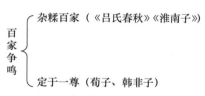

→ 法家："以法为教、以吏为师"（秦始皇、韩非、李斯）
→ 道（法）家（黄老之学）："休养生息、无为而治"（汉高祖、文帝、景帝）
→ 儒家："罢黜百家，独尊儒术"（汉武帝、董仲舒）

秦汉之际文化基本格局的变迁

---

① 《韩非子》"显学第五十""五蠹第四十九"。
② ［东汉］班固：《汉书》"董仲舒传第二十六"。

儒家哲学

"儒"者柔也。人需为"儒"。中国传统民间社会所谓"四民"（士农工商），以士为首。"儒"是指以满足人们精神文化需求为己任的中国传统文士的通称，与"侠"（武士）相对应。从前者演化为儒家，从后者演化为墨家，儒墨并称"显学"。儒家以治"六经"（《诗》《书》《礼》《乐》《易》《春秋》）为业。"诗以道志，书以道事，礼以道行，易以道阴阳，乐以道和，春秋以道名分。"①

儒家思想的基本特点是近人事、远鬼神；重人伦、轻物理。孔子提出："务民之义，敬鬼神而远之，可谓知矣。""未能事人，焉能事鬼？""未知生，焉知死？"② 在中国哲学传统中，"伦"指人际关系。儒家从"人伦"中划分出一个"天伦"来，并且以"天伦"为"人伦"之基础。如果我们将"人伦"理解为人际关系的话，那么，"天伦"即人际天然（自然）关系（亲属：血亲、姻亲关系）。人际自然关系是人际社会关系的基础。"人伦"（"天伦"）之"道"或"理"（先秦用"道"，宋后用"理"）是儒学的研究对象。但是，"伦理"之"理"并非等于"物理""事理""天理"之"理"。这个"理"是"性理""情理""伦常日用"之"理"——日常生活之"理"。

儒家的主流是孔孟之道。孔孟思想的核心是"仁""义"思想。

孔子"述而不作，信而好古""吾从周""如有用我者，吾其为东周乎？"③ 亦即发扬光大周代文化，将周公所创制的制度文化（"礼制"）提炼为精神文化（"仁学"）。**孔子（孔丘）**思想主要记载于《论语》中，其对于中国哲学传统的建构具有重大而又深远影响的：

一是"天命"观念。孔子关于"天命"未做出任何明确规定，而是强调"天命"对于人的不可知、不可说和不可为的神秘。子夏有言："死生有命，

---

① 《庄子》"天下第三十三"。
② 《论语》"雍也第六""先进第十一"。
③ 《论语》"述而第七""八佾第三""阳货第十七"。

富贵在天"。① 然"天命"不可为而"人事"可为。在"天命"观念上，应当注意孔子没有把"天"人格化，但却把"命"神秘化，因而既拒斥了宗教，又拒斥了科学。

二是"仁"学以及"复礼""正名"观念。这是孔子核心思想。孔子说："吾道一以贯之。"曾子解释说："夫子之道，忠恕而已矣。"朱熹注释说："尽己之谓忠，推己之谓恕。"孔子释"仁"：一曰"克己复礼为仁。一日克己复礼，天下归仁焉。为仁由己，而由人乎哉？""非礼勿视，非礼勿听，非礼勿言，非礼勿动。"二曰仁者"爱人"："夫仁者，己欲立而立人，己欲达而达人。能近取譬，可谓仁之方也已。"子贡问："有一言而可以终身行之者乎？"孔子答："其恕乎！己所不欲，勿施于人。"子贡有言："我不欲人之加诸我也，吾亦欲无加诸人。"② "仁"者亲也。二人为"仁"。这就是说，"仁"，是指建立在人际（以血缘为基础）关系以及代际（以血脉为基础）传接上的人与人之间的亲善关系。它在空间三维——人际（血缘）关系以及时间一维——代际（血脉）传接上均可无限延展。它将有限的人类个体之"己"（"私"）安置在无限的人类总体之"群"（"公"）：人际（血缘）关系的无限之"网"以及代际（血脉）传接的无限之"链"中。"仁"的核心内容是"忠恕之道"。其基本原则有两个方面：一为"忠"。中心为"忠"，"尽己之谓忠"，亦即尽职尽责，充分尽到自己的责任——对于他人的责任，这是积极的面向："己欲立而立人，己欲达而达人"；二为"恕"。如心为"恕"，"推己之谓恕"，亦即将心比心，这是消极的面向："己所不欲，勿施于人"。而"礼"则是"仁"的主要表现形式。有子有言："礼之用，和为贵。"③"复礼"有内向和外向两个层面：内向的"复礼"是"克己"，就是克除自己身心的由人为所附加的不合乎礼（比如来自欲望）的东西，从而恢复合乎礼的状态。因此，"复礼"是源自人情的，就是回归原本的人性——没有沾染欲

---

① 《论语》"颜渊第十二"。
② 《论语》"里仁第四"（[宋]朱熹注）、"颜渊第十二""雍也第六""颜渊第十二"（"卫灵公第十五"）、"公冶长第五"。
③ 《论语》"学而第一"。

望的本性。礼建立在内在的人性的基础之上，但也是一个外在建立起来的社会规范。外向的"复礼"是"正名"。"礼"是礼仪，"名"是名分。孔子主张"君君、臣臣、父父、子子"，提出"必也正名乎"，认为"名不正则言不顺，言不顺则事不成，事不成则礼乐不兴，礼乐不兴则刑罚不中，刑罚不中则民无所措手足"①。但是，"己"（"私"）是通过"分"构成"群"（"公"）的。"分"的主要标准是亲疏贵贱。从"爱有差等"到"泛爱众"，是"仁"的基本路线。孔子主张"重义轻利"："君子喻于义，小人喻于利。""不患寡而患不均，不患贫而患不安。"② 总之，"仁"，是调整人与人（人与自我、与他人、与社会）之间关系的基本伦理道德规范。其基本方法是"能近取譬"，亦即"由近及远"。因此，"孝悌"是"人之本"。有子有言："其为人也孝悌，而好犯上者，鲜矣；不好犯上，而好作乱者，未之有也。君子务本，本立而道生。孝悌也者，其为人之本与？"③ 以"孝悌"为"人之本"，不是作为人的本质，而是成为人的根本。这就在人际（血缘）关系以及代际（血脉）传接纵（父子）横（兄弟）两个向度上将中国传统宗法等级制度构造起来，以伦理社会为政治社会基础。从人的生物超越性（血缘生殖）中构建人的社会超越性和人的精神超越性，是儒家哲学的基本路径。其基本特征是伦理的"耻感"和审美的"乐感"，"人际情怀"和"历史情怀"。

　　三是"中庸"观念。孔子将"仁"与"知"结合起来，仁者"爱人"，知者"知人"。道德自觉也就是对于伦理规范的理性反思。"中庸"原则是理性原则在伦理道德上的表现。孔子认为，"中庸"是最高境界："允执其中。""过犹不及。""无可无不可。""执其两端，用其中于民。"程颐注释说："不偏之谓中，不易之谓庸。中者天下之正道，庸者天下之定理。"朱熹注释说："中者，不偏不倚、无过不及之名。庸，平常也。"中庸并非一个绝对的道德规范，而是情境化、现场化和时机性的。其次是"狂狷"："不得中行而与之，必也狂狷乎。狂者进取，狷者有所不为也。"最次是"乡愿"，为人乖巧，处

---

① 《论语》"颜渊第十二""子路第十三"。
② 《论语》"里仁第四""季氏第十六"。
③ 《论语》"学而第一"。

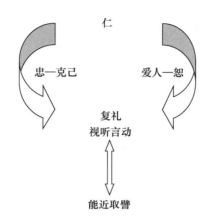

孔子"仁"的基本构架

世圆滑,是一切原则的丧失:"乡愿,德之贼也。"①

从孔子到孟子、荀子是先秦儒学的初步发展阶段。

孟子自称:"乃所愿则学孔子也。""五百年必有王者兴,其间必有名世者。……如欲平治天下,当今之世,舍我其谁也?"② **孟子(孟轲)** 思想主要记载于《孟子》中。主要思想:

一是"万物皆备于我"的宇宙观。孟子将天与人、心性与天命结合起来,并以心性去贯通天命:"诚者,天之道也;思诚者,人之道也。""尽其心者,知其性也。知其性则知天矣。存其心,养其性,所以事天也。夭寿不贰,修身以俟之,所以立命也。""万物皆备于我矣。反身而诚,乐莫大焉?强恕而行,求仁莫近焉?"③ 这是典型的主观主义宇宙观。

二是"性善""良知良能"的人性论。在孔子"仁"的基础上,孟子提出了"仁义内在",为孔子的"仁"建立起内在而又超越的根据。"义"者"宜"也。也就是说,"义"是"仁"的主体自觉践履。"天下之本在国,国

---

① 《论语》"尧曰第二十""先进第十一""微子第十八";《礼记》"中庸第三十一"([宋]程颐注、[宋]朱熹注);《论语》"子路第十三""阳货第十七"。
② 《孟子》"公孙丑上""公孙丑下"。
③ 《孟子》"离娄上""尽心上"。

之本在家，家之本在身。"① 其要义是通过"自律"之途径达到"德治"之目的。孟子认为人性本善，提出"四端"——"仁、义、礼、智"："恻隐之心，仁之端也；羞恶之心，义之端也；辞让之心，礼之端也；是非之心，智之端也。""恻隐之心，仁也；羞恶之心，义也；恭敬之心，礼也；是非之心，智也。仁义礼智，非由外铄我也，我固有之也。"② 他由此提出"良知良能"："人之所不学而能者，其良能也；所不虑而知者，其良知也。"③ 他将"大体"与"小体"对立起来，由此将"大人"与"小人"对立起来，并将理性凌驾于感性："从其大体为大人，从其小体为小人。……耳目之官，不思而蔽于物，物交物则引之而已矣。心之官则思，思则得之，不思则不得也。此天之所与我者，先立乎其大者，则其小者不能夺也。此为大人而已矣。"④ 孟子所谓"大丈夫"就是具有大无畏英雄气概的人："居天下之广居，立天下之正位，行天下之大道，得志与民由之，不得志独行其道，富贵不能淫，贫贱不能移，威武不能屈，此之谓大丈夫。"⑤ 这是典型的理性主义人性论。

三是"仁政王道""民本"的社会理想。孟子由"不忍人之心"推导出"不忍人之政"："先王有不忍人之心，斯有不忍人之政矣。以不忍人之心，行不忍人之政，治天下可运之掌上。""老吾老以及人之老，幼吾幼以及人之幼，天下可运于掌。"他认为，有"恒产"才能有"恒心"，因此，"夫仁政必自经界始。"但是他将"王道"与"霸道"对立起来，提倡"仁政""王道"："以力假仁者霸，……以德行仁者王。……以力服人者，非心服也，力不赡也。以德服人者，中心悦而诚服也，如七十子之服孔子也。"⑥ 孟子由此提出"民本"思想："民为贵，社稷次之，君为轻。""亲亲而仁民，仁民而爱物。"⑦ 然而，孟子极力维护社会分工、等级、阶级制度。他将"君子""大

---

① 《孟子》"离娄上"。
② 《孟子》"公孙丑上""告子上"。
③ 《孟子》"尽心上"。
④ 《孟子》"告子上"。
⑤ 《孟子》"滕文公下"。
⑥ 《孟子》"公孙丑上""梁惠王上""滕文公上""公孙丑上"。
⑦ 《孟子》"尽心下""尽心上"。

人"与"野人""小人"对立起来，宣扬剥削有理、压迫有理："无君子莫治野人，无野人莫养君子。""有大人之事，有小人之事。……故曰：或劳心，或劳力。劳心者治人，劳力者治于人。治于人者食人，治人者食于人。天下之通义也。"①

总之，从孔子的"仁"到孟子的"义"，这是一条"内圣"的路线，最终构建了儒家的伦理文化结构。

可以与孟子相比较的是荀子。**荀子（荀况）**思想主要记载于《荀子》中。主要思想：

一是"明于天人之分"的天人观。荀子既承认客观规律性，又强调主体能动性。"天行有常，不为尧存，不为桀亡。……故明于天人之分，则可谓至人矣！""大天而思之，孰与物畜而制之？从天而颂之，孰与制天命而用之？望时而待之，孰与应时而使之？因物而多之，孰与骋能而化之？思物而物之，孰与理物而勿失之也？愿于物之所以生，孰与有物之所以成？故错人而思天，则失万物之情。"所谓"制天命而用之"，是荀子所提出的人类认识世界、改造世界的伟大哲学命题。荀子提出了人类的本质特征在于制造—使用工具："君子性非异也，善假于物也。"②

二是"性恶""性伪之分"的人性论。荀子认为人性本恶。"人之性恶，其善者伪也。"与自然之"性"相对应，人为为"伪"。"不可学不可事而在人者，谓之性；可学而能可事而成之在人者，谓之伪。是性伪之分也。"与孟子"性善论"强调"先天""自律""德治"相对立，荀子"性恶论"强调"后天""他律""礼治"。"故圣人化性而起伪，伪起而生礼义，礼义生而制法度。""性伪合，然后圣人之名一，天下之功于是就也。"③

三是"明分使群"的社会历史观。荀子指出了社会分工与合作的历史意义："人之所以为人者何已也？曰：以其有辨也。……故人道莫不有辨，辨莫大于分，分莫大于礼，礼莫大于圣王。""水火有气而无生，草木有生而无知，

---

① 《孟子》"滕文公上"。
② 《荀子》"天论篇第十七""劝学篇第一"。
③ 《荀子》"性恶篇第二十三""礼论篇第十九"。

哲学导论

禽兽有知而无义；人有气，有生，有知亦且有义，故最为天下贵也。力不若牛，走不若马，而牛马为用，何也？曰：人能群，彼不能群也。人何以能群？曰：分。分何以能行？曰：义。故义以分则和，和则一，一则多力，多力则疆，疆则能物；故宫室可得而居也。故序四时，裁万物，兼利天下，无它故焉，得之分义也。"这也就是所谓"明分使群"。"人之生不能无群，群而无分则争，争则乱，乱则穷矣。故无分者，人之大害也。有分者，天下之本利也。而人君者，所以管分之枢要也。"荀子由此指出了"礼治"的起源与本质："礼起于何也？曰：人生而有欲，欲而不得，则不能无求，求而无度量分界，则不能不争，争则乱，乱则穷。先王恶其乱也，故制礼义以分之，以养人之欲，给人之求，使欲必不穷乎物，物必不屈于欲，两者相持而长，是礼之所起也。""礼者法之大分，类之纲纪也。""礼者，治辨之极也，强国之本也，威行之道也，功名之总也。"①

荀子以"天人二分""性恶"来反对孟子"天人合一""性善"，从"礼"到"法"，这是一条"外王"的路线，最终构建了儒家的政治文化结构。

同样以孔子为宗师，孟子被人们认为是"醇儒"，而荀子则被人们认为是"杂儒"。由此引出"内圣""外王"两条基本路线。内圣之道是心性儒学，外王之道是政治儒学。儒家主流（孔孟之道）就是内圣外王之道，以"内圣"为本，以"外王"为末，这就是儒家的伦理—政治文化结构。"孔曰成仁，孟曰取义。"孔孟"仁义"精神以社会（以家族为基本单位）为本位，以伦理的态度来对待人与人（人与自我、与他人、与社会）之间的关系，可以称为伦理的人本主义（社会—家族本位主义）。

与原始儒家（孔子、孟子、荀子）思想相关联，对于后世产生了一定影响的还有：

《易传》　是对于《周易》的解释。"天行健，君子以自强不息。""地势

---

① 《荀子》"非相篇第五""王制篇第九""富国篇第十""礼论篇第十九""劝学篇第一""议兵篇第十五"。

坤，君子以厚德载物。""一阴一阳之谓道。……生生之谓易。""形而上者谓之道，形而下者谓之器。"① 这些都是《易传》著名思想，其中表现了具有刚强气质的生命意识。

《礼记·大学》 传说是曾参的创作，其中提出了"三纲领""八条目"的伦理—政治思想："大学之道，在明明德，在亲民，在止于至善。……古之欲明明德于天下者，先治其国；欲治其国者，先齐其家；欲齐其家者，先修其身；欲修其身者，先正其心；欲正其心者，先诚其意；欲诚其意者，先致其知；致知在格物。物格而后知至，知至而后意诚，意诚而后心正，心正而后身修，身修而后家齐，家齐而后国治，国治而后天下平。自天子以至于庶人，壹是皆以修身为本。"② "三纲领""八条目"都是先"内圣"（心性），后"外王"（政治），先后属于本末体用关系。

《礼记·中庸》 传说是孔伋（子思）的创作，把孔子"中庸"思想提升到哲学之本体论高度："天命之谓性，率性之谓道，修道之谓教。"《中庸》以"慎独""中和"为人格理想："喜怒哀乐之未发谓之中，发而皆中节谓之和。中也者，天下之大本也；和也者，天下之达道也。致中和，天地位焉，万物育焉。""诚者，天之道也；诚之者，人之道也。""自诚明，谓之性；自明诚，谓之教。诚则明矣，明则诚矣。""唯天下之至诚，为能尽其性；能尽其性，则能尽人之性；能尽人之性，则能尽物之性；能尽物之性，则可以赞天地之化育；可以赞天地之化育，则可以与天地参矣。"《中庸》以"成己""成物"为人生理想："成己，仁也；成物，知也。""故君子尊德性而道问学，致广大而尽精微，极高明而道中庸，温故而知新，敦厚以崇礼。"③

《礼记·礼运》 提出"大同"社会理想，与"小康"社会现实相对照："大道之行也，天下为公。选贤与能，讲信修睦。故人不独亲其亲，不独子其子。使老有所终，壮有所用，幼有所长，矜寡孤独废疾者，皆有所养。男有分，女有归。货，恶其弃于地也，不必藏于己；力，恶其不出于身也，不必

---

① 《周易》"乾""坤""系辞上传"。
② 《礼记》"大学第四十二"。
③ 《礼记》"中庸第三十一"。

为己。是故谋闭而不兴，盗窃乱贼而不作。故外户而不闭，是谓大同。今大道既隐，天下为家。各亲其亲，各子其子。货力为己，大人世及以为礼，城郭沟池以为固，礼义以为纪。以正君臣，以笃父子，以睦兄弟，以和夫妇，以设制度，以立田里，以贤勇知，以功为己。故谋用是作，而兵由此起。禹、汤、文、武、成王、周公，由此其选也。此六君子者，未有不谨于礼者也。以著其义，以考其信。著有过，刑仁讲让，示民有常。如有不由此者，在执者去，众以为殃。是谓小康。"① 这里，"大同"是空想社会主义理想，"小康"是小农经济社会现实。

道家哲学

当时与儒家相对应的主要是杨墨。杨子（杨朱）几乎没有任何残篇断简留传，大约属于道家。**墨家**的代表是墨子。**墨子（墨翟）**是反对孔子的，其基本主张有十点："尚贤""尚同""兼爱""非攻""节用""节葬""天志""明鬼""非乐""非命"。其中大多针对孔子而言（"非儒"）。首先，墨子主张"尚贤""尚同""非攻"，尤其主张"兼爱"——"兼相爱，交相利。""视人之国若视其国，视人之家若视其家，视人之身若视其身。""夫爱人者，人必从而爱之；利人者，人必从而利之；恶人者，人必从而恶之；害人者，人必从而害之。"② 在政治上，墨子对内主张开明专制，对外主张和平反战；在伦理上，墨子一方面主张"爱无差等"，另一方面则主张"互惠互利"。其次，墨子主张"天志""明鬼""非命"。"顺天意者，兼相爱，交相利，必得赏。反天意者，别相恶，交相贼，必得罚。"③ 再次，墨子倡导"节用""节葬""非乐"，倡导节俭、力行："赖其力者生，不赖其力者不生。"④ 最后，墨子提出"三表"（"三法"）作为检验真理标准——"仪"（"义法"）。"故

---

① 《礼记》"礼运第九"。
② 《墨子》"兼爱中第十五"。
③ 《墨子》"天志上第二十六"。
④ 《墨子》"非乐上第三十二"。

言必有三表。何谓三表?……有本之者,有原之者,有用之者。于何本之?上本之于古者圣王之事。于何原之?下原察百姓耳目之实。于何用之?废以为刑政,观其中国家百姓人民之利。此所谓言有三表也。"① 其中包含了经验主义、实用主义、功利主义的思想倾向。另外,值得指出的是,后期墨家总结当时名辩思潮,创立了中国传统的逻辑体系——墨辩,可以与印度因明、希腊亚氏逻辑相媲美,成为世界三大逻辑传统之一。总起来说,如果墨学成为中国传统文化主流,中国文化传统就会具有另一种格局,更接近于印度、西方文化传统某一类特质,如和平主义与苦行主义、宗教传统与科学传统等。

儒道两家相反相成。**道家**思想的基本特点是"超脱"人世,回归自然:无知无识、无欲无求。因此,道家是以无限的"混沌"为有限的现世人生的本体。

道家的主流是老庄之学。老庄思想的核心是"道""德"思想。

老子(老聃)思想主要记载于《老子》中。

首先,老子批判了儒家的"仁义"思想。他说:"天地不仁,以万物为刍狗;圣人不仁,以百姓为刍狗。""大道废,有仁义;慧智出,有大伪。六亲不和,有孝慈;国家昏乱,有忠臣。""绝圣弃智,民利百倍;绝仁弃义,民复孝慈;绝巧弃利,盗贼无有。此三者以为文不足,故令有所属。见素抱朴,少私寡欲。""上德不德,是以有德;下德不失德,是以无德。上德无为而无以为,下德为之而有以为。上仁无为而无以为,上义为之而有以为;上礼为之而莫之应,则攘臂而扔之。故失道而后德,失德而后仁,失仁而后义,失义而后礼。夫礼者,忠信之薄,而乱之首;前识者,道之华,而愚之始。"② 这些观念表现了老子反文化、反文明的思想倾向。

其次,老子阐述了道家的"道""德"思想。《老子》开篇便说:"道可

---

① 《墨子》"非命上第三十五"。"三表"("三法")另外两段意思大同小异:"故使言有三法。三法者何也?有本之者,有原之者,有用之者。于其本之也,考之天鬼之志、圣王之事;于其原之也,征以先王之书;用之奈何?发而为刑。此言之三法也。"("非命中第三十六")"是故言有三法。何谓三法?曰:有考之者,有原之者,有用之者。恶乎考之?考先圣大王之事。恶乎原之?察众之耳目之请。恶乎用之?发而为政乎国,察万民而观之。此谓三法也。"("非命下第三十七")

② 《老子》五、十八、十九、三十八章。

道，非常道。名可名，非常名。无名天地之始，有名万物之母。"老子论"道"，恍恍惚惚，玄妙莫测："道冲而用之或不盈，渊兮似万物之宗，挫其锐，解其纷，和其光，同其尘，湛兮似或存。吾不知谁之子，象帝之先。""视之不见名曰夷，听之不闻名曰希，搏之不得名曰微。此三者不可致诘，故混而为一。其上不皦，其下不昧，绳绳不可名，复归于无物，是谓无状之状，无物之象，是谓惚恍。迎之不见其首，随之不见其后，执古之道，以御今之有，能知古始，是谓道纪。""孔得之容，惟道是从。道之为物，惟恍惟惚，惚兮恍兮，其中有象，恍兮惚兮，其中有物，窈兮冥兮，其中有精，其精甚真，其中有信。自古及今，其名不去，以阅众甫。吾何以知众甫之状哉？以此。"其基本含义有两个，一是"有物混成，先天地生，寂兮寥兮，独立而不改，周行而不殆，可以为天下母。吾不知其名，字之曰道，强为之名曰大，大曰逝，逝曰远，远曰反。故道大，天大，地大，人亦大。域中有四大，而人居其一焉。人法地，地法天，天法道，道法自然。"二是"道常无为而无不为。"① 这就是说，"道"，是指一种自然无为的法则、规律，既是自然界实有的运动规律（"天之道"），也是人应有的行为法则（"人之道"）。其基本原则是"自然无为"。它是人与自然界之间和谐关系的最高审美境界。"德"者"得"也。也就是说，"德"是"道"的个体禀赋。由此，老子以自己的"道""德"论确立了哲学方法论和宇宙观的基础："反者道之动，弱者道之用。天下万物生于有，有生于无。""道生一，一生二，二生三，三生万物。万物负阴而抱阳，冲气以为和。""塞其兑，闭其门，挫其锐，解其纷，和其光，同其尘，是谓玄同。""正言若反。"② 这些都是《老子》著名思想，其中表现了具有柔弱气质的生命意识。

最后，老子阐述了"愚民"政策和"小国寡民"社会理想。他说："古之善为道者，非以明民，将以愚之。民之难治，以其智多。故以智治国，国之贼；不以智治国，国之福。知此两者亦稽式，常知稽式是谓玄德。""小国

---

① 《老子》一、四、十四、二十一、二十五、三十七章。
② 《老子》四十、四十二、五十六、七十八章。

老子"道"的基本构架

寡民,使有什伯之器而不用,使民重死而不远徙。虽有舟舆,无所乘之;虽有甲兵,无所陈之。使人复结绳而用之。甘其食,美其服,安其居,乐其俗。邻国相望,鸡犬之声相闻,民至老死不相往来。"①

庄子(庄周)思想主要记载于《庄子》中。《庄子》分为"内篇""外篇""杂篇"。其中"内篇"为庄子所自作。《庄子·内篇》共有七篇,其中《逍遥游》《齐物论》《大宗师》三篇被公认为是庄子的代表作。

庄子哲学不重知识,而重人生:"吾生也有涯,而知也无涯。以有涯随无涯,殆矣!"②

首先,《逍遥游》表达了庄子的自由观。庄子以神奇的想象塑造了鲲鹏的形象。但是,即使这个"水击三千里,抟扶摇而上者九万里"的鲲鹏仍然没有获得真正的自由。因为鲲鹏仍然是"有待",而非"无待"的。而庄子所谓自由则恰恰不是"有待",亦即相对的有条件的自由,而是"无待",亦即绝对的无条件的自由。

其次,如何获得这一自由?庄子在《齐物论》中为自己的自由观奠定了哲学方法论和宇宙观的基础:一是相对主义方法论:"方生方死,方死方生。方可方不可,方不可方可。因是因非,因非因是。……彼亦一是非,此亦一是非。……谓之道枢。"③庄子企图以此泯灭大小、高低、长短以至是非、善

---

① 《老子》六十五、八十章。
② 《庄子》"养生主第三"。
③ 《庄子》"齐物论第二"。

恶、美丑界限。二是主观主义宇宙观:"天地与我并生,而万物与我为一。"由此,物我两忘,泯灭了双方的界限。"庄周梦为蝴蝶。……此之谓物化。"①

最后,在《大宗师》中,庄子更进一步阐释了"道"。庄子所谓"大宗师"就是"得道真人"。庄子通过颜回与仲尼的对白更进一步阐释了"坐忘"的方法:"何谓坐忘?""堕肢体,黜聪明,离形去知,同于大通,此谓坐忘。"② 这究竟是怎样一种自由?归根结底,通过这种方法所获得的"自由",不是任何一种现实的、实在的自由,而是虚幻的、神秘的、审美的、艺术的自由。

老子论"道",以"自然"为规律,以"无为"为法则;庄子行"道",畅"逍遥"之游,发"齐物"之论。老庄"道德"精神以自然为本位,以审美的态度来对待人与自然界之间的关系,可以称为审美的自然主义(自然本位主义)。

法家以《管子》和韩非子为代表。

《管子》代表了管子(管仲)以及稷下学派的思想。除道德哲学、政治哲学部分外,还有形而上学。《管子·水地》以"水地"为万物本原:"地者,万物之本原,诸生之根菀也,美恶贤不肖愚俊之所生也。""水者何也?万物之本原也,诸生之宗室也,美恶贤不肖愚俊之所产也。"③ 对万物本原的探讨在中国传统哲学中是比较罕见的。《管子》中的《心术》上下、《白心》、《内业》倡导"静因之道",并且提出了"精气说":"凡物之精,此则为生。下生五谷,上为列星。流于天地之间,谓之鬼神。藏于胸中,谓之圣人。""凡人之生也,天出其精,地出其形,合此以为人。和乃生,不和不生。"④ 中国传统哲学的气论表现了系统论的特征。管子的道德哲学和政治哲学代表了齐法家的思想,与秦法家相映照。《管子·牧民》认为"仓廪实则知礼节;衣食足则知荣辱,上服度则六亲固,四维张则君令行。"提出"国有四

---

① 《庄子》"齐物论第二"。
② 《庄子》"大宗师第六"。
③ 《管子》"水地第三十九"。
④ 《管子》"内业第四十九"。

维。……何谓四维？一曰礼，二曰义，三曰廉，四曰耻。"① "国之四维"（"礼义廉耻"）同样属于伦理—政治观念。

商鞅讲"法"，申不害讲"术"，慎到讲"势"。最后，韩非子集法家思想之大成。**韩非子**思想主要记载于《韩非子》中："古人亟于德，中世逐于智，当今争于力。""上古竞于道德，中世逐于智谋，当今争于气力。""是以圣人不期修古，不法常可，论世之事因为之备。"② 韩非子提出了"刑德二柄""形名参同"等等的统治方术："明主之所导制其臣者，二柄而已矣。二柄者，刑德也。何谓刑德？曰：杀戮之谓刑，庆赏之谓德。为人臣者，畏诛罚而利庆赏。故人主自用其刑德，则群臣畏其威而归其利矣。""君操其名，臣效其形。形名参同，上下和调也。"③ 韩非子"法术势"三合一，确立了专制主义的思想理论。

中国哲学的发展

中国文化传统经历了三次另类文化的挑战和状态各异的应战：第一次是所谓"夷夏之辨"。"夏"是"华夏"（亦即汉族），"夷"指"四夷"（亦即周边少数民族）。总起来说，"华夏"（汉族）文明比较先进，而"四夷"（少数民族）文明尤其势力比较大和威胁比较大的北方少数民族文明则大多比较落后。因此，在"夷夏"间，"华夏"（汉族）文明总是能够征服"四夷"（少数民族）文明，甚至出现这样一种情况：当汉族在政治上被少数民族征服时，少数民族依然在文化上被汉族征服（如蒙元、清朝等王朝）。孟子所谓"吾闻用夏变夷者，未闻变于夷者也"④ 正是这个意思。这就在中华民族心理上养成了中央大国的文化心态。

中国思想学术自周秦之际至秦汉之际属于子学时代。所谓**子学**就是诸子

---

① 《管子》"牧民第一"。
② 《韩非子》"八说第四十七""五蠹第四十九"。
③ 《韩非子》"二柄第七""扬权第八"。
④ 《孟子》"滕文公上"。

百家之学，如儒家（孔子、孟子、荀子）、墨家（墨子）、道家（老子、庄子）和法家（《管子》、韩非子）等，通过"百家争鸣"所建构的原创思想学术，体现了思想、学术、文化的鼎盛。

自周秦之际至秦汉之际是中国文化传统的建构时期，形成了"儒道互补""外儒内法""外道内法"的基本结构。儒家从血缘生殖这一人际自然关系中建构人际社会关系，形成伦理主义——社会（家族）本位，强调个人对于社会（家族）的顺从；而道家则从人的自然本性中形成审美主义——自然本位，强调人对于自然界的顺应。所谓"儒道互补"，正是二者之间所形成的一种张力结构。"儒道互补"——作为中国文化传统核心，类似于"太极图"模式。儒家为阳刚一极，道家为阴柔一极。儒中有道，道中有儒。二者互补：进则为儒，退则为道。孟子说："达则兼善天下，穷则独善其身。""外儒内法""外道内法"，就是将儒家和法家、道家和法家结合起来。孟子说："徒善不足以为政，徒法不能以自行。"① "儒道互补"以及"外儒内法""外道内法"，是中国文化传统的基本结构，其利处在于维持以家族为基本单位的社会（系统）与个人（要素）之间的亲善关系，保持以家族为基本单位的社会（系统）与自然（环境）之间的和谐关系；其弊端在于压抑人的主体性和人的个体性，拒斥真正的宗教精神和真正的科学精神。前者为它造成了强大的同化力和繁衍力的优势；后者给它带来了顽固的封闭性和保守性的缺点。

两汉时期，子学时代为经学时代所取代。所谓**经学**就是以注释六经为治学方法，包括今文经学、古文经学。前者以《春秋公羊传》《春秋穀梁传》为典范，后者以《左传》为典范。但是，无论"六经注我"，还是"我注六经"，这一转变一方面标志着思想的衰退，另一方面则意味着学术的兴起，尤其在继承文化传统上具有重要的意义和价值。传是对于经的解释，疏是对于传的解释。纬是汉儒依于今文经学相对于经所做的书。谶是依于经的宗教迷信、神秘预言。谶纬推动了儒学宗教化、神秘化的倾向。汉儒是儒学的第一次复兴。董仲舒对孔孟思想进行了理论概括和神学改造，形成了一套以"三

---

① 《孟子》"滕文公上""离娄上"。

纲"("君为臣纲、父为子纲、夫为妻纲")"五常"("仁、义、礼、智、信")为核心,以"天人感应"说、"阴阳五行"说为理论基础的系统化、理论化和宗教化、神学化的思想体系。"三纲"强化了儒家的家族主义、国家主义,最终置国家主义(君权——政权)于家族主义(父权、夫权——族权)之上,并一统于神权。董仲舒将"道义"与"功利"对立起来,说:"夫仁人者,正其谊不谋其利,明其道不计其功。"① 这是宗教化和神学化的伦理——政治思想。这一思想虽然受到了王充的批判(王充提出了"元气说",发展了中国传统哲学的气论),但却成为主流。儒家成为儒教,以孔子为教主,宣扬"内圣""外王"。相比其他宗教,在儒教教堂——家庭中,人们不是礼拜上帝,而是礼拜祖先;不是在来世的天国中寻找虚幻的幸福,而是在现世的尘世中享受世俗的欢乐。因此,儒教的基本特征是以"人际关怀"和"历史关怀"来代替"终极关怀",以伦理的"耻感"和审美的"乐感"来代替宗教的"罪感"——"爱感"。"天伦之乐"是这样一种伦理的审美情感。而"与民同乐"则是这样一种政治的审美情感。因此,儒教(孔教)往往被称之为"礼教""名教"。同时,道家成为道教,以老子为教主,宣扬"神仙方术"("外丹"炼药——仙丹、"内丹"炼气——气功)。但是,儒教是世俗的,道教是所谓粗陋的宗教,附会了许多庸俗的迷信观念。作为民族基本性格,"儒道互补"这一结构逐步失去原有张力,由此解构,导致中国文化传统危机。

三国两晋南北朝时期是中国文化传统的解构(危机)时期。在中国传统社会历史发展进程中,这一时期是一个特殊的变态时期。整个社会经济、政治结构出现了不同于一般的常态时期的显著差异。伴随中国传统社会经济、政治解构的是中国传统文化解构。玄学是这一危机的反映。**玄学**以"三玄"(《老子》《庄子》《周易》)为经典,以"清言"("清谈""玄谈")、"名理"("辨名析理":"名"是名词,"理"是其中内涵)为思想形式,以"名教"与"自然"、儒家与道家、"有"与"无"、特殊与一般之间关系为思想内容,形成王弼贵无论、裴頠崇有论和郭象无无论等等基本派别。所谓"玄学思潮"

---

① [汉] 班固:《汉书》"董仲舒传第二十六"。

"魏晋风度""名士风流"等等，一方面标志着理论思维的飞跃，另一方面则意味着精神文化的危机。

隋唐五代宋元明清时期是中国文化传统的补构时期。通过援引外来文化资源（佛教），补救本土文化资源（儒家、道家），最终形成了"儒释道合流"（"三教合流"）的基本结构。所谓"儒教"之教不是宗教之教，而是文教之教。

中国文化传统经历的第二次挑战和应战是所谓"华梵之辨"。"华"是"中华"，"梵"指"印度"。大约自南北朝始，佛教正式传入中国。总起来说，中华文明、印度文明在同一层面上。但是佛教博大精深，非儒、道两家所可比。因此，"佛学东渐"构成了对于中国固有文化传统的冲击，中国固有文化传统做出了态度各异的回应。至隋唐，佛教开始中国化（禅宗）。至宋明，佛教完成中国化。中国固有文化传统（道学）在批判地吸取了佛学因素后，恢复了原有的正统地位。

佛教是印度文化传统的产物和表现。佛教教义以一种生存本体论为前提和基础，通过揭示现世人生的苦难性质，阐发虚无主义的宗教信念。佛教传入之后，经历了一个中国化的历史过程。佛教之所以中国化，既是因为以儒家为代表的中国文化传统确实发生了危机，需要佛教予以补救；又是因为在中国文化传统中确实存在着佛教生长的土壤，先是道家，后是魏晋玄学思潮尤其玄学本体论为佛教尤其佛教本体论中国化开辟了道路。中国**佛学**以形灭神存、生死轮回为主题，以"止观"（"观"即"观门"，是观察的意思；"止"即"止门"，是其中虚幻的意思）为基本教义，先后经历格义（连类）、教门、宗门三个基本发展阶段（层次）。宗门亦即禅宗，乃是中国佛学发展的最后阶段和最高层次。儒家原有"仁义内在"，道家原有"自然无为"，禅宗以儒家积极入世的乐观主义和道家消极隐世（避世）的达观主义取代、消解了佛教极端出世（厌世）的悲观主义。禅宗继承、发扬了庄子的审美主义传统。"庄禅境界"是释道两家的典型人生理想境界。禅宗的基本特点是关注普通人的日常生活，永葆"平常"之心。禅宗在有限的生活世界中窥见无限的本体，在短暂的日常人生中彰显永恒的意义。无限不离有限，永恒现于刹那。

"瞬刻中见永恒、刹那间见终古","春有百花秋有月,夏有凉风冬有雪,若无闲事挂心头,便是人间好时节。"

佛教经历了一个与以儒家为代表的中国文化传统之间从对立斗争到融合统一的历史过程。换句话说,儒家经历了一个从排斥佛教到吸收佛教的历史过程。佛教是所谓精致的宗教。宋明道学借鉴佛学尤其佛学本体论补救儒学,是儒学的第二次复兴。

宋明时期,由于市民社会因素和市民社会阶层的初步崛起,"天理"("仁义道德""纲常伦理")崩溃,"人欲"("食色""饮食男女")横流。道学是这一危机的反映。**道学**以"四书"(《大学》《中庸》《论语》《孟子》)"五经"(《诗》《书》《礼》《易》《春秋》)为经典,以"理"与"欲"("天理"与"人欲")之间关系为主题,以"穷理尽性""穷理尽心"为目的,以"格物致知"为方法。在"理欲之辨"中,道学家是传统的卫道士。他们的核心思想是"存天理、灭人欲。"在谈到寡妇改嫁时,程颐的名言是"饿死事极小,失节事极大"。① 朱熹主张"革尽人欲,复尽天理"。② 王守仁认为"破山中贼易,破心中贼难",主张"去人欲,存天理"。③ 道学主要分为三派:一是张载以"气"为本。张载提出:"民吾同胞;物吾与也。"其名言是:"为天地立心,为生民立命,为往圣继绝学,为万世开太平。"④ 二是程朱理学——程颐、朱熹以"理"("天理")为本。程朱理学得之于精密,失之于"支离"。三是陆王心学——陆九渊、王守仁以"心"("人心")为本。陆王心学得之于宏大,失之于"空疏""易简"。总起来说,道学尤其程朱理学、陆王心学继承、发扬了儒学尤其孔孟儒学的伦理主义传统,从而完成了中国文化传统的重建。

明清之际,由于市民社会因素和市民社会阶层的初步崛起,出现了一批

---

① [宋]程颢、程颐:《二程遗书》"尹川先生语八下"。
② [宋]朱熹:《朱子语类》"学七"。
③ [明]王守仁:"与杨仕德薛尚谦书"、《传习录》卷上。
④ [宋]张载:《正蒙》"乾称篇第十七"、《张子语录》"语录中"。原文"为天地立志,为生民立道,为去圣继绝学,为万世开太平"。

具有初步启蒙思想的学者文人。一方面,他们揭开了反叛传统思想的序幕,如李贽反对孔孟儒学正统,戴震反对程朱理学正统("酷吏以法杀人,后儒以理杀人","人死于法,犹有怜之者,死于理,其谁怜之"。①)等;另一方面,他们又揭开了思想启蒙的序幕,如李贽的个性解放思想("童心"说:"夫童心者,真心也。……夫童心者,绝假纯真,最初一念之本心也。"②)、黄宗羲的民主思想、王夫之的实学("经世致用")、顾炎武的民族意识、颜元的经验论倾向、戴震的理性论倾向以及吴承恩的民主意识(孙悟空:"皇帝轮流做,明年到我家。"③)、曹雪芹的妇女解放意识(贾宝玉"女儿性"说:"女儿是水做的骨肉,男人是泥做的骨肉。"④)等。随着市民社会因素和市民社会阶层的出现,个人功利意识显现出来,社会价值观念开始变化,如李贽("穿衣吃饭,即是人伦物理;除却穿衣吃饭,无伦物矣。"⑤)等。这些观念已经具有启蒙思想的萌芽了。中国文化几已形成了从传统到近现代变革的大浪潮、大趋势。然而,星星之火,未能成为燎原之势。李贽从反儒到信佛,孙悟空从大闹天宫到西天取经,贾宝玉从看破红尘到遁入佛门等等,显示了以"儒道互补"以及"儒释道合流"为根本特征的中国传统文化结构遏制近现代文化因素萌生滋长的顽强力量。

伴随西方列强政治、经济入侵的是西方文化入侵。从此之后,中国文化就主要不是从自身传统文化中而是从西方外来文化中寻求近代(现代)化的资源了。直至五四运动时期,借助西方外来文化的媒介,中国文化终于实现了从传统到近现代的变革。

中国传统社会结构在相当程度上滞碍了近现代社会因素的萌生滋长。我们不必考虑,如果没有外来干涉(少数民族两度入主中原,列强入侵)的话,中国传统社会(经济、政治)结构是否将凭借自身力量逐步近代(现代)

---

① [清]戴震:"与某书"、《孟子字义疏证》卷上"理十五条"。
② [明]李贽:《焚书》"童心说"。
③ [明]吴承恩:《西游记》第七回。
④ [清]曹雪芹:《红楼梦》第二回。
⑤ [明]李贽:《焚书》"答邓石阳"。

化？以及中国传统文化结构是否将逐步近代（现代）化？历史的事实是，中国近现代文化不是内生型、先发型，而是外生型、后发型。也就是说，基本文化资源非来自于内，而来自于外，造成了传统的断裂；主要文化变革不领先于人，而落后于人，引起了激进的变革。

中国文化传统经历的第三次挑战和应战是所谓"中西之辨"或"古今中西之辨"。这一次来势之猛烈，变化之迅疾，去向之莫测，比第一、二次有过之而无不及。第一次是以强对弱，第二次是势均力敌，这一次是以弱对强。总起来说，中国传统文明比较落后，而西方近现代文明则比较先进。因此，"西学东渐"或"新学东渐"构成了对于中国固有文化传统更为迅猛的冲击，中国固有文化传统同样做出了态度各异的回应。"古今中西之辨"是"夷夏之辨""华梵之辨"在新的历史条件下的继续，反映了近现代中国的文化情结。

鸦片战争以来，面对列强入侵、"西学（新学）东渐"，中国人逐渐形成了"师夷"——"制夷"的两难情结。"制夷"（抵制西方侵略）是目的，"师夷"（师法西方特长）是手段。五四运动以来，中国人的文化批判、反思已经进入到了精神文化层面，从而开启了从旧思想到新思想、从旧文化到新文化的伟大历史转折过程。

民国时期和中华人民共和国成立后是中国文化自传统至近现代的换构时期。通过创造性转换或转换性创造，如"中体西用"或"本位文化"，"全盘西化"、"拿来主义"或"西体中用"，"古为今用、洋为中用"或"综合创新"等，形成了"中西互补"和"中西马合流"的新格局，替换了"儒道互补"和"儒释道合流"的旧格局。

就中学说，康有为治公羊学和今文经学，"托古改制"，主张以儒教（孔教）为"国教"；章太炎治古文经学和佛学唯识宗，宣扬"国粹"。当代新儒家（或新儒学）是儒学的近代化和现代化，是儒学的第三次复兴。其基本特征是以继承、发扬儒学主流——孔、孟、程、朱、陆、王为根本来批判、改造西方近现代文化（如民主、科学等）。其主要代表人物有梁漱溟、熊十力、金岳霖、冯友兰、牟宗三等等。梁、熊仍然局限于中国旧学背景中，属于新心学。金、冯已经以西方新学背景来提出、分析、解决问题，属于新理学。

哲学导论

牟宗三回到新心学。牟宗三以降，新儒家（或新儒学）进一步发展。

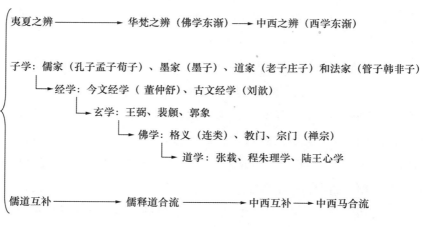

中国文化基本格局的变迁

就西学（新学）说，严复译介西学，提倡进化论（"物竞天择、适者生存"）、经验论和归纳法以及自由主义（"以自由为体、以民主为用"）；梁启超提出"新民"说；孙中山提出"知难行易"说和三民主义（"民族、民权、民生主义"）；鲁迅企图通过"文明批评""社会批评"，批判"国民劣根性"、改造"国民性"；陈独秀提倡"民主"和"科学"的观念；胡适提倡实证主义（"大胆假设、小心求证"）和自由主义的态度等等。

就马克思主义说，马克思主义不断中国化。中国化马克思主义先后形成毛泽东思想和邓小平理论两大意识形态。前者以实践论、矛盾论为哲学基础，以阶级斗争为纲；后者以实践标准、生产力标准为哲学前提，以经济建设为中心。

进一步阅读

屈原《天问》

商之前,还有人格化的"帝",周之后,中国神话以及英雄传说要么被理性化,如司马迁的《史记》(宗教偶像——"上帝"成为人文始祖——"黄帝"),要么被非理性化,如《山海经》,只有非人格化的"天"。屈原《天问》究竟反映了对于自然以及人世奥秘的知识兴趣,还是充分暴露了中国哲学传统无人格神的生存困境?柳宗元作《天对》,以答《天问》,是在第一方面。司马迁指出:"夫天者,人之始也;父母者,人之本也。人穷则反本,故劳苦倦极,未尝不呼天也;疾痛惨怛,未尝不呼父母也",① 是在第二方面。但"天"对人的呼喊却往往没有回应。人往往因此控诉"天"。在关汉卿《感天动地窦娥冤》中,窦娥就发出了这样的呼喊和控诉:"地也,你不分好歹何为地?天也,你错勘贤愚枉做天!"② 传统中国人除了信"天"之外,便是信"命"。孟子说:"莫之为而为者,天也。莫之致而致者,命也。"③ 庄子说:"知其不可奈何而安之若命,德之至也。"④ 听天由命是传统中国人的基本人生态度。但荀子却主张"制天命而用之。"⑤

愚公移山

太行、王屋二山阻断了人们的道路。愚公率领子孙挖山不止。智叟嘲笑愚公"不惠"。愚公叹息智叟"固不可彻"。他说:"虽我之死,有子存焉;子又生孙,孙又生子;子又有子,子又有孙。子子孙孙,无穷匮也。"⑥ 这就

---

① [西汉] 司马迁:《史记》"屈原贾生列传第二十四"。
② [元] 关汉卿:《感天动地窦娥冤》第三折。
③ 《孟子》"万章上"。
④ 《庄子》"人间世第四"("德充符第五")。
⑤ 《荀子》"天论篇第十七"。
⑥ 《列子》"汤问篇"。

哲学导论

是愚公移山的力量源泉。愚公的真诚感动了上帝。上帝派遣了两位大力士神背走了两座大山。"愚公移山"神话体现了儒家哲学的基本精神。

愚公移山　徐悲鸿

《春秋》三不朽

春秋时期两位大臣讨论"不朽"问题，其中一位大臣在回答另一位大臣问题时提出所谓"三不朽"："太上有立德，其次有立功，其次有立言。虽久不废，此之谓不朽。"① 这是以人际——历史理性为根据的信念和理想。

孔颜乐处

孔子倡导的人生境界以颜渊和自己为榜样——所谓"孔颜乐处"："贤哉回也！一箪食，一瓢饮，在陋巷。人不堪其忧，回也不改其乐。贤哉回也！""饭疏食饮水，曲肱而枕之，乐亦在其中矣。不义而富且贵，于我如浮云。"② 后人所谓"寻孔颜乐处，所乐何事？"其实这是孔子倡导的"安贫乐道"的生活方式：安于物质清贫，乐在精神富有。刘禹锡的《陋室铭》揭示了同样一个道理："山不在高，有仙则名。水不在深，有龙则灵。斯是陋室，惟吾德

---

① 《春秋左传》"襄公下·襄公二十四年"。
② 《论语》"雍也第六""述而第七"。

馨。苔痕上阶绿，草色入帘青。谈笑有鸿儒，往来无白丁。可以调素琴，阅金经。无丝竹之乱耳，无案牍之劳形。南阳诸葛庐，西蜀子云亭。孔子云：'何陋之有？'"①

浩 然 之 气

孟子自述："我善养吾浩然之气。""其为气也，至大至刚，以直养而无害，则塞于天地之间。其为气也，配义与道。无是，馁也。是集义所生者，非义袭而取之也。行有不慊于心，则馁矣。"②孟子所谓"浩然之气"就是道德自觉所形成的大无畏英雄气概，就是文天祥《正气歌》所谓"正气"："浩然者，乃天地之正气也。""天地有正气，杂然赋流形。下则为河岳，上则为日星。于人曰浩然，沛乎塞苍冥。皇路当清夷，含和吐明庭。时穷节乃见，一一垂丹青。……是气所磅礴，凛然万古存。当其贯日月，生死安足论！地维赖以立，天柱赖以尊。三纲实系命，道义为之根。"③

浑 沌

《庄子》里面有个典故："南海之帝为儵，北海之帝为忽，中央之帝为浑沌。儵与忽时相与遇于浑沌之地。浑沌待之甚善。儵与忽谋报浑沌之德。曰：'人皆有七窍以视听食息。此独无有。'尝试凿之。日凿一窍，七日而浑沌死。"④

濠 梁 之 辩

春秋战国，辩风盛行。孟子自述："我知言"，"诐辞知其所蔽，淫辞知其所陷，邪辞知其所离，遁辞知其所穷。生于其心，害于其政；发于其政，害

---

① [唐]刘禹锡："陋室铭"。
② 《孟子》"公孙丑上"。
③ [宋]文天祥："正气歌"。
④ 《庄子》"应帝王第七"。

于其事。圣人复起，必从吾言矣。"① 庄子"以谬悠之说，荒唐之言，无端崖之辞，时恣纵而不傥，不以觭见之也。以天下为沉浊，不可与庄语。以卮言为曼衍，以重言为真，以寓言为广。独与天地精神往来，而不敖倪于万物。不谴是非，以与世俗处。其书虽瓌玮，而连犿无伤也。其辞虽参差，而淑诡可观。彼其充实，不可以已。上与造物者游，而下与外死生、无终始者为友。其于本也，弘大而辟，深闳而肆；其于宗也，可谓稠适而上遂矣。虽然，其应于化而解于物也，其理不竭，其来不蜕，芒乎昧乎，未之尽者。"当时还有一些专门辩者，如惠施、公孙龙等。惠施的"历物十意""辩者二十一事""合同异"，公孙龙的"白马非马""离坚白"，都是一些典型辩事。据《庄子·天下》称："惠施不辞而应，不虑而对，遍为万物说。说而不休，多而无已，犹以为寡，益之以怪，以反人为实，而欲以胜人为名，是以与众不适也。"② 有一个故事是："庄子与惠子游于濠梁之上。庄子曰：'鯈鱼出游从容，是鱼之乐也？'惠子曰：'子非鱼，安知鱼之乐？'庄子曰：'子非我，安知我不知鱼之乐？'惠子曰：'我非子，固不知子矣；子固非鱼也，子之不知鱼之乐，全矣！'庄子曰：'请循其本。子曰"汝安知鱼乐"云者，既已知吾知之而问我。我知之濠上也。'"③ 庄子与惠施的"濠梁之辩"，从审美的心理体验到语言的逻辑表述，相互辩难，堪称一绝。

儒道互补·外儒内法·外道内法

中国传统的"外儒内法（阳儒阴法）"或"外道内法（阳道阴法）"，历朝历代的统治者以之为统治术。这是被鲁迅和吴虞揭穿了的以"仁义道德"（"礼教"）为伪装的"吃人"的政治魔法。在《韩非子》中，韩非子为君主宰制臣下提供了"刑德二柄"；④ 在《君主论》中，马基雅维里露骨地宣称，

---

① 《孟子》"公孙丑上"。
② 《庄子》"天下第三十三"。
③ 《庄子》"秋水第十七"。
④ 参见《韩非子》"二柄第七"。

君主应当将"狮子的凶猛"和"狐狸的狡猾"结合起来;① 列宁曾经一针见血地指出,一切统治阶级都有两副面孔:一副是"刽子手"的面孔,一副是"牧师"的面孔;都有两手,一手拿着"大棒",一手拿着"胡萝卜"。② 可见天下道理是相通的。譬如为人处世要求"外圆内方",管教子女要求"严父慈母"等等。至于"儒道互补",在中国文化传统构架中更为根本,是士大夫的基本生活方式。只有"儒"没有"道"是不行的。儒家正统无法圆满解决人生终极问题。有了"儒道互补",这个问题就比较圆满解决了。后来更发展为"三教合流":"以儒治世,以道治身,以佛治心。"

玄学思潮·魏晋风度·名士风流

《列子·杨朱》认为人生短暂,主张及时行乐:"人之生也奚为哉?奚乐哉?为美厚耳!为声色耳!"③ 这是从极端利己主义走向虚无主义、享乐主义。这篇文章并非杨朱本人著述,倒是代表所谓"玄学思潮""魏晋风度""名士风流":内心痛苦至极,外表故作潇洒。

庄禅境界

惠能《坛经》是唯一一部由中国人创作而非仅仅由中国人翻译的佛教经典。惠能一字不识,因《金刚经》而悟佛法,礼拜五祖弘忍,成为门下弟子。弘忍命弟子作偈,凡悟大意者,传授衣法,以为六代。大弟子神秀作偈云:"身是菩提树,心如明镜台,时时勤拂拭,勿使惹尘埃!"而小伙计惠能则作偈云:"菩提本无树,明镜亦非台,本来无一物,何处惹尘埃!"结果不是神

---

① 参见〔意〕马基雅维里:《君主论》,潘汉典译,北京:商务印书馆,1985,第83—84页。
② 参见《列宁选集》第2卷,中共中央编译局编译,北京:人民出版社,2012,第478页。
③ 《列子》"杨朱篇"。

哲学导论

秀，而是惠能接受弘忍衣法，以为六祖。① 神秀一派宣传"渐悟"，形成北宗；惠能一派宣传"顿悟"，形成南宗。南宗压倒北宗，既标志着佛教的普及，也意味着佛教的没落。禅宗继承庄子、玄学，倡导世界和人生的审美化，艺术化，这就叫做"庄禅境界"。

思考与讨论

中国哲学是指中国有哲学还是哲学在中国？

---

① ［唐］惠能：《六祖大师法宝坛经》"行由第一"，［唐］法海集，［元］宗宝编，《大正藏》第48册2008。在另一版本中，神秀偈或为"身是菩提树，心如明镜台，时时勤拂拭，莫使有尘埃！"惠能偈或为"菩提本无树，明镜亦无台，佛性常清净，何处有尘埃！"（"心是菩提树，身为明镜台，明镜本清净，何处染尘埃！"）（《南宗顿教最上大乘摩诃般若波罗蜜经六祖惠能大师于韶州大梵寺施法坛经》，［唐］法海集，《大正藏》第48册2007）

第二章
印度哲学传统

印度属于世界四或五大文明古国之一。古代印度是指整个南亚次大陆地区，包括现今印度、巴基斯坦、孟加拉等国。

印度哲学传统属于世界三大哲学传统之一。印度文明的核心是宗教传统，其中包括哲学传统，经过吠陀时期、史诗时期、经书时期，逐步形成。婆罗门教和沙门思潮如佛教、耆那教等是印度文化的两大主流。佛教兴起之后，婆罗门教逐渐衰弱。公元8世纪左右，出现了在婆罗门教的基础上融合了佛教、耆那教等教义的印度教。12世纪左右，伊斯兰教入侵，佛教在印度本土消失。嗣后，印度教与伊斯兰教成为南亚两大宗教。佛教则传入东南亚各国、中国汉地及藏地、朝鲜、日本等地，成为世界三大宗教之一。

印度哲学的形成

印度宗教和哲学传统的形成主要经过三个历史时期：吠陀时期、史诗时期、经典时期。

吠陀时期　印度最早的哲学思想材料是西北印度流传的宗教历史文献汇编——吠陀和南印度泰米尔的"文学学府"——桑伽姆（sangam）。

"吠陀"（Veda，明论、知论），原意是指知识，特别是指宗教知识。狭义的吠陀是指其中最古老的一部分，是对神的颂歌和祷文，称为"吠陀本集"，共有4种，即《梨俱吠陀》（*Rig-Veda*，《歌咏明论》）、《婆摩吠陀》（*Sāma-Veda*，《赞颂明论》）、《夜柔吠陀》（*Yajur-Veda*，《祭祀明论》）和《阿达婆吠陀》（*Atharva-Veda*，《禳灾明论》）。其中，《梨俱吠陀》是颂神诗集,《娑摩吠陀》是颂神歌曲集,《夜柔吠陀》是祈祷诗文集,《阿达婆吠陀》是巫术诗集,以《梨俱吠陀》为核心。广义的吠陀包括解释吠陀的《梵书》(Brāhmana)、《森林书》(Aranyaka)、《奥义书》(Upanishad,吠檀多,即"吠陀的终结""吠陀的总结""吠陀的终极")以及经书。其中,《梵书》主要陈述礼仪;《森林书》标志着由《梵书》的"祭祀之路"到《奥义书》的"知识之路"的转向,主要探讨理论;《奥义书》尤其探讨哲理,"奥义"蕴涵了"秘传"的意思。此外是吠陀支(明论支节录),共有6种,即毗耶羯那论(Vyākarana,语法学)、尼禄多论(Nirukta,语源学)、阐陀论(Chandas,音韵学)、式叉论(Sikṣā,语音学)、竖底沙论(Jyotiṣa,天文学)、劫波论(Kalpa,仪轨学)。这是与学习吠陀有关的辅助学科,称为"吠陀文献"。

作为宗教思想,**吠陀教**属于多神教,所崇拜的神祇分成天上诸神、空中诸神、地上诸神三类。根据诸神形象是否具有物质特征,吠陀教所崇拜的神祇组成两个系列:一为"有相自然神群",一为"无相自然神群";根据诸神数目增减,吠陀教经历三个阶段:起初为泛神论或"万神论",然后过渡到"有限多神论",最后向一神论或尊一神论过渡。与人有死相对应,神是不死的。

在《梨俱吠陀》里,宇宙包括天、空(大气层)、地三个层面,此所谓"宇宙三有"或"宇宙三界"。其中的居民包括众多神和人。《梨俱吠陀》对宇宙本原的探讨,标志着印度哲学传统的开端。

吠陀仙人对宇宙起源的探讨,大多充满了辩证思维的气质。例如原水说认为水是万物的"胎藏":"在天之外,在地之外,诸天之外,非天之外,是何胎藏,水先承受,复有万神,于中显现?""即此胎藏,水先承受,诸天神众,于此聚会。无生脐上,安坐唯一,一切有情,亦住其内。""太初宇宙,混沌幽冥,茫茫洪水,渺无物迹。"[①] 有无说认为"无"和"有"、"死"和"生"是对立统一的矛盾:"无既非有,有亦非有";"死既非有,不死亦无。"

---

① 毗湿瓦迦罗仙人:"创世主赞",《梨俱吠陀》第10卷,第82曲;住顶仙人:"有转神赞",《梨俱吠陀》第10卷,第129曲。引自《〈梨俱吠陀〉神曲选》,巫白慧译解,北京:商务印书馆,2010,第272、245页。

"有"包括"四大"("水、火、风、地"),"无"或指"空":"由空变有,有复隐藏"。① 他们还探讨了人类精神的起源。这就是末那说。"末那"(manas)是指"意(识)":"初萌欲念,进入彼内,斯乃末那,第一种识。"② 由"欲"而"识","第一种识"就是"母识",派生"子识"(眼识、耳识、鼻识、舌识、身识),由"识"而"心",而"我"(个我—生命、精气—呼吸、智慧—理解),成为"灵魂",至于灵魂灭与不灭,更有争论。最后,为了反对灵魂有灭论者,灵魂不灭论者还探讨了"轮回"与"解脱"的问题。在探讨"轮回业因"时,他们区分"白业"与"黑业",认为"白业"即善因(往上升华的潜质力);"黑业"即恶因(向下沉沦的潜质力)。"业因"决定"果报"。肉身有死,灵魂不灭,因"白业"而升华至天上乐园,因"黑业"而沉沦于地下深渊。

史诗时期 这一时期,印度出现了两大史诗——《摩诃婆罗多》(Mahābhārata)、《罗摩衍那》(Rāmāyaṇa)。《摩诃婆罗多》的《薄伽梵歌》(Bhagavad-gītā,《神歌》)是其中的思想核心。吠陀时代流行多神崇拜,史诗时代演变成为三大主神崇拜:婆罗贺摩(Brahma,梵天)司创造,毗湿奴(Vishnu)司保护,湿婆(Shiva)司毁灭。同时,印度出现了百家争鸣的繁荣局面。当时的宗教—哲学思潮有两类:一为婆罗门教正统及其支流;一为沙门(Shramana)思潮,即自由思想家思潮,有佛教和六师,其中主要有顺世论、佛教、耆那教和生活派。

经典时期 这一时期,印度出现了各种宗教—哲学派别。通常把承认吠陀权威的数论派(Sāṃkhya)、瑜伽派(Yoga)、胜论派(Vaiśeṣika)、正理派(Nyāya)、弥曼差派(Mīmāṃsā)和吠檀多派(Vedānta)等六派称为正统派,把否认吠陀权威的顺世论、佛教和耆那教等三派称为非正统派。婆罗门教承认吠陀权威,以吠陀为根本经典,进一步发展了吠陀中的各种思想倾向;顺世论、佛教、耆那教和生活派否认吠陀权威,并且各自提出了不同的思

---

① 住顶仙人:"有转神赞",《梨俱吠陀》第10卷,第129曲。引自《〈梨俱吠陀〉神曲选》,第245页。
② 同上。

想观点。

婆罗门教哲学

婆罗门教是印度文化传统的正统,来源于吠陀教,因崇拜婆罗贺摩(梵天)而得名,起初信奉多神,后来以婆罗贺摩(梵天)、毗湿奴和湿婆为三大主神,认为它们分别代表宇宙的创造、保护和毁灭三个方面。

"梵"(Brahman,动词词根 brh 的意思是展现、增长或发展),在吠陀文献中,常常用于指称吠陀颂诗和咒语及其蕴涵的力量,由此,解释吠陀颂诗的书叫做"梵书"(Brāhmana,中性);用于指称祭司尤其是指四种祭司(诵者祭司、歌者祭司、行祭者祭司、监督者祭司)中的监督者祭司("梵祭司"),由此,念诵吠陀颂诗的人叫做"婆罗门"(Brāhmana,阳性)。

印度社会成员分成四种种姓:第一种姓婆罗门(brahmanes)是祭司,掌管宗教和文化;第二种姓刹帝利(kshatryas)是武士,掌管王政和军事;第三种姓吠舍(vaishyas)是平民,从事农业、畜牧业、手工业和商业;第四种姓首陀罗(shoudras)是奴隶,从事农牧渔猎和各种仆役。四种姓之外,还有贱民。只有前三个种姓享有阅读婆罗门教圣典吠陀的权利,第一个种姓先后度过四个生活阶段:梵行期(brahamacarin)、家居期(grhastha)、林居期(vanaprastha)和遁世期(sannyasin)。

婆罗门教的基本教义有:

其一,"梵我同一"说:婆罗门教思想的核心是探讨世界的终极原因和人的本质。其中的两个基本概念是"梵"(Brahman)和"我"(Ātman)。在《奥义书》里,"梵—我"是"原人"的直接化身,是超验实在的经验形式。"原人"演变为两部分,一部分分化成"梵",一部分分化成"我"。"原人即梵,原人即我","原人、梵、我"三位一体。"梵"是客观世界的基础;"我"是主观世界的根源。"梵"是绝对精神,宇宙的自我、本体、本原或本质,是生命的基础;"我"是灵魂,既指宇宙自我,也指人的个体自我,即人的本质或灵魂。"梵我同一"亦称"梵我不二""梵我一如",其意思是:"宇宙即梵，梵即自我"，亦即宇宙本体与个体灵魂的同一。

《奥义书》探讨"梵"，阐明了"宇宙即梵"的哲学思想：

> 由谁的意愿和指令，思想出现？由谁促使最初的生命气息启动？由谁的意愿，人们说这样的语言？是哪位天神，安排这眼睛和耳朵？
>
> 它是眼睛的眼睛，思想的思想，语言的语言，生命气息的气息，耳朵的耳朵；智者们超脱一切，离开这个世界后，达到永恒。
>
> 不是凭语言表达它，而是语言由它表达；你要知道它就是梵，而非人们所崇拜者。
>
> 不是凭思想思考它，而是思想由它思考；你要知道它就是梵，而非人们所崇拜者。
>
> 不是凭眼睛观看它，而是眼睛由它观看；你要知道它就是梵，而非人们所崇拜者。
>
> 不是凭耳朵谛听它，而是耳朵由它谛听；你要知道它就是梵，而非人们所崇拜者。
>
> 不是凭气息呼吸它，而是气息由它呼吸；你要知道它就是梵，而非人们所崇拜者。[①]

《奥义书》探讨"梵"和"我"，阐明了"梵即自我"的哲学思想：

> 确实，梵是所有这一切，出生、解体和呼吸都出自它。应该内心平静，崇拜它。确实，人由意欲构成。人在死后成为什么，按照人在这个世界的意欲。因此，应该具有意欲。
>
> 由思想构成，以气息为身体，以光为形貌，以真理为意念，以空为自我，包含一切行动，一切愿望，一切香、一切味，涵盖这一切，不说话，不旁骛。
>
> 这是我内心的自我，小于米粒，小于麦粒，小于芥子，小于黍粒，

[①] "由谁奥义书"第一章，引自《奥义书》，黄宝生译，北京：商务印书馆，2010，第253—254页。

小于黍籽。这是我内心的自我,大于地,大于空,大于天,大于这些世界。

包含一切行动,一切愿望,一切香,一切味,涵盖这一切,不说话,不旁骛。这是我内心的自我。它是梵。死后离开这里,我将进入它。信仰它,就不再有疑惑。①

其二,"二梵和幻"说:二梵有两种含义:梵有二相,一是无形、不死、不动之相,一是有形、有死、变动之相;梵有真假。"摩耶"(māyā)是指"幻(象)"、"幻(术)",包括"幻现"(幻象之生成)、"幻归"(幻象之消亡)。"幻"是梵我本体的幻现,有两个方面:一是幻现为主观世界,产生生物界的生命,即个我或个体灵魂;一是幻现为客观世界,产生非生物界的物质现实;同时是两个方面朝向梵我本体的幻归。

《奥义书》将"梵"分为"上梵"("无形"的梵)和"下梵"("有形"的梵),并与之相对应,将"我"分为"遍我"("主我")和"个我"("众我"),将知识分为"上知"和"下知"。前者是超验性的,无规定性,不可描述,不可思辨;后者是经验性的,有规定性,可以描述,可以思辨。

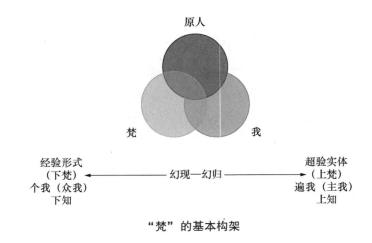

"梵"的基本构架

---

① "歌者奥义书"第三章·十四,引自《奥义书》,第159页。

《奥义书》对于梵的认知和表述主要采用两种方式：一种是肯定的方式（"表诠"），一种是否定的方式（"遮诠"）。无相之梵的原理模式是"非如此，非如此"；有相之梵的原理模式是"一切即此"。

"唵"（Om）是印度古人在吟诵吠陀时，用于开头和结尾的感叹词。在《奥义书》中，"唵"（Om）由 a、u 和 m 三个音组成，是整个世界和梵的象征。在婆罗门教经典中，这三个音分别代表三位大神：婆罗贺摩（梵天）、毗湿奴和湿婆；或代表三部吠陀：《梨俱吠陀》《娑摩吠陀》和《夜柔吠陀》；或代表三界：天上世界、空中世界和地上世界。同时，"唵"（Om）、"那个"（tat）、"真实"（sat）这三个词在奥义书中经常用以指称梵。

其三，"业报""轮回（转生）""解脱"说："业"的特殊意义是祭祀活动，一般意义是行动、行为。"轮回"是指死后灵魂的转生，意即六道——地狱、畜生、饿鬼、人、天（神）和阿修罗（Asura，魔）——流转的继续；"轮回"有二要义：一为身死而灵不灭；二为惩恶扬善，均在来生受报。《奥义书》说："确实，因善业而成为善人，因恶业而成为恶人。"① "解脱"，意谓出轮回超生死即烦恼业因的终止，是在破除业力桎梏、结束轮回转生后的一种超验境界。

《薄伽梵歌》中的黑天（Bhagavad，音译"薄伽梵"，意译"尊者""世尊"）是婆罗门教大神毗湿奴的化身。黑天阐明了达到人生最高目的解脱的三条道路：业瑜伽、智瑜伽和信瑜伽。"瑜伽"（yoga，动词词根 yuj 的意思是约束、连接或结合）的含义是联系、驾驭和运用，原本是修炼身心的方法，黑天将"瑜伽"扩大为行动方式，是要求行动者——"我"约束自己，与至高之存在——"梵"合一。"业瑜伽"（行动瑜伽）是指以一种超然的态度履行个人的社会义务和职责，不抱有个人的欲望和利益，不计较行动的成败和得失。"智"是知识或智慧，是指数论和《奥义书》的知识或智慧。"智瑜伽"（智慧瑜伽）就是以数论和《奥义书》的知识或智慧指导自己的行动。"信"是虔诚、崇敬或虔信。"信瑜伽"（虔信瑜伽）就是虔诚地崇拜和信仰黑天，

---

① "大森林奥义书"第三章·第三梵书，引自《奥义书》，第58页。

哲学导论

将一切行动作为对黑天的祭祀或奉献。

《薄伽梵歌》宣扬行动哲学：

你的职责就是行动，永远不必考虑结果；不要为结果而行动，也不固执地不行动。

把一切行动献给我，抛弃愿望，摒弃自私，专注自我，排除烦恼，你就投入战斗吧！①

《薄伽梵歌》提出了"三性"人性论：

善性、忧性和暗性是原质产生的性质；在身体中，它们束缚永恒不灭的自我。

善性执着快乐，忧性执着行动，暗性蒙蔽智慧，执着骄慢放纵。

善性压倒忧性和暗性，忧性压倒善性和暗性，暗性压倒善性和忧性，这是三性的存在方式。

人们说善行的果实具有善性而纯洁，忧性果实是痛苦，暗性果实是无知。

善性产生智慧，忧性产生贪欲，暗性产生放逸、愚昧和无知。

善性之人上进，忧性之人居中，暗性之人下沉，性质行为低劣。②

《薄伽梵歌》以"三性"人性论为根据，认为四种姓依据各自本性行动：

婆罗门、刹帝利和吠舍，还有首陀罗的行动，按照他们各自本性，产生的性质加以区分。

平静、自制和苦行，纯洁、宽容和正直，智慧、知识和虔诚，是婆罗门本性的行动。

勇敢、威武和坚定，善于战斗，临阵不逃脱，慷慨布施，大将风度，是刹帝利本性的行动。

---

① 《薄伽梵歌》第二、三章，引自〔古印度〕毗耶娑：《薄伽梵歌》，黄宝生译，北京：商务印书馆，2010，第25、38页。

② 《薄伽梵歌》第十四章，引自〔古印度〕毗耶娑：《薄伽梵歌》，第127—130页。

耕种、畜牧和经商,是吠舍本性的行动;以侍候他人为己任,是首陀罗本性的行动。①

佛教哲学

当时与婆罗门教相对应的是沙门思潮,即自由思想家思潮,主要包括顺世论、佛教、耆那教和生活派。

顺世论,又称世间行,原意是"流行在人民中间的观点",由**毗诃婆提**(Brhaspati)创立。顺世(lokayata,"随顺世间")论者称为斫婆迦(carvakr,"言辞美妙")。顺世论经典已经失传,但基本思想却留传下来。顺世论提出"四大"说,"根据顺世论者的观点,唯有四元素——地、水、火、风是最终的本原,不存在其他的(可作为本原之物)"。"唯有(可)被知觉之物存在,不可知觉之物不存在,因为它从未被感知过"②。"此派认为感觉(现量)是认识的唯一来源,并且不承认推理(比量)等"。"人的唯一目的就是通过感官的快乐来进行享受"。"当生命属于你时,愉快地生活吧!/没有什么能逃出死神的眼睛/一旦我们的身躯被烧灭/它又如何能回归?"③ 总之,顺世论是典型的感觉主义和享乐主义的哲学。

佛教属于沙门思潮,**乔达摩·悉达多**(**释迦牟尼**,Gautama Siddhārtha,Śākya-muni,意为"释迦族的圣人")创始。佛(Buddha),音译"佛陀"的简称,意译"觉者""知者"。"觉"有三义:自觉、觉他、觉行圆满。佛教经典总称"三藏"(*Tripitaka*),分为"经"(*Dharma*)、"律"(*Vinaya*)、"论"(*Abhidharma*)三部分。经,即释迦牟尼所说的教义;律,即释迦牟尼为僧侣所制订的戒律;论,即弟子们对教义、教理的解释和研究。

原始佛教,是指佛教早期所流行的教义。《阿含经》(*Agam*,包括《长阿

---

① "薄伽梵歌"第十八章,引自〔古印度〕毗耶娑:《薄伽梵歌》,第156—157页。
② 商羯罗:《摄一切悉檀》。引自《印度哲学》,姚卫群编著,北京:北京大学出版社,1992,第229页。
③ 摩陀婆:《摄一切见论》。引自《印度哲学》,第231、230页。

含经》《中阿含经》《杂阿含经》和《增一阿含经》）记录了原始佛教的基本教义。

原始佛教的基本教义是"四谛"说。

"四谛"是苦、集、灭、道。

其一，苦谛是讲现世存在的种种痛苦现象，有"生、老、病、死、怨憎会（和可恨的东西会合的痛苦）、爱别离（和可爱的东西别离的痛苦）、求不得（追求不到的痛苦）、五取蕴（一切身心的痛苦）"八苦。其中，"五蕴"是色蕴（物质现象）、受蕴（感觉）、想蕴（知觉或表象作用）、行蕴（意志）、识蕴（意识或认识作用）。

其二，集谛是讲造成痛苦的各种原因或根据，痛苦的根源是欲望，有"无明（无知）、行（意志）、识（见识）、名（精神）色（肉体）、六入（眼、耳、鼻、舌、身、意）、触（接触）、受（感受）、爱（贪爱）、取（求取）、有（占有）、生、老死"十二因缘。十二因缘就是从无明到老死彼此成为条件或因果联系的12个环节。"若有此则有彼，若无此则无彼，若生此则生彼，若灭此则灭彼。"① "如来离于二边，说于中道，所谓此有故彼有，此生故彼生，谓缘无明有行，乃至生老病死忧悲恼苦集。所谓此无故彼无，此灭故彼灭，谓无明灭则行灭，乃至生老病死忧悲恼苦灭。""谓此有故彼有，此起故彼起，谓缘无明行，乃至纯大苦聚集。"② 十二因缘之首是"无明"，即无知，所以消除痛苦的途径便在于消除无明（无知），求得觉悟。

其三，灭谛是讲最终理想的无苦境界涅槃，消灭欲望以便从根源上消灭痛苦，达到"涅槃"（nirvana，寂静），有"诸行无常、诸法无我、涅槃寂静"三法印。诸行无常，即世界上的一切现象都不是永恒，而是生灭变化的；诸法无我，即客观世界并不存在一个主宰者（"我"），作为主体的人也不存在一个起主宰作用的灵魂（"我"）；涅槃寂静，这是佛教追求的最终目标，

---

① 《中阿含经》卷第二十一"长寿王品第二·说处经第十五"，[东晋]瞿昙僧伽提婆译，《大正藏》第01册0026。

② 《杂阿含经》卷第十二·二九八、卷第十·二六二，[刘宋]求那跋陀罗译，《大正藏》第02册0099。

所谓涅槃是一种绝对宁静的神秘主义状态或境界。

其四，道谛是讲为实现理想所遵循的道路或方法，有"见（正确的见解）、思或志（正确的意志）、语（正确的语言）、业（正确的行为）、命（正确的生活）、精进（正确的努力）、念（正确的思想意识）、定（正确的精神集中）"八正道。所谓"正道"就是"中道"。"有二边行，诸为道者所不当学：一曰著欲乐下贱业，凡人所行；二曰自烦自苦，非贤圣求法，无义相应。……舍此二边，有取中道，成明成智，成就于定，而得自在；趣智趣觉，趣于涅槃，谓八正道，正见乃至正定，是谓为八。"①

总起来说，佛教表现了关怀人间苦难和寻求人生解脱的宗教—哲学态度，体现了印度宗教—哲学传统的基本精神，而众生平等、泛爱万物与和平主义的意识又奠定了佛教作为世界三大宗教之一的思想基础。

耆那教，耆那（Jina）原意为"胜利者"，**筏驮摩那（大雄，**Vardhamana）创立，后来分为两个派别：白衣派和天衣（裸身）派。耆那教提出"七谛"说："谛即命我、非命我、（业的物质）漏（入命我）、（业的物质对命我的）缚、（对业的物质流入命我的）遮、（命我对业的物质的）灭、（命我摆脱物质，达到）解脱。"这就是说，世界是由灵魂"命我"与非灵魂"非命我"两类原素构成的。"命我的本质是生命。"灵魂存在于地、水、火、风以及其他生物中。非灵魂分为物质和不定形物质两种。物质是由原子（极微）及其复合构成的；不定形物质由运动的条件"法"、静止的条件"非法"和空间、时间四种东西构成。"非命我（的构成）体是：法、非法、空间和补特伽罗。"② 补特伽罗（pudgala）也就是"众生""人""我"。因此，"有六种实体：法、非法、空间、补特伽罗、时间和命我。"③ 人的行为"业"（包括"好的，即善的业；坏的，即恶的业"）"漏"（流入）灵魂，系"缚"灵魂；通过"不杀生、不妄语、不偷盗、不淫和不执着"五戒和"正智、正信、正行"三宝"遮"（抑制）物质，"灭"除人的行为，实现"解脱"。

---

① 《中阿含经》卷第五十六"晡利多品第三·罗摩经第三"。
② 乌玛斯伐蒂：《谛义证得经》，引自《印度哲学》，第233、234页。
③ 摩利舍那：《或然论束》，引自《印度哲学》，第238页。

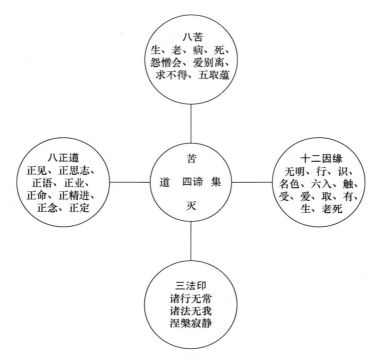

原始佛教基本教义

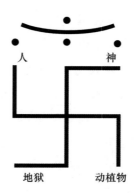

卍（svastika，"吉祥"）字图

生活派，又称邪命外道，**末迦黎·拘舍罗**（Makkhal Gosala）创立，认为宇宙和万物都是由灵魂、地、水、火、风、虚空、得、失、苦、乐、生、死等12个原素构成的。地、水、火、风是纯粹的物质，虚空是其他原素存在的场所，苦、乐、生、死是独立的精神原素，各种原素按照机械的自然的方式结合在一起，并受命定的支配。

印度哲学的发展

在印度哲学历史上，各个学派"类型保持相同"。对于前人的"经"，后人总是通过不断"注疏""复注""颂"和"释补"，予以发展。通常，印度哲学家的著述包括两部分——"前品"和"后品""究竟"。"前品"是指对敌论的陈述；"后品""究竟"包括陈述与证明自己的立场。

婆罗门教在其产生和发展过程中形成了很多学派，其中影响较大的有数论派、瑜伽派、胜论派、正理派、弥曼差（前弥曼差）派、吠檀多（后弥曼差）派。

数论派 数论的原义是"计数"，引申为包括计数在内的分析方法。数论的经典有自在黑（Isvarakrsna）的《数论颂》、传闻迦毗罗（Kapila）的《数论经》。首先，数论认为世界是由"神我"（原人）和"自性"（原质）结合产生的。"神我"（原人）是灵魂，"自性"（原质、自然）是原初物质。"神我（与自性结合）是为了注视（自性），自性（与神我结合）是为了独存。二者的结合就如同跛者与盲者（的结合）一样。（世界的）创造由此产生。""由自性（生）大，然后（生出）我慢，由此（我慢生）十六（谛）系列，再由此十六（谛中的）五（唯生）五大。"[①] 这里，数论构造的宇宙生成模式是："自性"（原质、自然）—"觉"（智）—"我慢"（自我意识）—"十六（谛）系列"（"五唯"：声、触、色、味、香）（—"五大"：空、风、火、水、地）—"十一根"（"五知根"：耳、皮、眼、舌、鼻；"五作根"：口、手、足、排泄器官、生殖器官；心）。数论认为自性具有善、忧和暗三种

---

① 自在黑：《数论颂》21—22。引自《古印度六派哲学经典》，姚卫群编译，北京：商务印书馆，2003，第155页。

性质（三性、三德）——善性（喜性、sattva，萨埵）、忧性（rajas，罗阇）、暗性（tamas，多磨）。"德（具有）喜、忧、暗的本质，并起照明、冲动、抑制的作用。（它们）互相压抑、支持、产生、伴随和依存。""萨埵被认为轻快（并可）照明；罗阇激奋和冲动；多磨沉重和遮蔽。犹如灯一样，（它们）为了（共同的）目的（结合）发生作用。""在上，创造（中）萨埵居多；在下，多磨居多；在中，罗阇居多。从梵等至柱（即是如此）。"① 这里，"上"为天（道）；"下"为兽（道）；"中"为人（道）。最后，关于认识，数论承认"现量"（直接知识——感觉经验）、"比量"（理性思维——逻辑推理）和"圣言量"（间接知识）。"现量是（根）取境。比量被认为有三种，它以相和有相为基础，圣言量是可信赖之人（的言教）和（来自吠陀的）耳闻。"② 这里，"相"是中词，"有相"是大词和小词。

瑜伽派 瑜伽派最初与数论派有非常密切的关系。数论是瑜伽的世界观，瑜伽是数论的修行法。"瑜伽"（yoga）的原义是"联系""结合""相应""驾驭"，引申为修炼身心的方法。瑜伽派的经典是钵颠阇利（Patajali）的《瑜伽经》。瑜伽派认为"神我"和"自性"的结合是一切痛苦产生的根源，所以它把断绝痛苦的根源，使"神我"独存作为自己的根本目的；认为作为认识主体的心在修行中起着重要作用，所以瑜伽是为了抑制和断灭心的作用。"瑜伽是对心的变化的抑制。""禁制、劝制、坐法、调息、制感、执持、静虑、等持是（瑜伽的）八支。""（当）没有神秘的对象的德变成潜伏（状态时），或（当）意识的力量建立在自己的特性之中（时），绝对独存（就达到了）。"③

胜论派 胜论派的经典是迦那陀（kanāda）的《胜论经》。胜论派认为物质世界是由原子（极微）组成。胜论派的核心问题是"法"。"法是这样一种

---

① 自在黑：《数论颂》12—13、54。引自《古印度六派哲学经典》，第151、167页。
② 自在黑：《数论颂》5。引自《古印度六派哲学经典》，第147页。
③ 钵颠阇利：《瑜迦经》第一卷2、第二卷29、第四卷34。引自《古印度六派哲学经典》，第189、198、216页。

东西：通过它可变得崇高，达到至善。"① 所谓"十句义"是"实"（实体）、"德"（性质）、"业"（运动）、"因果"、"同异"（普遍性、特殊性）、"身体"、"根"（感觉器官）、"境"（感觉对象）、"意"（意识）、"和合"（内属）。此外，胜论极力维护种姓制度，迦那陀的《胜论经》说："同样，（可以）灭除那些（对此）有敌对（行为）的人。""对于另外的下等人，（可以）灭除。""对平等的人，自我灭除，或灭除对方。""对于上等的人，要自我灭除。"②

正理派 正理派的经典是乔答摩（Gautama）的《正理经》。正理派研究了认识方式（"量"）和认识对象（"所量"）。"量（指）现量、比量、譬喻量、言量。"这就是说，认识方式分为"现量""比量""譬喻量""言量"。"现量是根境相合产生的认识，不可言说，无误，确定。""现量"就是直接知识（感觉经验）。"比量以此（现量）为先，它有三种：有前比量、有余比量、平等比量。""比量"就是理性思维（逻辑推理），以感性经验为前提，包括三种：一是从因推果，二是从果推因，三是同类推理。"譬喻量是根据（未知事物与以前）熟知的（事物的）相似来获得（关于）未知事物的（知识）。""譬喻量"就是类比推理。"言量是可信赖之人的言教。""言量"就是间接知识，包括声量、圣言量、圣教量。"此（言量有）两种：根据可见的物（所作的言量）和根据不可见物（所作的言量）。"此外还有传承量，即传言；义准量，即借助对另一事件的设定来推断一事件；随生量，即根据包含某一事物的另一事物的存在来确定一事物存在；无体量，即在两个对立的事物中，根据一事物的不存在来确定另一事物的存在。"所量是我、身、根、境、觉、意、作业、过失、再生、果报、苦、解脱。"③ 这就是说，认识对象分为灵魂、身体、感觉器官、感觉对象、知性、心、行为、过失、彼岸存在、果报、苦、解脱。总之，正理派创立了印度传统的逻辑体系——因明，成为世界三大逻辑传统之一。

---

① 迦那陀：《胜论经》第一卷第一章2。引自《古印度六派哲学经典》，第1页。
② 迦那陀：《胜论经》第六卷第一章13—16。引自《古印度六派哲学经典》，第1页。
③ 乔答摩：《正理经》第一卷第一章3—9。引自《古印度六派哲学经典》，第64—65页。

弥曼差派 弥曼差派，亦称前弥曼差派。其经典为《弥曼差经》，作者是阇弥尼（Jaimini）。弥曼差派以研究祭祀为根本目的，认为祭祀是沟通神人之间关系的活动。弥曼差派尊奉吠陀教义。《弥曼差经》指出："法是由（吠陀）教令所表明之物。"① 在讨论祭祀资格时，弥曼差派在男女是否平等、三种姓还是四种姓具有祭祀资格、有无财富是否具有祭祀资格等等问题上，存在争论：在性别、财富问题上比较宽容，在种姓问题上比较顽固，认为首陀罗无祭祀的资格。

吠檀多派 吠檀多派，亦称后弥曼差派。吠檀多的意思是"吠陀的终极"，以《奥义书》《薄伽梵歌》《梵经》为三大经典。《梵经》的作者是跋达罗衍那（Bādarāyana）。《梵经》指出："梵"是"虚空""气息""（最高）光辉""阿特曼（我）"。吠檀多派同样维护种姓制度，《梵经》强调："首陀罗无获得智慧的资格。"② 吠檀多派的主要代表是乔荼波陀（Gaudapāda）、商羯罗（Sankara）、罗摩奴阇（Rāmānuja）和摩陀婆（Madhva）。吠檀多派认为世界的最高主宰是"梵"，是宇宙精神，是"最高我"，个体灵魂是"生命我"；但是在"梵"与"我"的关系上存在争论。商羯罗主张"不二论"，认为"梵我如一"。他说："梵确实作为一个众所周知的实体而存在，它是常住的，纯净的，有理智的，它在本质上是自由的，并是全知全能的。""此外，梵的存在亦可从它是一切的我这一事实中明确地得知，因为每人都感到他的自我是存在的，而决不觉得'我不存在'。如果没有对自我存在的普遍承认，那每人都将会觉得'我不存在'。这个我就是梵。"③ 罗摩奴阇主张"限制不二论"，认为"梵我不一不异"。

印度教（新婆罗门教）是婆罗门教在批判地吸取和借鉴佛教、耆那教等的基础上形成和发展起来的。经过改造，婆罗门教演化成为印度教（新婆罗门教）。印度教流传于印度本土。

---

① 阇弥尼：《弥曼差经》第一卷第一章1。引自《古印度六派哲学经典》，第217页。
② 参见跋达罗衍那：《梵经》第一卷第四章19。引自《古印度六派哲学经典》，第278页。
③ 参见跋达罗衍那：《梵经》第一卷第一章1[商羯罗注]。引自《古印度六派哲学经典》，第246页。

佛教在原始佛教后经历了部派佛教、大乘佛教、密教三个时期。

部派佛教 佛教分化为上座部和大众部两派，之后从两派中分化为18部或20部。部派佛教将宇宙万有之"法"分为"有为法"和"无为法"，认为有为法依因缘而生灭，无为法不生不灭，提出"我空法有"；主张修炼"阿罗汉果"（arahant，自我解脱），修炼的方法是"戒、定、慧"。部派的主要派别有说一切有部和经量部，说一切有部是直接唯识论（外现证论），经量部是外物的可推论性理论（外所量论）、表象主义或观念模本理论、批评唯识论。

大乘佛教 "乘"有"运载"或"道路"的意思。后期佛教自称为"大乘"，即"大道"，把前期佛教贬为"小乘"，即"小道"。大乘佛教提出"我法两空"，以释迦牟尼为崇拜偶像，主张修炼"佛果"（普度众生），修炼的方法是"六波罗密"（Pāramī），即到达彼岸世界的六种道路——"布施、持戒、忍辱、精进、禅定、智慧"。

大乘的主要派别有中观派（空宗）和瑜伽行派（有宗、唯识宗）。

中观派的理论奠基人是龙树（Nāgārjuna）和提婆（Deva）。中观派（空宗）把"空"解释为"中道"："不生亦不灭，不常亦不断，不一亦不异，不来亦不出。""众因缘生法，我说即是无，亦为是假名，亦是中道义。未曾有一法，不从因缘生，是故一切法，无不是空者。"① 作为"中道"，"空"即"非有非无非非有非非无"。

瑜伽行派的理论奠基人是无著（Asanga）和世亲（Vasubandhu）。瑜伽行派（有宗、唯识宗）提出"唯识无境"，"识"指"眼识、耳识、舌识、鼻识、身识、意识、末那识（manas，意，思量）、阿赖耶识（alaya，藏，种子）"八识；"境"有"遍计所执、依他起、圆成实"三相（一切存在之本性与状态，从其有无或假实之立场分成三种，称为"三性"）："谓诸法相略有三种。何等为三？一者遍计所执相；二者依他起相；三者圆成实相。云何诸法遍计所执相？谓一切法名假安立自性差别，乃至为令随起言说。云何诸法

---

① 《中论》卷第一"中论观因缘品第一"、卷第四"中论观四谛品第二十四"，龙树菩萨造，梵志青目释，[姚秦] 鸠摩罗什译，《大正藏》第30册1564。

依他起相？谓一切法缘生自性。则此有故彼有，此生故彼生，谓无明缘行，乃至招集纯大苦蕴。云何诸法圆成实相？谓一切法平等真如，于此真如。"①"遍计所执性"为"情有理无"，"依他起性"和"圆成实性"为"理有情无"。若以蛇、绳和麻三物为喻，以绳为蛇是"遍计所执性"；知绳似蛇非蛇是"依他起性"；知绳形绳实麻是"圆成实性"。"三性"不即不离为"非有非空"之"中道"。

从部派佛教到大乘佛教，大致分为两系：一是从部派之大众部到大乘之空宗，其精神偏于激进，因阐发佛说之精神而注重法性之体认，故趋于谈空；二是从部派之上座部到大乘之唯识有宗，其性质偏于保守，因研讨经教之文义而注重法相之分析，故趋于说有。

密教又称金刚乘、真言乘。它以高度组织化的咒术、仪礼、俗信为其特征，宣扬口诵真言咒语（"语密"）、手结契印（"手式""身密"）、心作观想（"意密"）三密同时相应，可以"即身成佛"。它提出"六大"（"地、水、风、火、空、识"）说，之后把"六大"分为"随缘六大"和"法尔六大"，前者是随因果关系而显现的相对的和现象的存在，后者是本来具有的六种原素即一种本体的或绝对的存在，两者是所生和能生的关系，形影相随。

近现代以来，西方文化侵入印度，推动印度哲学朝着近现代形态转变。罗易（R. M. Roy）、提拉克（B. G. Tilak）、泰戈尔（R. Tagore）、甘地（M. K. Gandhi）是近现代印度哲学的主要代表。提拉克强调以智慧为根本和以虔信为支柱的行动瑜伽；甘地强调坚持真理、苦行、非暴力，号称甘地主义。

近现代以来，印度最主要的哲学思潮是新吠檀多主义。新吠檀多主义最主要的代表人物有：维韦卡南达（辨喜，S. Vivekānanda）、高士（A. Ghosh）、薄泰恰里耶（K. C. Bhattacharya）和拉达克利希南（S. Radhakrishnan）。它是吠檀多哲学在近现代条件下的继承和发展。其主要特点为：它把

---

① 《解深密经》卷第二"一切法相品第四"，[唐]玄奘译，《大正藏》第16册0676。

理论（智弥曼差）和实践（业弥曼差）更加紧密地结合起来，强调通过内心直觉，求得对绝对之梵的亲证。

近现代以来，伊斯兰教对于印度哲学亦有一定影响，这一方面的代表是伊克巴尔（M. Iqbal）。

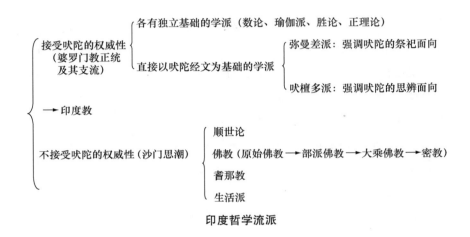

印度哲学流派

进一步阅读

原人创世说

《梨俱吠陀》"原人歌"提出"原人创世说"。

1. 原人之神，微妙现象，千头千眼，又具千足；
包摄大地，上下四维；巍然站立，十指以外。

2. 唯此原人，是诸一切；既属过去，亦为未来；
唯此原人，不死之主；享受牺牲，升华物外。

3. 如此神奇，乃彼威力；尤为胜妙，原人自身：
一切众生；占其四一；天上不死，占其四三。

4. 原人升华，用其四三，所余四一，留在世间。
是故原人，超越十方，遍行二界，食与不食。

5. 从彼诞生，大毗罗阇；从毗罗阇，生补卢莎；
彼一出世，立放光彩，创造大地，后复前进。
6. 原人化身，变作祭品，诸天用以，举行祭祀。
溶解酥油，是彼春天，夏为燃料，秋为供物。
7. 对此原人，太初诞生，洒水净化，作圣草祭。
上天神祇，往昔古圣，及今仙人，用之行祭。
8. 当此祭典，献供圆满，由是收集，酥油灵脂。
彼复创造，诸类动物；空中兰若，村落驯养。
9. 当此祭典，献供圆满，由是产生，梨俱娑摩；
由是产生，诗歌格律；由是产生，夜柔吠陀。
10. 由是产生，众多马匹；所有双颚，长牙齿者。
由是产生，家畜牛群；由是产生，山羊绵羊。
11. 原人之身，若被肢解，试请考虑，共有几分？
何是彼口？何是彼臂？何是彼腿？何是彼足？
12. 原人之口，是婆罗门；彼之双臂，是刹帝利；
彼之双腿，产生吠舍；彼之双足，出首陀罗。
13. 彼之胸脯，生成月亮；彼之眼睛，显出太阳；
口中吐出，雷神火天；气息呼出，伐尤风神。
14. 从彼肚脐，产生空界；从彼头顶，展现天界；
从彼两耳，产出方位。如是构成，诸有世界。
15. 围坛木条，彼有七根，七根三重，合成一束；
诸天神明，举行祭祀，捆绑原人，奉作牺牲。
16. 诸天设祭，以祭祈祭，斯乃第一，至上法规；
具大神力，直冲霄汉，诸天圣众，于此云集。①

---

① 那罗延仙人："原人歌"，《梨俱吠陀》第10卷，第90曲。引自《〈梨俱吠陀〉神曲选》，第253—256页。

自我创世说

在"原人创世说"基础上,《奥义书》提出"自我创世说":

确实,在太初,这个世界唯有自我。他的形状似人。他观察四周,发现除了自己,别无一物。他首先说出:"这是我。"从此,有了"我"这个名称。因此,直到今天,一旦有人询问,便先说"我是",然后说别的名字。

确实,在太初,这个世界唯有梵。它只知道自己:"我是梵。"因此,它成为这一切。众天神中,凡觉悟者,便成为它。众仙人也是如此。人类也是如此。确实,仙人瓦摩提婆看到它,进入它,说道:"我是摩奴,我是太阳!"因此,直到今天,任何人知道这样,说道:"我是梵。"他也就成为这一切。甚至众天神也不能阻止他变成这样,因为他已变成他们的自我。①

盐喻·蜜说

《奥义书》以"盐喻"来解释"梵":"犹如盐块投入水中,在水中溶化,再也不能捡起。然而,无论从哪儿取水品尝,都有盐味。哦!同样,这伟大的存在无边无沿,全然是意识的汇聚。它从那些存在物中出现,又随同它们消失。一旦去世,便无知觉。"②

《奥义书》以"蜜说"来解释"梵"和"我":这(些)大地、水、火、风、太阳、方位、月亮、闪电、雷、空间、正法、真理、人类、自我"对一切众生是蜜。一切众生对"这(些)大地、水、火、风、太阳、方位、月亮、闪电、雷、空间、正法、真理、人类、自我"也是蜜"。这(些)大地、水、火、风、太阳、方位、月亮、闪电、雷、空间、正法、真理、人类、自我"中由光构成、由甘露构成的原人,以及与自我相关的"身体、精液、语言、气息、眼睛、耳朵和回音、思想、精力、声音和音调、心中空间、恪守正法者、恪守真理者、人类、自我"中由光构成、由甘露构成的原人,确实就是

---

① "大森林奥义书"第一章·第四梵书,引自《奥义书》,第26、29页。
② 同上书,第47—48页。

这自我。这是甘露,这是梵,这是一切"。"这自我是一切众生的主人,一切众生的国王。正如那些辐条安置在轮毂和轮辋中,一切众生、一切天神、一切世界、一切气息和一切自我都安置在这自我中。"①

释迦牟尼创立佛教以及原始佛教

《长阿含经》"大本经"记载了释迦牟尼创立佛教的过程和原始佛教的基本教义:

释迦牟尼还在太子时候出游,先后于其中路见(逢)一老人("夫老者生寿向尽,余命无几,故谓之老")、病人("病者,众痛迫切,存亡无期,故曰病也")、死人("死者,尽也。风先火次,诸根坏败,存亡异趣,室家离别,故谓之死"),每次太子都问:"吾亦当尔,不(未)免此患耶?"侍(御)者都答:"然,生必有老、病、死,无有豪(贵)贱。"于是,太子不乐。"尔时,父王默自思念(维):昔日相师占相太子,言当出家,今者(日)不悦,得无尔乎?(吾)当(更)设方便,使处深宫,五欲娱乐(增诸伎乐),以悦其心,令(使)不出家。即便(复)严饰宫馆,简择婇女以娱乐之。"最后一次,太子于其中路逢一沙门。("沙门者,舍离恩爱,出家修道,摄御诸根,不染外欲,慈心一切,无所伤害,逢苦不戚,遇乐不欣,能忍如地,故号沙门。")"太子曰:'善哉!此道真正永绝尘累,微妙清虚,惟是为快。'""尔时,太子问沙门曰:'剃除须发,法服持钵,何所志求?'沙门答曰:'夫出家者,欲调伏心意,永离尘垢,慈育群生,无所侵娆,虚心静寞,唯道是务。'太子曰:'善哉!此道最真。'寻敕御者:'赍吾宝衣并及乘舆,还白大王,我即于此剃除须发,服三法衣,出家修道。所以然者,欲调伏心意,舍离尘垢,清净自居,以求道术。'于是,御者即以太子所乘宝车及与衣服还归父王。太子于后即剃除须发,服三法衣,出家修道。"

佛告比丘:"太子见老、病人,知世苦恼;又见死人,恋世情灭;及见沙门,廓然大悟。下宝车时,步步中间转远缚著,是真出家,是真远离。时,

---

① "大森林奥义书"第二章·第五梵书,引自《奥义书》,第48—51页。

彼国人闻太子剃除须发，法服持钵，出家修道，咸相谓言：'此道必真，乃令太子舍国荣位，捐弃所重。'于时，国中八万四千人往就太子，求为弟子，出家修道。"

"于时，太子即便纳受，与之游行，在在教化。从村至村，从国至国，所至之处，无不恭敬四事供养。菩萨念言：吾与大众，游行诸国，人间愦闹，此非我宜。何时当得离此群众，闲静之处以求道真，寻获志愿，于闲静处专精修道？复作是念：众生可愍，常处暗冥，受身危脆。有生、有老、有病、有死。众苦所集，死此生彼，从彼生此。缘此苦阴，流转无穷，我当何时晓了苦阴，灭生、老、死？"

"复作是念：生死何从？何缘而有？即以智慧观察所由，从生有老死，生是老死缘；生从有起，有是生缘；有从取起，取是有缘；取从爱起，爱是取缘；爱从受起，受是爱缘；受从触起，触是受缘；触从六入起，六入是触缘；六入从名色起，名色是六入缘；名色从识起，识是名色缘；识从行起，行是识缘，行从痴起，痴是行缘。是为缘痴有行，缘行有识，缘识有名色，缘名色有六入，缘六入有触，缘触有受，缘受有爱，缘爱有取，缘取有有，缘有有生，缘生有老、病、死、忧、悲、苦恼，此苦盛阴，缘生而有，是为苦集。菩萨思惟：苦集阴时，生智，生眼，生觉，生明，生通，生慧，生证。"

"于时，菩萨复自思惟：何等无故老死无？何等灭故老死灭？即以智慧观察所由，生无故老死无，生灭故老死灭；有无故生无，有灭故生灭；取无故有无，取灭故有灭；爱无故取无，爱灭故取灭；受无故爱无，受灭故爱灭；触无故受无，触灭故受灭；六入无故触无，六入灭故触灭；名色无故六入无，名色灭故六入灭；识无故名色无，识灭故名色灭；行无故识无，行灭故识灭；痴无故行无，痴灭故行灭。是为痴灭故行灭，行灭故识灭，识灭故名色灭，名色灭故六入灭，六入灭故触灭，触灭故受灭，受灭故爱灭，爱灭故取灭，取灭故有灭，有灭故生灭，生灭故老、死、忧、悲、苦恼灭。菩萨思惟：苦阴灭时，生智，生眼，生觉，生明，生通，生慧，生证。尔时，菩萨逆顺观十二因缘，如实知，如实见已，即于座上成阿耨多罗三藐三菩提。"①

释迦牟尼批判婆罗门教以及种姓制度

释迦牟尼一方面创立了佛教，另一方面则批判了婆罗门教，尤其种姓制度。在《长阿含经》"小缘经"中，释迦牟尼推翻了种姓制度的神秘起源，在宗教神话的框架里，从社会历史的发展中揭示了"四姓本缘"的现实根基。

"天地始终，劫尽坏时，众生命终皆生光音天，自然化生，以念为食，光明自照，神足飞空。其后此地尽变为水，无不周遍。……其后此水变成大地，光音诸天福尽命终，来生此间。……其后此地甘泉涌出，状如酥蜜。"于是众生以泉为食，"其身转粗，肌肉坚硬，失天妙色，无复神足，履地而行，身光转灭，天地大冥"。在从神的历史退化到人的历史后，释迦牟尼提出"天地常法"，认为众生之间食有多少，色有好丑。由于饮食男女，"众生于是各共忿诤、诤讼"，"各怀是非，迭相憎嫉"。为了解决人们之间的矛盾和冲突，"即寻分地，别立标帜"，"别封田地，各立疆畔"。但是，公有制变成私有制，并未根本解决人们之间的矛盾和冲突，反而"由有田地致此诤讼"，乃至盗窃淫乱。

"时，彼众中自选一人，形体长大，颜貌端正，有威德者，而语之言：'汝今为我等作平等主，应护者护，应责者责，应遣者遣。当共集米，以相供给。'时，彼一人闻众人言，即与为主，断理诤讼，众人即共集米供给。时，彼一人复以善言慰劳众人，众人闻已，皆大欢喜，皆共称言：'善哉！大王！善哉！大王！'于是，世间便有王名，以正法治民，故名刹利，于是世间始有刹利名生。"

"时，彼众中独有一人作如是念：家为大患，家为毒刺。我今宁可舍此居家，独在山林，闲静修道。即舍居家，入于山林，寂默思惟，至时持器入村乞食。众人见已，皆乐供养，欢喜称赞：'善哉！此人能舍家居，独处山林，

---

① 《长阿含经》卷第一"第一分初大本经第一"，[后秦]佛陀耶舍共竺佛念译，《大正藏》第01册0001。

静默修道，舍离众恶。'于是，世间始有婆罗门名生。彼婆罗门中有不乐闲静坐禅思惟者，便入人间，诵习为业，又自称言：我是不禅人。于是，世人称不禅婆罗门。由入人间故，名为人间婆罗门。于是，世间有婆罗门种。彼众生中有人好营居业，多积财宝，因是众人名为居士。彼众生中有多机巧，多所造作。于是世间始有首陀罗工巧之名。"①

佛教颠覆了婆罗门教的种姓制度。不仅在四个种姓中，佛教确立了刹帝利比婆罗门更重要的位置，而且，更为根本的是：佛教认为，任何个人不是因种姓出身，而是因恶行善行受到苦报乐报。在当时印度社会里，这是一次思想解放。

思考与讨论

印度哲学有何特色？从"华梵之辩"和"佛学东渐"的历史进程来探讨中印哲学的交流与融合。

---

① 《长阿含经》卷第六"第二分初小缘经第一"。
在《增一阿含经》"七日品"中，还有一个类似说法："或有是时，水灭地复还生。……光音天子来下世间"，在经历了类似的变故后，"尔时，即安田主。比丘当知：尔时，其守田者，号为刹利种。皆是旧法，非为今法。"
"尔时，其有人民侵他物者，是时刹利取惩罚之。然复彼人不改其怨，故复犯之。是时刹利之主教作刀杖，取彼人而枭其首。尔时，世间初有此杀生。是时，众多人民闻此教令：'其有窃盗粳米者，刹利主即取杀之。'皆怀恐惧，衣毛皆竖，各作草庐于中坐禅，修其梵行，而一其心，舍离家业、妻子、儿妇，独静其志，修于梵行。因此已来，而有婆罗门之名姓。是时，便有此二种姓出现世间。
"比丘当知：彼时由盗故便有杀生，由杀故便有刀杖。是时，刹利主告人民曰：'其有端政高才者，当使统此人民。'又告之曰：'其有人民窃盗者，使惩其罪。'尔时，便有此毗舍种姓，出现于世。
"尔时，多有众生便生此念：今日众生之类各共杀生，皆由业之所致也，今可来往周旋以自生活。尔时，便有首陀罗种姓，出现世间。"
(《增壹阿含经》卷第三十四"七日品第四十之一"一，[东晋] 瞿昙僧伽提婆译，《大正藏》第02 册0125)

第三章
希腊哲学传统

作为世界三大哲学传统之一,希腊哲学传统同时是西方两大哲学传统的活水源头,对于近代(现代)、当代西方哲学影响深远,源远流长。

黑格尔在《哲学史讲演录》中指出:

> 一提到希腊这个名字,在有教养的欧洲人心中,尤其在我们德国人心中,自然会引起一种家园之感。欧洲人远从希腊之外,从东方,特别是从叙利亚获得他们的宗教,来世,与超世间的生活。然而今生,现世,科学与艺术,凡是满足我们精神生活,使精神生活有价值、有光辉的东西,我们知道都是从希腊直接或间接传来的,——间接地绕道通过罗马。后一种途径,是希腊文化传给我们所取的较早的形式。此外它又通过昔时的普遍教会传来,这个教会本身也是导源于罗马的,就在今天它还保持着罗马人的语言。宗教的教训以及拉丁文的福音,来源都是教会神父。我们的法律,也以自罗马取得最完善的形式自夸。日耳曼人的粗犷性格,必须通过来自罗马的教会与法律的严格训练,受到磨炼。通过这种训练,欧洲人的性格才成为柔韧,担当得起自由。所以当欧洲的人类返回自己的家中,正视了现在之后,他在历史中所受的外来成分才得以扬弃。人既已回到自己家中,享受自己的家园,也就转向了希腊人。我们且把拉丁经典让给教会,把罗马法让给法学,不去谈它。那更高的、更自由的科学(哲学),和我们的优美自由的艺术一样,我们知道,我们对于它的兴趣与爱好都根植于希腊生活,从希腊生活中我们吸取了希腊的精神。

如果我们可以心神向往一个东西，那便是向往这样的国度，这样的光景。①

这是一段关于希腊文化的非常精彩的描述，其中提到了希腊文化对于人类文化的基本贡献——科学（哲学）、艺术。黑格尔对于希腊文化是非常推崇的。希腊文化的确是值得赞颂的。只要了解今天人类社会文化生活多少可以追溯到希腊那里去，我们对于黑格尔这一段话也会颇有同感。而希腊哲学则是希腊文化的精髓。

早期希腊哲学

希腊哲学虽吸收了其他地区的思想资源，但它的重要成就却发源于自身。在希腊各个城邦中，雅典和斯巴达是其中的核心。雅典是希腊哲学的中心。它的鼎盛是建立在航海业和商业、奴隶劳动和自由民（贵族、平民）民主制度基础上的。而斯巴达则属于另外一种情况，不是崇文，而是尚武；不是民主，而是专制。

希腊神话是希腊哲学的活水源头。希腊神话是指诸神故事——奥林匹斯诸神（以宙斯［Zeus］为万神之王）以及英雄传说，主要保存于荷马（Homer）史诗（《伊利亚特》(Ilias)、《奥德赛》(Odýsseia)和赫西俄德（Hesiod）《神谱》中。各个民族在一定历史阶段上都有自己神话。但是，与其他民族神话相比较，希腊神话是最有魅力的。在希腊神话世界里，有人，有神，还有英雄。希腊的神和人一样，富有人性、个性。这里不仅有男人与女人的爱情、男神与女神的爱情，而且有人与神的爱情。人神之恋的结晶是英雄。所谓英雄亦即半人半神。他们拥有像神一样的智慧和力量，而又像人一样必死。希腊神话塑造了众多的英雄形象，他们的使命是"征服世界"，以"征服世界"为人生意义和价值的实现。这就是希腊神话的基本精神——英雄主义

---

① ［德］黑格尔：《哲学史讲演录》第1卷，贺麟、王太庆译，北京：商务印书馆，1959，第157—158页。

精神。正是这种英雄主义精神造就了希腊哲学、科学、艺术的辉煌。

除了希腊神话之外,值得注意的是奥尔弗斯(Orpheus)教义,亦即通过"迷醉""狂欢"达到"神我合一"(精神极致)状态。

希腊神话和奥尔弗斯教义构成了希腊哲学传统的原始根基。尼采曾经提出"日神(阿波罗)精神"和"酒神(狄奥尼索斯)精神"。[①] 这是关于希腊哲学传统的基本构成的概括。希腊神话的基本精神就是"日神(Apollo,阿波罗)精神",奥尔弗斯教义的基本精神就是"酒神(Dionysos,狄奥尼索斯)精神"。"征服世界"的英雄主义精神适合于成功的人生境遇,而"迷醉""狂欢"的"神我合一"状态则适合于失败的人生境遇。二者互补,共同构成了希腊哲学传统的原始根基。

希腊哲学是希腊文化(科学、艺术)的精髓。作为一种"爱智"精神,希腊哲学的主要贡献表现在两个方面:一是科学理性的确立,二是人本主义的确立。两者相辅相成。前者为希腊科学的形成和发展奠定了基础。希腊科学的主要贡献是把经验科学上升为理论科学。它有两个主要典范:一是欧几里得(Euclid)在《几何原本》中构造的几何学,二是亚里士多德在《工具论》中构造的逻辑学,二者都是公理化的形式(演绎)系统。后者为希腊艺术的形成和发展奠定了基础。希腊艺术的主要贡献是人性化和个性化的古典形式,表现在希腊建筑、雕刻、诗歌、戏剧以及奥林匹克运动等等理想生活形式中。总之,希腊文化精神是科学理性和人本主义,以哲学为基础,科学精神与艺术精神相结合。

希腊哲学的形成和发展大致分为四个时期:一是自然哲学时期,这是形成时期;二是人本主义哲学时期,这是初步发展时期;三是系统化哲学时期,这一时期出现了两位最伟大的哲学家——柏拉图、亚里士多德,因此是希腊哲学的鼎盛时期;四是希腊化、罗马哲学时期。这是衰落时期。

自然哲学时期希腊人首先关注自然界。他们从变化的万物中寻找不变的基质,叫做"本原"("始基",arche),其原义是"开始",指世界的来源和

---

① 参见〔德〕尼采:《悲剧的诞生》,周国平译,桂林:广西师范大学出版社,2002。

存在的根据。

亚里士多德在《形而上学》中指出：

> 那些最早的哲学研究者们，大都仅仅把物质性的本原当作万物的本原。因为在他们看来，一样东西，万物都是由它构成的，都是首先从它产生、最后又化为它的（实体始终不变，只是变换它的形态），那就是万物的元素、万物的本原了。因此他们认为，既然那样一种本体是常存的，也就没有什么东西产生和消灭了；比方说，苏格拉底有了神采、有了文才的时候，我们并不说他是绝对地产生了；他失掉这些特色的时候，我们也不说他是绝对地消灭了，因为那个基质——苏格拉底本身——是一直在那里的。别的情形也是一样，没有什么东西产生和消灭。因为一定有某种本体存在，这本体可能只有一个，也可能不止一个，别的东西都是从本体产生出来的，本体则是长存的。至于本体有多少，属于哪一种，他们的看法并不一致。①

这样，世界开始被划分为两个部分：一是生活世界，一是本体世界。前者是形而下的，是现象，是感觉的对象；后者是形而上的，是本质，是理智的对象。这样一种观念不仅支配了希腊哲学传统的始终，而且决定了整个西方哲学传统的基本特征。早期希腊哲学就是这样一些自然哲学。

希腊自然哲学的代表性派别和代表性人物主要有：米利都学派的泰利士（Thales）、阿那克西曼德（Anaximandros）、阿那克西美尼（Anaximenes），毕泰戈拉（Pythagoras）派，赫拉克利特（Herakleitos），爱利亚学派的巴门尼德（Parmenides）、芝诺（Zenon），阿那克萨戈拉（Anaxagoras），恩培多克勒（Empedokles），原子论者德谟克里特（Demokritos）等。

自然哲学时期希腊哲学家们关于本原（始基）问题的探讨，大致分为三类：

第一，在关于本原（始基）问题上，绝大多数哲学家是以物质性元素来

---

① 《西方哲学原著选读》上卷，北京大学哲学系外国哲学史教研室编译，北京：商务印书馆，1981，第15—16页。

说明的，而其中最大多数哲学家又是以四元素（水、火、土、气）来说明的。

首先，米利都学派的泰利士认为万物的本原是水；阿那克西曼德认为万物的本原是无限者，无限者即没有界限、没有限制、没有规定的东西，无限者是没有本原的；阿那克西美尼认为无限者是气、气息，即呼吸的气，气的凝聚和稀释造成万物。

其次，赫拉克利特认为万物的本原是火。他说："这个世界，对于一切存在物都是一样的，它不是任何神所创造的，也不是任何人所创造的；它过去、现在、未来永远是一团永恒的活火，在一定的分寸上燃烧，在一定的分寸上熄灭。""我们不能两次踏进同一条河，……我们踏进又踏不进同一条河，我们存在又不存在。"① 这是朴素唯物主义和朴素辩证法，集中地、鲜明地表达了唯物主义和辩证法的基本观点。在西方哲学史上，赫拉克利特第一次把逻各斯作为哲学范畴来运用，以此说明万物变化的尺度和规律。"逻各斯"（logos），原义是"话"（"道"），转义为"道理""理性""规律"，是指世界的可理解的规律、语言或理性。

最后，恩培多克勒提出四根说，"四根"是指火、水、土、气；爱憎说，"爱"是结合的力量，"恨"是分离的力量；流射说，当事物流射通过相应的感官的孔道时，人就产生了感觉。

第二，也有一些哲学家超出了四元素（水、火、土、气）的说明方式。

首先，阿那克萨戈拉提出种子说，"种子"，又称为"同类的部分"，性质不同，数目无限多，体积无限小，是构成世界万物的最初元素；奴斯说，"奴斯"（nous），又称为"心"，指精神性的东西，是指理性、心灵，是结合与分离的力量。

其次，德谟克里特提出原子与虚空说，"原子"（atome）是最小的，不可再分的物质微粒；"虚空"是原子运动的场所，是实在的存在。"他的学说是这样：一切事物的本原是原子和虚空，别的说法都只是意见。世界有无数个，

---

① 《西方哲学原著选读》上卷，北京大学哲学系外国哲学史教研室编译，北京：商务印书馆，1981，第21、23页。

它们是有生有灭的。没有一样东西是从无中来的，也没有一样东西在毁灭之后归于无。原子在大小和数量上都是无限的，它们在宇宙中处于涡旋运动之中，因此形成各种复合物：火、水、气、土。这些东西其实是某些原子集合而成的；原子由于坚固，是既不能毁坏也不能改变的。太阳和月亮同样是由光滑的圆形原子构成的，灵魂也由这种原子构成；灵魂就是心。我们能够看见东西，是由于影像投进了眼睛的缘故。""一切都遵照必然性而产生；涡旋运动既然是一切事物形成的原因，也就是他所说的必然性。人生的目的在于灵魂的愉快，这与快乐完全不同，人们由于误解把二者混同了。在这种愉快中，灵魂平静地、安泰地生活着，不为任何恐惧、迷信或其他情感所苦恼。他把这种愉快称为幸福，此外还给它取了许多别的名字。各种性质都是约定的，只有原子和虚空是自然的。"① 德谟克里特认为原子在虚空中运动构成世界万物，灵魂是精细的原子构成的，其他物质是粗糙的原子构成的；他主张原子在虚空中运动遵循因果必然性；他提出影像说，事物不断地流溢出来的原子形成的影像作用于人们的感官和心灵，产生人的感觉和思想。德谟克里特是一位百科全书式的学者（遗憾的是，他的著作大多失传，据说是由于柏拉图禁毁的结果，否则，他的影响或许是可以与亚里士多德相媲美的）。原子论既是朴素唯物主义的最高成就，也是以牛顿经典力学为典范的近代自然科学的哲学基础。

第三，更有一些哲学家超出了物质性元素的说明方式。

首先，毕泰戈拉派认为数是万物的本原，并进一步认为一是万物的本原。他们认为："万物的本原是一。从一产生出二，二是从属于一的不定的质料，一则是原因。从完满的一与不定的二中产生出各种数目；从数产生出点；从点产生出线；从线产生出面；从面产生出体；从体产生出感觉所及的一切形体，产生出四种元素：水、火、土、气。这四种元素以各种不同的方式互相转化，于是创造出有生命的、精神的、球形的世界，以地为中心，地也是球

---

① 《西方哲学原著选读》上卷，北京大学哲学系外国哲学史教研室编译，北京：商务印书馆，1981，第47页。

形的,在地面上住着人。还有'对地',在我们这里是下面的,在'对地'上就是上面。"① 毕泰戈拉派对于世界(宇宙)的数量关系的研究,既有科学的成分,也有神秘的成分,总起来说推动了这一方面的研究,譬如毕泰戈拉定理。

其次,在西方哲学史上,爱利亚学派的巴门尼德首先提出"存在"范畴、"思维与存在的同一性"命题。巴门尼德认为存在是唯一的和不动的。"来吧,我告诉你(我的话你要谛听),只有哪些研究途径是可以设想的。第一条是:存在者存在,它不可能不存在。这是确信的途径,因为它遵循真理。另一条是:存在者不存在,这个不存在必然存在。走这条路,我告诉你,是什么都学不到的。因为不存在者你是既不能认识(这当然办不到),也不能说出的。""能被思维者和能存在者是同一的。""可以被思想的东西和思想的目标是同一的。"② 存在是唯一的和不动的,能被思维就能存在,不能被思维就不能存在。巴门尼德的"存在"范畴和"思维与存在的同一性"命题达到了真正形而上学的高度,是典型的客观主义、绝对主义、理性主义,是理性形而上学的开端。黑格尔在《小逻辑》中指出:"我们知道,哲学史开始于爱利亚学派,或确切点说,开始于巴曼尼德斯的哲学。因为巴曼尼德斯认'绝对'为'有',他说:'惟'有'在,'无'不在'。这须看成是哲学的真正开始点,因为哲学一般是思维着的认识活动,而在这里第一次抓住了纯思维,并且以纯思维本身作为认识的对象。"③

总之,关于希腊自然哲学,应当注意两个基本问题:第一,在历史上,自然哲学是自然科学的先驱,随着自然科学的形成和发展,自然哲学便完成了它的历史使命。因此,我们必须区分自然哲学之中的宇宙论成分和本体论成分,前者属于前科学或潜科学,不论为科学所证伪或证实,也都只有历史文献价值,不再蕴涵思想兴趣;后者属于哲学,不仅具有历史文献价值,而且蕴涵思想兴趣。第二,在自然哲学中,存在着唯物主义和唯心主义等等两

---

① 《西方哲学原著选读》上卷,北京大学哲学系外国哲学史教研室编译,北京:商务印书馆,1981,第20页。
② 同上书,第31、33页。"存在"(être),亦译"有""在""是"等。
③ 〔德〕黑格尔:《小逻辑》,贺麟译,北京:商务印书馆,1980,第191页。

条哲学路线的对立和斗争，但更根本和更重要的是：自然哲学的形成和发展正是人类理论思维的形成和发展，从个别的和具体的物质性元素到一般的物质性元素，到更为抽象的非物质性元素，反映了人类理论思维的进步历程。

人本主义哲学时期　此后，希腊人转而关注人本身。这一转向的代表是智者普罗泰戈拉（Protagoras）、高尔吉亚（Gorgias）和苏格拉底（Sokrates，前468—前400）。

第一，智者普罗泰戈拉、高尔吉亚。

普罗泰戈拉的著名哲学命题是："人是万物的尺度，是存在者存在的尺度，也是不存在者不存在的尺度。"① 这就是说，事物就是它对一个人的显现，对这个人显现的是这样，对那个人显现的是那样，它对人的显现就是人的感觉。譬如冷热，对于感觉冷的人，存在冷，对于不感觉冷的人，不存在冷；同样，对于感觉热的人，存在热，对于不感觉热的人，不存在热，等等。因此，普罗泰戈拉的"人是万物的尺度"的命题是典型的主观主义、相对主义、感觉主义。

"高尔吉亚一连提出了三个原则：——第一，无物存在；第二，如果有某物存在，人也无法认识它；第三，即便可以认识它，也无法把它告诉别人。"② 这就是说，一切皆无、一切都不可知、一切都不可说。这是怀疑主义。

第二，苏格拉底。

与智者相类似，苏格拉底所关心的不是自然，而是人事。苏格拉底的主要贡献是归纳和定义。他从特殊事物的归纳中寻求事物的普遍定义，具有目的论性质。苏格拉底的"辩证"方法是：他运用"助产术"和揭露矛盾的辩证法（"诘问式"，即"苏格拉底的讽刺"）推动了人类理论思维的进程。他的"知识就是美德""灵魂不灭"等等哲学主张，以及他的哲学实践，都阐释了一个真正哲学家的使命。

总之，从自然哲学到人本主义哲学，从对于自然界的兴趣到对于人的兴

---

①《西方哲学原著选读》上卷，北京大学哲学系外国哲学史教研室编译，北京：商务印书馆，1981，第54（55）页。

② 同上书，第56—57页。

趣，标志着希腊哲学的显著转向，但这一转向却依然是在本体论领域内的转向，仍然以本体论问题为中心。

柏拉图哲学

系统化哲学时期 苏格拉底之后，柏拉图、亚里士多德先后创立了各自的哲学理论系统。

柏拉图（Platon，前427—前347） 其著名对话有：《申辩》《克里多》《斐多》《斐德若》《会饮》《国家》（《理想国》或《共和国》）、《巴门尼德》《泰阿泰德》《智者》《法律》《蒂迈欧》诸篇。

柏拉图是苏格拉底的学生。"据说苏格拉底梦见一只天鹅落在他膝盖上长出羽毛，然后长啸一声冲天而去。第二天柏拉图前来求当弟子，苏格拉底宣称他就是自己梦见的那只鸟。"① 柏拉图一生几次离开雅典，周游地中海地区，企图实现其理想国或法治国，结果未能成功，甚至一度被俘，卖为奴隶，后来被赎。柏拉图晚年创办学园，柏拉图学派亦称学园派。

大概地说，柏拉图的早期和中期对话以苏格拉底为主角，其中早期对话表达了苏格拉底的思想，中期对话表达了柏拉图自己的思想，晚期对话不再以苏格拉底为主角，表达了柏拉图自己晚年的思想转变。

所谓对话就是一篇讨论哲学问题和政治问题的讲话，包含着问和答，文章剪裁匀称，用语切合对话人物的性格。所谓辩证法就是通过对话人物的问和答来否定或肯定某个命题的讲话技术。

柏拉图的对话有两大类，一类是教导性的，一类是探索性的。前一类又分为两种，即理论性的和实践性的。理论性的分为物理的和逻辑的，实践性的分为伦理的和政治的。探索性的对话也分为两种，即训练的和斗争的。训练的分为诱导的和试探的。斗争的也分为批评的和颠覆的。

---

① 〔古希腊〕柏拉图：《柏拉图对话集》，王太庆译，北京：商务印书馆，2004，第613—614页。

他证明某事的时候，常常用归纳法，而且用的不是一个类型的，而是两个类型的。所谓归纳法就是根据一些已知的真理进行推理，推出一个与此相似的真理。有两类归纳法，一类是通过矛盾来进行的，一类是通过一致来进行的。在通过矛盾的那一类归纳里，给予每一问题的答案必须跟一致的提法相反，……柏拉图使用它并不是以此建立他自己的学说，而是为了驳斥别人的意见。另一类通过一致来进行的归纳也有两种方式，一种是用部分来证明部分，一种是用部分来证明全体。前者适用于修辞学，后者适用于辩证法。……修辞学所关心的是特殊事例，不是普遍的共相。……另一型是辩证法的归纳，它通过特殊事例来证明普遍的命题。……这个普遍的命题是通过一些特殊的命题建立起来的，……这种归纳法是他用来证明他自己的看法的。①

柏拉图的主要哲学思想是：

第一，理念论。理念论是柏拉图哲学体系的核心。"理念（idée）"②，原义为"形相""形式""范形"，指普遍的存在者，理想的、精神的永恒普遍范型，是真实世界中的根本原则。理念论的基本特点是将理知世界和感觉世界对立起来。柏拉图认为理念是事物的本原，事物的原因是理念。柏拉图提出，哲学家的最高任务是要认识"善"的理念。他以"线"的比喻将世界分为两段：一段是太阳光照耀下的不断变化的"可见世界"，其中又分为两级，最低级的是"肖像"，较高级的是"事物"；另一段则是"善"照耀下的永恒不变的"可知世界"，其中又分为两级，较低级的是"数量"，最高级的是"理念"。相应的，人的认识也分为二段四级：一段是"意见"，其中最低级的是"猜测"，较高级的是"相信"；另一段则是"知识"，其中较低级的是"了解"，最高级的是"理解"。关于理知世界和感觉世界的关系问题，柏拉图提出了"分有""模仿""相似""影子"等概念来说明这两种不同实体之

---

① 〔古希腊〕柏拉图：《柏拉图对话集》，王太庆译，北京：商务印书馆，2004，第631、632—633页。

② "理念"（idée），亦译"相""型""式"等。

间的关系。在柏拉图的《巴门尼德》中,柏拉图用巴门尼德之口批判了理念论,批评了以前说明理念和现实事物关系的分有、模仿、分立等说。因为当"大"的事物分有"大"的理念时,是与原本的"大"一样"大",还是"小"了呢?当"相等"的事物分有"相等"的理念时,是与原本的"相等"一样"相等",还是"不相等"呢?当"小"的事物分有"小"的理念时,是与原本的"小"一样"小",还是更"小"呢?——所有这些问题都暴露了分有说的内在矛盾;同样,可以说"美"的事物分有"美"的理念,但是不能说"丑"的事物分有"丑"的理念。因为理念世界是纯粹的,不像现实世界那么不纯。——所有这些问题也暴露了分有说的内在矛盾。柏拉图探讨了理念说的种种困难,但又表示不能放弃理念。这样,一个事物可能既模仿了"大"的理念,又模仿了"小"的理念,同时模仿了"相等"的理念。"美"的事物之所以美,是因为成功地模仿了"美"的理念,而"丑"的事物之所以丑,则是因为不成功地模仿了"美"的理念,但却没有"丑"的理念。总起来说,柏拉图理念论具有目的论性质。

在柏拉图的《蒂迈欧》中,造物主、载体和数学理型是在先存在,非被造的。个体事物由诸神所造。柏拉图认为:个体事物是处在实在和不实在之间的。可见世界与可知世界对立。

柏拉图的可见世界和可知世界

太阳		善	
↓		↓	
可见世界		可知世界	
肖像	事物	数量	理念
猜测	相信	了解	理解
意见		知识	

第二,回忆说:人是怎样认识理念的?柏拉图认为:认识就是灵魂的回忆。"我们的学习就是回忆"。柏拉图将知识和意见对立起来,认为关于感觉

世界的意见是经验的，关于理念世界的知识是先验的，人们通过回忆获得知识。在柏拉图体系中，回忆说和灵魂不朽说、灵魂轮回说结合在一起。

第三，辩证法：在西方哲学史上，柏拉图第一次运用"辩证法"这一概念，并将它提到哲学的高度，认为辩证法是最高级的知识，它不必凭借假设而可以认识理念和第一原则。

柏拉图认为：最普遍的理念是相通的。柏拉图提出通种论，"种"，指普遍程度很高的"有""静""动""同""异""非有"。通种论认为对立的范畴之间既相区别，又相联系，它们是相通的。

第四，伦理、政治思想。

柏拉图提出"四主德"，认为主要的美德包括正义、智慧、勇敢、节制。柏拉图通过正义的讨论，阐述他的伦理道德思想。他从各种特殊的正义行为中求出关于"正义"的普遍定义。柏拉图从分工的现实性中论述等级的合理性。他认为，正义包括国家的正义和个人的正义。在《国家篇》中他设计了一个"高贵的谎言"，说统治者的灵魂是由金子所造，卫国者的灵魂由银子所造，第三阶层的人的灵魂由铜铁所造。对于国家来说，统治者的道德是"智慧"；卫国者的道德是"勇敢"；"节制"是一个整体性的德性，不专属于某个阶层，但根据柏拉图的描述，第三阶层的人却是受节制的主要对象。各尽其职就是"正义"。对于个人来说，他认为理性应是"智慧"，激情应为"勇敢"，欲望应受"节制"。各就其位就是"正义"。他提出"理想国"，认为理想的国家是正义的："我们在建立我们这个国家的时候，曾经规定下一条总的原则。我想这条原则或者这一类的某条原则就是正义。……我们规定下来并且时常说到的这条原则就是：每个人必须在国家里执行一种最适合他天性的职务。""国家的正义在于三种人在国家里各做各的事。"而理想的个人也同样是正义的："我们每一个人如果自身内的各种品质在自身内各起各的作用，那他就也是正义的，即也是做他本分的事情的。"①

---

① 〔古希腊〕柏拉图：《理想国》，郭斌和、张竹明译，北京：商务印书馆，1986，第154、155、169页。

柏拉图的正义的国家和正义的个人

美德	国家的正义	个人的正义
智慧	适用黄金等级——统治者、谋划者	适用理性
勇敢	适用白银等级——辅助者（军人）	适用激情
节制	适用铜铁等级——农民、工人、生意人	适用欲望
正义	适用所有等级	适用所有品质

柏拉图主张全部财产公有，妇女公有，儿童公有，全部教育公有。柏拉图提出"哲学王"的主张，阐述他的政治思想。他认为政治家必须同时是哲学家，集权力和智慧于一身："除非哲学家成为我们这些国家的国王，或者我们目前称之为国王和统治者的那些人物，能严肃认真地追求智慧，使政治权力与聪明才智合而为一；那些得此失彼，不能兼有的庸庸碌碌之徒，必须排除出去。否则的话，……对国家甚至我想对全人类都将祸害无穷，永无宁日。"①

柏拉图晚年批评自己的理想国，转向法治国。理想国以正义为原则，是人格化的人治；而法治国则是针对不正义的，是非人格化的法治。这并不意味着柏拉图放弃了自己的理想。对于柏拉图来说，理想国依然是第一流的统治，而法治国则是第二流的统治。但是后者比前者更现实一些。

总之，柏拉图的理念论最终确立了可见世界与可知世界的对立。他的回忆说、辩证法是以理念论为中心的。他的以正义论为中心的伦理—政治思想反映了社会分工、阶级分化、等级制度的现实。他的"理想国"是空想共产主义的思想，他的"哲学王"是理性极权主义的思想。柏拉图的哲学是希腊哲学的最高成就之一，对于西方哲学影响深远。

亚里士多德哲学

亚里士多德（Aristoteles，前384—前322）其著名论著有：《工具论》《物理学》（《自然哲学》）、《形而上学》（《物理学后》《后物理学》或《物理

---

① 〔古希腊〕柏拉图：《理想国》，郭斌和、张竹明译，北京：商务印书馆，1986，第214—215页。

学以后诸篇》)、《论灵魂》《伦理学》(包括《尼各马可伦理学》《欧台谟伦理学》《大伦理学》)、《政治学》《诗学》等部。

亚里士多德是柏拉图的学生。由于亚里士多德批判了柏拉图的思想,因此他的名言是:"我爱我的老师,但我更爱真理。"亚里士多德晚年创办学园,亚里士多德学派亦称逍遥派。他的一位学生是马其顿国王亚历山大(Alexander)。亚历山大是一位将希腊城邦政治推进到世界帝国政治的伟大历史人物,他的远征扩大了希腊文化的影响。亚历山大既创立了马其顿帝国,也开辟了希腊化时代。他的军事政治活动为亚里士多德的学术思想活动提供了便利。在亚历山大猝死后,亚里士多德面临被起诉和被判决的危险,为了避免成为苏格拉底第二,亚里士多德离开雅典。

亚里士多德是一位百科全书式的学者,几乎所有学科都是他开创的,尤其他在《工具论》中构造的逻辑学,作为公理化的形式(演绎)系统,如同欧几里得在《几何原本》中构造的几何学一样,是古代科学的光辉典范。亚里士多德学派的逻辑学家认为逻辑既不属于理论知识,也不属于实际知识,而是一种认识的工具。《工具论》中的6篇逻辑著作是《范畴篇》《解释篇》《前分析篇》《后分析篇》《论辩篇》和《辨谬篇》。《范畴篇》讨论范畴,提出谓词一共有十类,即十个范畴——本质、数量、性质、关系、地点、时间、姿势、状态、活动、遭受;《解释篇》主要讨论命题;《前分析篇》是亚里士多德最重要的逻辑论著,主要讨论三段论——大前提、小前提、结论;《后分析篇》论述证明、定义、演绎方法等问题;《论辩篇》讨论论辩的推理;《辨谬篇》揭示和分析各种谬误和诡辩,并提出反驳的方法。亚里士多德在《工具论》中开创了形式逻辑(演绎逻辑)的体系,它奠定了亚里士多德作为"逻辑之父"的历史地位。亚氏逻辑和中国的墨辩逻辑、印度的因明逻辑一起被总称为古代三大形式逻辑体系。唯有亚氏逻辑至今仍然有效。

亚里士多德根据哲学的对象和范围,将哲学划分为"第一哲学"和"第二哲学"。亚里士多德的主要哲学思想是:

第一哲学(形而上学):

亚里士多德批判了柏拉图的理念论,把理念论概括成一个著名的公式

（"多外之一"）。认为柏拉图设定与事物相分离的理念，是不妥的。他驳斥了柏拉图将数量和理念看作是独立存在的实体的观点。从一般理论出发，他论述了最一般的数量范畴不是独立存在的实体，进而说明了各种对立与相反范畴之间的关系。他同样批判了德谟克里特的原子论。

亚里士多德认为，哲学是研究实体的本性和最确定的原则的。关于实体的学说是亚里士多德哲学体系的核心部分。他认为，存在的中心范畴是"实体"，其他范畴是表述实体的。"实体"（ousia），意为"所是者"，指"一个东西是什么"的那个"什么"，兼有"是"和"有"二义，指本体，是能够独立存在的、作为一切属性的基础和万物本原的东西。在对"实体"的进一步论述中，他提出了两种实体的学说。一种"实体"是独立存在的个别事物（"第一实体"），另一种"实体"是个别事物的属、种——普遍本质（"第二实体"）。

亚里士多德以运动变化的、物质的自然事物为研究对象，论述了自然界的普遍原理和运动发展的永恒规律。自然是运动和变化的本原。自然的活动也是有目的的。亚里士多德认为，哲学的任务在于研究原因。他提出了四因说、质料和形式说、潜能和现实说和第一推动者说。首先，"四因"包括质料因、形式因、动力因、目的因。举苏格拉底雕像例，铜是其质料因，苏格拉底形象是其形式因，雕刻家是其动力因，纪念苏格拉底是其目的因。其次，四因又归结为质料和形式，"质料"是构成万物的材料，事物生成变化的基质，指质料因；"形式"是事物的本质，事物的原型、模型、形状，指形式因、动力因、目的因；"形式因"比"质料因"更重要。再次，质料和形式又归结为潜能和现实，"潜能"是能力、可能以及能力与可能两个含义的综合，指"质料"；"现实"是"潜能"获得了形式，达到了目的，成为实际存在的东西，指"形式"——"隐德莱希"（entelecheia）。亚里士多德提出了比较系统的运动的理论，认为运动是事物从"潜能"变为"现实"。运动和物体不可分割。运动是连续的、永恒的、无限的，既无开端，也无终结。运动分为四类：位置的运动、数量的运动、性质的运动和实体的运动。其中位置的运动是最基本的形式。一切运动都以一定的空间位置和时间为前提，运动和空间、时间不可分割。空间并非空无一物的"虚空"，而是一个被围绕的物体和围绕它的物体之间的界限。时间是运动的度量,它和运动一样也是连续的、永恒的、无限的。最后,亚里士多德提出了自然万物运动的最终原因,即"第一推动者"。所谓"第一推动者"是指"不动的动者"。亚里士多德认为永恒的运动必定有永恒的原因。"第一推动者"是整个宇宙永恒运动的根源。这个最高动因是非物质的、唯一无二、永恒不动的、超时空的、不可分割、不能度量的。这里,亚里士多德从运动的源泉出发,讨论了感性的实体和永恒不动的非感性的实体的问题。他认为,永恒不动的、非感性的实体是万物运动的"第一推动者",即纯粹的"隐得莱希",这就是"神"。这被称为亚里士多德的"神学"。总之,亚里士多德的自然哲学尽管限于当时历史条件,具有素朴性、直观性和猜测性,但却具有自然科学思想的萌芽。在哲学上,他动摇于唯物主义和唯心主义之间。他的四因说、潜能与现实说的运动观、关系论的时空观和第一推动说,在西方科学史和哲学史上产生了深远的影响。

第二哲学(伦理学、政治学):

在伦理学上,亚里士多德首先研究善,认为最高善就是幸福。亚里士多德将德性区分为理智德性、道德德性。亚里士多德认为:要研究德性就必须研究灵魂。灵魂有逻各斯的部分和无逻各斯的部分。相应地,德性也分为理智德性与道德德性。

关于道德德性,亚里士多德认为:从种上说,德性不是感受感情的能力而是对待感情的品质,不是被动的感情而是主动的选择。从属差上说,德性是选择适度的那种品质。适度有相对于对象的和相对于我们自身的。德性选择的是相对于我们自身的适度。美德是一种适中。德性"必定是以求取适度为目的的。……德性是一种适度,因为它以选取中间为目的。……过度与不及是恶的特点,而适度则是德性的特点"。"德性是两种恶即过度与不及的中间。……所以虽然从其本质或概念来说德性是适度,从最高善的角度来说,它是一个极端。"[①] 亚里士多德接着研究行为,将行为区分为出于意愿的和违反意愿的。凡行为的始因在自身内的行为都是出于意愿的。恶与善(德性)

---

① 〔古希腊〕亚里士多德:《尼各马可伦理学》,廖申白译注,北京:商务印书馆,2003,第46—47、48页。

哲学导论

一样是出于意愿的。因为，对一件事情做与不做都在我们能力之内。行为的始因在我们自身。在具体的德性里，亚里士多德着重研究公正、自制、快乐、友爱、幸福。关于公正，亚里士多德认为公正有两种意义：守法与平等。守法是总体上的公正。守法的公正不是德性的一部分，而涵盖着德性的整个范围。"所以，公正的也就是守法的和平等的；不公正的也就是违法的和不平等的。""所以，守法的公正不是德性的一部分，而是德性的总体。它的相反者，即不公正，也不是恶的一部分，而是恶的总体。"① 具体的公正则相关于荣誉、钱物等等这类事物的获得上的平等或不平等。具体的公正又分为分配的公正和交易的公正。分配的公正是两个人和两份事物间的几何比例的平等。这种公正就在于成比例。矫正的公正是对违反意愿的交易结果进行纠正的公正。矫正的公正是算术比例的平等，矫正是使双方交易之后所得相等于交易之前所具有的。回报的公正是自愿交易中的公正。它是把城邦联系起来的纽带。回报的公正是两种产品依几何比例关系的交换。必须预先建立此比例关系才能实现这种公正。公正又可分为政治的公正与家室的公正。只有在比例或算术上平等的人之间才有政治的公正。政治的公正是真正的公正。家室的公正只是类比意义上的。政治的公正有些是自然的，有些是约定的。

亚里士多德的道德德性（公正）

总体的公正	具体的公正			
守法	分配的公正（几何比例的平等）	交易的公正（算术比例的平等）	矫正的公正（算术比例的平等）	回报的公正（几何比例的平等）
政治的公正（真正的）　　家室的公正（类比的）				
自然的公正　　约定的公正				

关于理智德性，亚里士多德将理智德性区分为知识的部分和推理或考虑的部分，认为奴斯与欲求主导着人对实践的真的追求。灵魂逻各斯的知识的部分的目标在于真。考虑的部分的目标在于正确。灵魂以科学、技艺、明智、智慧、奴斯五种品质把握此真实。科学以不变的事物为对象，是可传授的、

---

① 〔古希腊〕亚里士多德：《尼各马可伦理学》，廖申白译注，北京：商务印书馆，2003，第128—129、131页。

证明性的。可变的事物是制作或实践的对象。制作是使某事物生成，不同于实践。技艺是与真实的制作相关的、合乎逻各斯的品质。明智是灵魂的推理部分的品质，是考虑总体上对自身是善的和有益的事情的品质。明智在对象上不同于科学，在始因上不同于技艺。奴斯是灵魂把握关于不变事物的知识、关于可变事物的推理的始点的真实性的品质。智慧是具体的和总体的。总体的智慧是奴斯与科学的结合，是对于最高等的题材的科学。

亚里士多德的理智德性

知识的部分（真）	推理或考虑的部分（正确）
科学	技艺　明智　奴斯　智慧

亚里士多德批判了柏拉图的理想国。亚里士多德认为柏拉图所谓妻子公育、财产公有违背人类自然本性，无所有导致无责任，主张私有共用。

亚里士多德认为："人类在本性上，也正是一个政治动物。"① 就其目的而言，城邦先于家庭，先于个人，应当是人生自然意旨的实现。亚里士多德从他的伦理学原则推导出他的政治学原则，既然美德是一种适中，那么中等阶级统治的国家最好："在一切城邦中，所有公民可以分为三个部分（阶级）——极富、极贫和两者之间的中产阶级。现在，大家既然已公认节制和中庸常常是最好的品德，那么人生所赋有的善德就完全应当以勿过勿不及的中间境界为最佳。处在这种境界的人们最能顺从理性。……据我们看来，就一个城邦各种成分的自然配合说，唯有以中产阶级为基础才能组成最好的政体。中产阶级（小康之家）比任何其他阶级都较为稳定。""于是，很明显，最好的政治团体必须由中产阶级执掌政权"。"这是很明显的，对大多数的城邦而言，最好是把政体保持在中间形式。"②

总之，亚里士多德的实体论揭示了个别与一般的关系问题，成为西方两大哲学传统——英美哲学传统和欧陆哲学传统的滥觞。他的四因说、质料和

---

① 〔古希腊〕亚里士多德：《政治学》，吴寿彭译，北京：商务印书馆，1965，第7页。
② 同上书，第208—209、210页。

哲学导论

形式说、潜能和现实说、第一推动者说和蜡块说是以实体论为中心的。他的以适度原则为中心的伦理学和政治学反映了追求理性——德性的理想。亚里士多德的哲学是希腊哲学的最高成就之一，对于西方哲学影响深远。

柏拉图是苏格拉底的学生，亚里士多德是柏拉图的学生。从苏格拉底、柏拉图到亚里士多德形成了连续三代的师承关系。苏格拉底开启了希腊哲学的辉煌，柏拉图和亚里士多德成就了希腊哲学的辉煌。在拉斐尔著名的油画《雅典学院》里，柏拉图和亚里士多德是其中的核心人物。柏拉图手指朝天，代表了理想主义；亚里士多德手掌向地，代表了现实主义。柏拉图以问题为引导，以综合的方法，以对话的方式进行研究；亚里士多德以学科为领域，以分析的方法，以论述的方式进行研究。二者交相辉映，代表了希腊哲学的最高成就，并进一步为整个西方哲学的形成和发展开辟了道路。

黑格尔在《哲学史讲演录》中指出：

> 哲学之作为科学是从柏拉图开始而由亚里士多德完成的。他们比起所有别的哲学家来，应该可以叫做人类的导师。①

雅典学院　〔意大利〕拉斐尔

---

① 〔德〕黑格尔：《哲学史讲演录》第 2 卷，贺麟、王太庆译，北京：商务印书馆，1960，第 151 页。

晚期希腊、罗马哲学

希腊化、罗马时期是希腊哲学传统的解构（危机）时期。希腊人既是现实主义的，又是理想主义的，而罗马人则是世俗的。无论在神话中，还是在哲学、科学、艺术中，罗马人一概丧失了希腊人的原创精神。从罗马共和国到罗马帝国，罗马文化对于人类文化的基本贡献是制定了完备的罗马法系，从而形成了一种影响深远的法治主义精神。

黑格尔在《哲学史讲演录》中指出：

>这样哲学就转入了罗马世界。……在光辉的希腊世界里，主体和它的国家、它的世界有较多的联系，比较更现实地存在在世界里。在现实世界的悲苦中，人退回到了自身，并在那里去寻求现实世界中已经再也找不到的谐和。罗马世界是一个抽象的世界，在那里是一个冷酷的统治、一个霸主支配着文明的世界。各族人民的个性被压抑着；一个异己的权力、一个抽象的共相沉重地压在每个人头上。在这样沉重痛苦的境地中，便有了寻求和获得满足的要求。由于有权力的乃是一个抽象的意志，所以世界的统治者的个人意志也是抽象的东西：那思想的内在原则也必定是一个抽象的东西，这个抽象的原则只能带来形式的、主观的和解。罗马只有抽象统治的原则；罗马精神只适合于一种建立在一个原则上面的独断主义，这个原则是通过理智的形式而建立起来并取得有效性的。因此哲学和世间观念如此紧密地结合在一起。那个扼杀了各族人民的活生生的个性的罗马世界诚然也产生了一种形式的爱国主义，一种与之相适应的道德以及一个相当发展的法律体系，但从这种死气沉沉的世界中不可能产生出思辨的哲学，——所有的只是一些长于辞令、善于辩护的律师和塔西佗式的世俗道德。这些哲学的出现在罗马人中也正好和他们的

古老迷信相对立；正如现在哲学代替了宗教的地位。①

希腊化、罗马哲学时期 在经历了哲学的辉煌后，希腊人在关注人本身上，进而由关注人事转变为关注人生。这一转向的代表是伊壁鸠鲁（Epikouros）、斯多葛派和怀疑派。

首先，伊壁鸠鲁继承并且发展了德谟克里特的原子论。他主张原子在虚空中运动具有偶然性。伊壁鸠鲁哲学是唯物主义、无神论和享乐主义的代表。

其次，斯多葛派。斯多葛派的主要代表人物有芝诺（Zenon）、西塞罗（Ciceron）、塞内卡（Seneca）、爱比克泰德（Epictetus）、奥勒留（Antoninus）等人。斯多葛派哲学的基本思想是理性统治世界。他们认为："普纽玛"（Pneuma，气息，赋有生命的物质）和宇宙实体（火）、世界理性（逻各斯）是同一个东西。道德就是过顺应人的本性的生活。西塞罗认为：死亡是不朽的灵魂摆脱肉体牢狱，灵魂摆脱了肉体的桎梏才有智慧，公正的灵魂离开了躯壳就直升天府。塞内卡认为：肉体快乐是不足道的，要紧的是精神安宁。哲学家只讲理当如此，不谈自己如何。他是这样为自己言行不一作辩护的："有人向我说，我的生活不符合我的学说。……我是讲美德，而不是讲我自己；我与恶德作斗争，其中也包括我自己的恶德；只要我能够，我就要像应当的那样生活。要知道，如果我的生活完全符合我的学说，谁还会比我更幸福呢？现在就没有理由责备我只是说好话、存好心了。"② 爱比克泰德认为：尽力而为之后，一切听任自然。人是神的一部分。奥勒留认为：人应当服从整体的利益，按照自己的本性行事是最伟大的。他是这样宣扬服从自然的："人呀，你是这个大国家（世界）里的一个公民，五年（或三年）会对你有什么不同呢？因为与规律相合的事情对一切都是公正的。如果没有暴君也没有不公正的法官把你从国家中打发走，把你打发走的只是送你进来的自然，那么又有什么艰苦呢？这正像一个司法官曾雇用一名演员，现在把他辞退让

---

① 〔德〕黑格尔：《哲学史讲演录》第3卷，贺麟、王太庆译，北京：商务印书馆，1959，第5—6页。

② 《西方哲学原著选读》上卷，北京大学哲学系外国哲学史教研室编译，北京：商务印书馆，1981，第190页。

他离开舞台一样。——'可是我还没有演完五幕,只演了三幕呢'。——你说得对,但是在人生中三幕就是整个戏剧;因为怎么样才是一出完全的戏剧,是决定于那个先前曾是构成这出戏的原因、现在又是解散这出戏的原因的人,可是你却两方面的原因都不是。所以,满意地离开吧,因为他也是满意的,他是解除你的职务的。"①

最后,怀疑派的主要代表人物是皮罗(Pyrrhon)。怀疑论认为真理是不可知的。不作任何判断才能使灵魂安宁。"怀疑论的起因,我们说是希望获得安宁。有一些有才能的人,为事物中的各种矛盾所困惑,在就二者中选择一件加以接受时发生怀疑,于是进而研究事物中间什么是真的,什么是假的,希望通过这个问题的解决得到安宁。怀疑论体系的主要基本原则,是每一个命题都有一个相等的命题与它对立这个原则;因为我们相信只要停止独断,我们就会得到这个结论。"② 皮罗指出:"万物一致而不可分别。因此,我既不能从我们的感觉也不能从我们的意见来说事物是真的或假的。所以我们不应当相信它们,而应当毫不动摇地坚持不发表任何意见,不作任何判断,对任何一件事物都说,它既不不存在,也不存在,或者说,它既不存在而也存在,或者说,它既不存在,也不不存在。""它既不是这样的,也不是那样的,也不是这样和那样的。""最高的善就是不作任何判断,随着这种态度而来的就是灵魂的安宁,就像影子随着形体一样。"③

希腊哲学历经自然哲学、人本主义哲学、系统化哲学、希腊化罗马哲学四个基本阶段,终于走到了自己的终点。伊壁鸠鲁、斯多葛派,尤其怀疑派标志着希腊哲学的没落。

希腊哲学的全部和最高成就是理性形而上学的确立,但是到了最后,怀疑派由于"希望获得安宁",竟然"不作任何判断",这就是理性的自我否决,从而标志着希腊哲学历史的和逻辑的终结。

---

① 《西方哲学原著选读》上卷,北京大学哲学系外国哲学史教研室编译,北京:商务印书馆,1981,第 195 页。
② 同上书,第 176 页。
③ 同上书,第 177 页。

哲学导论

自然哲学：米利都学派的泰利士、阿那克西曼德、阿那克西美尼，毕泰戈拉派，赫拉克利特，爱利亚学派的巴门尼德、芝诺，阿那克萨戈拉，恩培多克勒，原子论者德谟克里特

人本主义哲学：智者普罗泰戈拉、高尔吉亚和苏格拉底

系统化哲学：柏拉图和亚里士多德

希腊化罗马哲学：伊璧鸠鲁、斯多葛派和怀疑派

希腊哲学流派

进一步阅读

斯芬克斯之谜

斯芬克斯之谜是一个古老的希腊神话传说。著名悲剧家索福克勒斯在悲剧《俄狄浦斯王》中提到了这个故事。故事是这样的：

不久，一个可怕的怪物在忒拜城外出现，一个有翼的斯芬克斯，她有美女的头，狮子的身子。……斯芬克斯蹲在一座悬崖上面，询问忒拜人民以智慧女神缪斯所教给她的各种的隐谜。假使过路的人不能猜中她的谜底，她就将他撕成粉碎并将他吞食。……正在这个时候，俄狄浦斯来到忒拜城。……他爬上斯芬克斯所蹲居的悬崖，自愿解答隐谜。这怪物决定以一个她以为不可能解答的隐谜为难这个勇敢的外乡人。她说："在早晨用四只脚走路，当午两只脚走路，晚间三只脚走路。在一切生物中这是唯一的用不同数目的脚走路的生物。脚最多的时候，正是速度和力量最小的时候。"

俄狄浦斯听到这隐谜微笑着，好像全不觉得为难。"这是人呀！"他回答："在生命的早晨，人是软弱而无助的孩子，他用四脚两手爬行。在生命的当午，他成为壮年，用两脚走路。但到了老年，临到生命的迟暮，他需要扶持，因此拄着杖，作为第三只脚。"这是正确的解答。斯芬克斯

因失败而感到羞愧。她气极，从悬崖上跳下摔死。①

斯芬克斯象征着自然界，俄狄浦斯代表了人的智慧和力量。这个典故表明，人唯有认识自己，才能征服自然界；人的自我意识是对于人的局限的认识；人一旦认识自己，意识到了自身局限，学会自我批判、自我反思，自然界的神秘就会在人的理性光芒中消解，自然界本身也会消亡。总之，斯芬克斯之谜表现了"认识你自己"——"人应当知道自己"这一世界古老哲学传统的本质要求。

斯芬克斯之谜

金 苹 果

荷马史诗是以这样一个故事为缘起的：

这个刻着"送给最美丽的人"，由不和的女神厄里斯在珀琉斯与海洋女神

---

① 〔德〕斯威布：《希腊的神话和传说》上，北京：人民文学出版社，1958，第224—225页。

哲学导论

忒提斯的婚宴上掷给宾客们的金苹果,三位女神——宙斯的姨妹和妻子赫拉、智慧女神帕拉斯·雅典娜、爱情女神阿佛洛狄忒选择由特洛伊王子帕里斯评判,来决定她们中谁是最美丽的。神祇之使者赫耳墨斯传达宙斯命令,吩咐帕里斯接受这个使命。赫拉许诺帕里斯"统治大地上最富有的王国",帕拉斯·雅典娜许诺帕里斯"以人类中最智慧者和最刚毅者出名",而阿佛洛狄忒则许诺"将世界上最美丽的妇人"给帕里斯"做妻子"。最终,帕里斯将那个金苹果递给爱情的女神。① 后来,帕里斯在阿佛洛狄忒的帮助下,把斯巴达王墨涅拉俄斯的妻子、世界上最美丽的妇人海伦拐走。这就引发了特洛伊战争。

爱神兼美神阿佛洛狄忒

---

① 参见〔德〕斯威布:《希腊的神话和传说》上,北京:人民文学出版社,1958,第292—296页。

这个故事说明希腊人将对美的爱置于比权力和财富、智慧和名誉更荣耀的位置。这充分表现了希腊文化的精神。

荷马的轶事

当时有些捉虱子的小孩嘲笑荷马，向他喊道：

> 我们看见了并且抓到了的，我们把它放了，我们没有看见也没有抓到的，我们把它带着。①

泰利士的轶事

一个关于泰利士的天文学知识和工作的轶事被谈道："他在仰望和注视星辰时，曾经跌到一个坑里，因此人们就嘲笑他说，当他能够认识天上的事物的时候，他就再也看不见他脚面前的东西了。"在《哲学史讲演录》中，黑格尔在介绍这个轶事后评论说："人们嘲笑这样的事只有这样一个好处，就是哲学家们不能使他们知道天上的事物，他们不知道哲学家也在嘲笑他们不能自由地跌入坑内，因为他们已永远躺在坑里出不来了，——因为他们不能观看那更高远的东西。"②

芝诺悖论

为了维护巴门尼德关于存在是唯一的和不动的学说，芝诺提出了否定多数和否定运动的一系列论证。其中最著名的是否定运动的四个论证：根据亚里士多德的介绍，"二分辩"，"根据是移动位置的东西在达到目的地以前必须达到途程的一半处"；"追龟辩"，"要点是这样：在赛跑的时候，跑得最快的永远追不上跑得最慢的，因为追者首先必须达到被追者的出发点，这样，那

---

① 《西方哲学原著选读》上卷，北京大学哲学系外国哲学史教研室编译，北京：商务印书馆，1981，第26页。
② 〔德〕黑格尔：《哲学史讲演录》第1卷，贺麟、王太庆译，北京：商务印书馆，1959，第179页。

哲学导论

跑得慢的必定总是领先一段路";"飞矢不动","它所根据的假定是时间由霎间组成";"运动场辩","假定一个物体以相等的速度越过一个运动物体和一个同样大小的静止物体时占据相等的时间"。这里的关键是:每一个论证的结论所依据的前提都是错误的。根据亚里士多德的批评,"时间并不是由不可分的霎间组成的,正如任何一种别的数量并不是由不可分的东西组成的一样。"① 据说,当时一位犬儒派哲学家第欧根尼用行为来反驳芝诺悖论:他一语不发地站起来,走来走去。但是,当一个学生对这种反驳感到满意时,第欧根尼斥责他,理由是:教师既然用理由来辩论,学生也只有用理由去反驳才有效。同样,人们不能满足于感官确信,必须用理解。这就是说:关键不在于感觉运动,而在于理解运动。

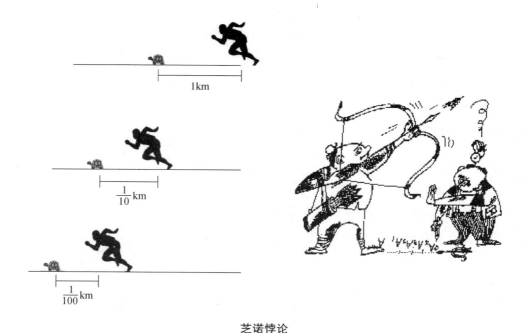

芝诺悖论

---

① 《西方哲学原著选读》上卷,北京大学哲学系外国哲学史教研室编译,北京:商务印书馆,1981,第34—35页。

普罗泰戈拉的社会契约论

普罗泰戈拉是最早的社会契约思想家。在柏拉图对话录《普罗泰戈拉》里，普罗泰戈拉讲述了一个非常值得注意的神话：

诸神创造了凡间的生物，指派普罗米修斯和厄庇墨透斯来装备它们，给它们逐个分配适宜的力量。厄庇墨透斯负责分配，普罗米修斯负责监督。厄庇墨透斯的整个分配遵循了一种补偿的原则，确保没有一种动物遭到毁灭。但是他不是特别能干，竟然把人给忘了。所有的东西都给了禽兽，以致没有东西剩下给人类了。于是普罗米修斯就从赫淮斯托斯和雅典娜那里偷来了各种技艺以及火，把它们送给人。但是人类没有政治智慧。由于缺乏政治技艺，人们毫无社会约束地生活着，陷于不断的冲突和不幸。于是宙斯派遣赫尔墨斯来到人间，把廉耻和公正带给人类。赫尔墨斯问道：我应当怎样分配呢？是只分给少数人，就像分配技艺那样，还是分给所有人？宙斯答道：分给所有人。让他们每人都有一份。如果只有少数人分享美德，就像分享技艺那样，那么政治社会就不能存在了。此外必须立下一条法律，如果有人不能获得这两种美德，那么应当把他处死，因为这种人是国家的祸害。

这是一种以"廉耻"和"公正"为核心的道德哲学和政治哲学思想的雏形，包含了后来的自然状态和社会契约思想的萌芽。

苏格拉底的心灵转向

苏格拉底的思想是怎样转变的？在柏拉图对话录《斐多》里，苏格拉底叙述了这样一个过程：

他年轻的时候，曾经热切地希望知道那门称为自然研究的哲学，但却从自然哲学中一无所得，后来听说阿那克萨戈拉主张"心灵是安排一切的原因"，就满怀希望阅读了阿那克萨戈拉的著作，又惨遭失望。他说："我可以把他比做这样一个人：开始的时候，提出一般的主张，说心灵是苏格拉底一切行动的原因，可是等到后来，要提出具体的原因来说明我的某些行动了，却接着说，我坐在这里，是因为我的身体是由骨肉构成的；他还会说，骨头嘛，是硬的，一节一节的，肌肉嘛，是有弹性的，包在骨头上，外面又有一层皮包着；肌肉收缩或放松，就把骨头顺着关节拉起来，所以我能够弯曲四肢：这就是我之所以弯着身子坐在这里的原因——他所要说的话就是这。他也可以用类似的方式来说明我同你谈话的原因，把它归之于声音、空气和听觉。他可以指出一万种诸如此类的原因，却忘了那真正的原因，即：雅典人认定惩罚我比较好，因此我认定留在这里服刑比较好，比较正当。因为我想，我这团骨肉是可以早就跑到麦加拉或波埃底亚去了的，犬神为证，的确如此！因为它认为这样对它最好；可是我不为所动，却选择了比较好的，比较高尚的一面，宁愿遵守国法服刑，不肯开溜跑掉。这一切中间，的确有一种严重的混淆，没有分清原因和条件。诚然，如果没有骨肉，没有身体的其他部分，我是不能实现我的目的的；可是说我这样做是因为有骨肉等等，说心灵的行动方式就是如此，而不是选择最好的事情，那可是非常轻率的、毫无根据的说法。这样说是分不清什么是真正的原因，什么是使原因起作用的条件。"①

这就是说，苏格拉底要求"心灵的转向"，即把哲学从研究自然转向研究自我。

太阳喻·洞穴喻

柏拉图著名的"太阳的比喻"认为太阳照亮了可见世界，而善则照亮了可知世界。柏拉图著名的"洞穴的比喻"认为人们在洞穴中由于没有太阳的照耀，因而只能看见事物的影子，不能看见事物本身；同样，人们在现实世界中由于没有善的照耀，因而只能看见理念的影子——事物，不能看见理念本身。人们在现实世界中，正如在黑暗的洞穴中一样，只见虚幻的影子；只有走出洞穴，来到光明的天地，才见真实的存在亦即"理念世界"。

---

① 《西方哲学原著选读》上卷，北京大学哲学系外国哲学史教研室编译，北京：商务印书馆，1981，第63—64页。

蜡 块 说

亚里士多德提出了蜡块说。他认为,感觉接受事物的是形式而不是质料,正如蜡块接受图章的是印纹而不是金属。感官接受事物的感性形式,有如蜡块接受图章的印迹。思维也是一种被动的接受作用。

怀 疑 派

据说有一次皮罗乘船在海上航行,遭遇一阵风浪,人们惊慌失措,但一头猪却漠然不动,安安稳稳地仍然在那里继续吃东西,于是皮罗指着这头猪说:哲人也应当像这样不动心。

思考与讨论

希腊哲学为何成为西方哲学渊源?比较世界三大哲学传统。

中篇

近代哲学传统

所谓"西方",正如与它所对应的"东方"一样,不仅仅是一个地理的概念,而同时是一个文化的概念。一般地说,东方是指中国、印度和阿拉伯,西方是指西欧(英国、法国、德国)、北美(美国),至于东欧(俄国)介于二者之间。西方文化核心地带是指英美、欧陆,而西方文化边缘地带则包括曾经为他们所征服的广大区域。因此,"西方"既是一个文化的概念,也是一个历史的概念。从古代希腊罗马、中世纪欧洲到近现代西方,西方文化经历了一个不断发展的历史过程。西方文化曾有过古典时期的"辉煌"、中世纪的"黑暗"、近现代的"兴衰",走过了曲折的道路,至今依然展现着光明的前途。西方文化传统形成前后两个基本模式:一是原生态模式——希腊科学(哲学)—艺术传统;二是再生态模式——希伯来宗教传统。在世界三大哲学传统中,与中国、印度哲学传统相比较,唯有希腊哲学传统真正超越了它的古典时代,形成了它的近代、现代以及当代形态,亦即西方哲学传统。

由于种种原因,西方分别形成了英美和欧陆两大哲学传统。从古代、中世纪到近现代,西方两大哲学传统既分立又互动,由此推动了西方哲学的发展。

从古代、中世纪到近现代,西方哲学存在着英美哲学、欧陆哲学两大哲学传统的分立,即英美唯名论—经验论—实证主义和欧陆唯实论—理性论—人本主义。分立的焦点是在个别与一般、感性经验与理性思维、科学精神与人文精神等等的关系问题上。德谟克里特原子论和柏拉图理念论的争论就包含了这一问题。亚里士多德在他的实体说中,划分了第一实体(个别事物)和第二实体(属、种——普遍本质),从而引发了关于个别与一般的关系问题的争论。

中世纪欧洲哲学之唯名论与唯实论的争论是西方两大哲学传统分立的开端。英美哲学传统从中世纪唯名论的重个别,发展到近代经验论的重感性经验,再发展到现代实证主义的重科学精神;而欧陆哲学传统则从中世纪唯实论的重一般,发展到近代理性论的重理性思维,再发展到现代人本主义的重人文精神。

西方两大哲学传统比较

英美哲学传统	欧陆哲学传统
唯名论:重个别	唯实论:重一般
经验论:重感性经验	理性论:重理性思维
实证主义:重科学精神	人本主义:重人文精神

第四章
从中世纪到近现代

西方哲学传统并非仅渊源于希腊哲学传统，同时还渊源于希伯来宗教传统。因此，叙述中世纪欧洲哲学，需要溯源于希伯来宗教传统。希伯来宗教传统除了影响中世纪欧洲哲学之外，也是中世纪波斯和中世纪阿拉伯宗教和哲学的源头。

西方哲学从古代、中世纪到近现代，经历了从文艺复兴、科学革命、宗教改革到思想启蒙的重大变革。这些变革不仅构成了西方哲学从古代、中世纪到近现代哲学转型的历史背景，而且反映了文艺、科学、宗教、社会人文思想之中的哲学观念，值得我们专门予以探讨。需要指出的是：这里所叙述的限于这些文化运动在西方（欧美）的表现，至于它们在东方（亚非拉美）的影响，暂且付之阙如。

希伯来、波斯、阿拉伯哲学

犹太教传统确立了上帝信仰，而基督教传统又确立了天国理想。其基本特征是宗教的"罪感"—"爱感"和"终极关怀"。

犹太教是犹太民族的宗教，崇奉上帝耶和华（Yehovah, Yehowah），以《圣经》（*Bible*）中的《旧约全书》（*Old Testament*）为经典。其基本教义有"创世"说、"原罪"说、"摩西（Moses）十诫"等等。在《创世纪》第1章中，上帝创造天地、万事万物，创造人。

> 起初，上帝创造天地。地是空虚混沌，渊面黑暗；上帝的灵运行在水面上。上帝说："要有光"，就有了光。上帝看光是好的，就把光暗分

开了。上帝称光为昼,称暗为夜。有晚上,有早晨,这是头一日。

上帝说:"我们要照着我们的形像,按着我们的样式造人,使他们管理海里的鱼、空中的鸟、地上的牲畜和全地,并地上所爬的一切昆虫。"上帝就照着自己的形像造人,乃是照着他的形像造男造女,上帝就赐福给他们,又对他们说:"要生养众多,遍满地面,治理这地;也要管理海里的鱼、空中的鸟,和地上各样行动的活物。"上帝说:"看哪,我将遍地上一切结种子的菜蔬,和一切树上所结有核的果子,全赐给你们作食物。至于地上的走兽和空中的飞鸟,并各样爬在地上有生命的物,我将青草赐给它们作食物。"事就这样成了。上帝看着一切所造的都甚好。有晚上,有早晨,是第六日。①

在《创世纪》第 2 章中,上帝是这样创造人的:首先创造第一个男人——亚当(Adam),然后创造第一个女人——夏娃(Eve)。这就是"创世"说。人类始祖亚当与夏娃最初生活于上帝的伊甸园中。园子当中有生命树和智慧树(分别善恶的树),上帝禁止他们吃这树上的果子。但是夏娃和亚当被蛇诱惑,吃了分别善恶树上的果子,拥有了类似上帝的智慧,被上帝逐出伊甸园,从此繁衍子孙。这就是"原罪"说。人为上帝所创造,因此具有神性;而又违背上帝诫命,因此具有罪性。上帝对于人可以说是既爱又恨,爱之愈切,恨之愈深,于是有了巴别塔的故事、挪亚方舟的故事等等。在著名的巴别塔的故事里,世人要建造一座城和一座塔,塔顶通天,上帝为了防止世人成就所要做的事,在那里变乱他们的口音,使他们的言语彼此不通。在著名的挪亚方舟的故事里,上帝为了惩罚人的罪恶,下决心发洪水除灭人和万事万物,但又命挪亚(Noah)造方舟,保存挪亚全家,保护各个物种。《旧约全书》叙述了犹太民族的历史,其中的关键是"摩西十诫",这是犹太教的基本教义。

---

① 《旧约全书》"创世纪"第 1 章。引自《旧约全书》,南京:中国基督教协会印发,1989,第 1 页。"上帝",或称呼"神"。

意大利西斯廷教堂上方的壁画《创世纪》，右为壁画细部　　〔意大利〕米开朗琪罗

基督教是在犹太教基础上形成的。**基督教**是普世的宗教，**耶稣**（Jesus Christ）创始，崇奉上帝耶和华和救世主耶稣，以《圣经》中的**《新约全书》**（New Testament，以"四福音书"（Gospel）——《马太（Matthew）福音》《马可（Mark）福音》《路加（Loukas）福音》《约翰（John）福音》——为核心）为经典。其基本教义除"创世"说、"原罪"说等等外，还有"救赎"说、"三位一体"说、"末日审判"说等等。"四福音书"叙述了耶稣的事迹：处女马利亚（Mary）受圣灵感动怀孕，耶稣降生；耶稣受洗，传道训众；直至耶稣被钉十字架，从死里复活。耶稣的使命是"救赎"人类，藉"三位一体"之名行"末日审判"，凡信基督者进天堂，不信者入地狱。耶稣教导人们：

　　天国近了，你们应当悔改！

　　你们听见有话说："以眼还眼，以牙还牙。"只是我告诉你们：不要与恶人作对。有人打你的右脸，连左脸也转过来由他打；……

　　你们听见有话说："当爱你的邻舍，恨你的仇敌。"只是我告诉你们：要爱你们的仇敌，为那逼迫你们的祷告。

　　你们愿意人怎样待你们，你们也要怎样待人。

　　爱父母过于爱我的，不配做我的门徒；爱儿女过于爱我的，不配做

哲学导论

基督登山训众　〔丹麦〕布洛克

我的门徒；不背着他的十字架跟从我的，也不配做我的门徒。得着生命的，将要失丧生命；为我失丧生命的，将要得着生命。

若有人要跟从我，就当舍己，背起他的十字架，来跟从我。因为凡是要救自己生命的，必丧掉生命；凡为我丧掉生命的，必得着生命。

不可杀人，不可奸淫，不可偷盗，不可作假见证，当孝敬父母，又当爱人如己。

你要尽心、尽性、尽意，爱主你的上帝。这是诫命中的第一，且是最大的。其次也相仿，就是要爱人如己。这两条诫命是律法和先知一切道理的总纲。①

---

① 《新约全书》"马太福音"第4章（"马可福音"第1章）、第5章（"路加福音"第6章）、第7章（"路加福音"第6章）、第10章（"路加福音"第14章）、第16章（"马可福音"第8章、"路加福音"第9章、"约翰福音"第12章）、第19章（"马可福音"第10章、"路加福音"第18章）、第22章（"马可福音"第12章、"路加福音"第10章）。引自《新约全书》，南京：中国基督教协会印发，1989，第4（38）、5（70）、7（70）、12（85）、19—20（48、76、118）、23（50、89）、27（54、78）页。"上帝"，或称呼"神"。

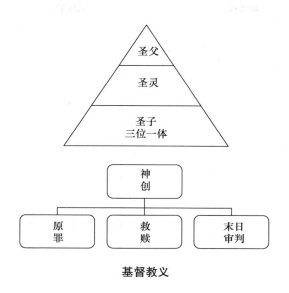

基督教义

经过保罗（Saint Paul）传道，基督教进入罗马世界，并且逐步取得统治地位，在人们日常生活中发挥指导作用。在这一发展过程中，基督教逐步形成教会权威。随着基督教的传播，希伯来文化精神与希腊文化精神日渐融合，日后发展成为西方文化精神。直至11世纪，基督教世界发生分裂，天主教和东正教各执一端。西边的拉丁世界由罗马的天主教教会统领，而东边的拜占庭帝国则深信东正教，双方水火不容。

琐罗亚斯德教（"祆教""火教""拜火教"）是波斯民族的宗教，**琐罗亚斯德**（Zarathushtra）创始，信奉阿胡拉·马兹达，或称斯潘德·迈纽（Ahura Mazda, Spand-Mainyu），其对立面为阿赫里曼，或称安格拉·迈纽（Ahriman, Angra-Mainyu），以《**阿维斯塔**》（*Avesta*）为经典，是光明与黑暗、善与恶的二元论："最初两大本原孪生并存，思想、言论和行动皆有善恶之分。善思者选择真诚本原，邪念者归从虚伪本原。""世界末日到来之前，在两大本原的殊死斗争中，我尽力做到'五要'和'五不要'：要善思、善言和善行，要

哲学导论

恭顺和真诚。不要恶思、恶言和恶行,不要违抗和虚伪。"①

伊斯兰教穆罕默德(Muḥammad)创始,信奉真主安拉(Allāh)和先知穆罕默德,以**《古兰经》**(Quran,意为"宣读""诵读"或"读物",复述真主的话语,包括麦加和麦地那两部分)、**《圣训》**为经典。按照《古兰经》,真主(上帝)曾经降示《讨拉特》(Tawrat,《旧约》)和《引支勒》(Injil,《新约》),但却被人们所篡改,于是重新降示《古兰经》。"真主所喜悦的宗教,确是伊斯兰教。"在教义上,伊斯兰教(al-Islam,伊斯俩目,意为"顺从""和平",顺从和信仰创造宇宙的独一无二的主宰安拉及其意志,以求得两世的和平与安宁)承认"创世"说、"原罪"说、"救赎"说和"末日审判"说,但却否认"三位一体"说。其基本教义有"五信"("信真主、信天神、信天经、信先知、信末日")和"五功"("念功、拜功、斋功、课功、朝功")。《古兰经》教导穆斯林(Muslim,意为"顺从真主的人""实现和平的人"):"正义是信真主,信末日,信天神,信天经,信先知,并将所爱的财产施济亲戚、孤儿、贫民、旅客、乞丐和赎取奴隶,并谨守拜功,完纳天课,履行诺言,忍受穷困、患难和战争。""信道者,为主道而战;不信道者,为魔道而战。"②最终,在"末日审判"中,"信道者"上乐园,"不信道者"下火狱。伊斯兰教始为阿拉伯民族宗教,终为世界三大宗教之一,与佛教、基督教相媲美。在伊斯兰教中,逊尼派(Ahl al-Sunnah)是多数派,什叶派(Shi'ites)是少数派。

中世纪阿拉伯哲学 中世纪阿拉伯伊斯兰教义学派有两个对立的派别:一是穆尔太齐赖派(AL-Mu'tazilah)、一是艾什尔里派(Al-Ashari)。前者称为"唯理派",或被称为"渎神派";后者称为"经典派",或被称为"寻章派"。著名中世纪阿拉伯哲学家有:铿迭(al-Kindi)、拉齐(ar-Rāzi)、法拉比(al-

---

① 《阿维斯塔》第一卷"伽萨"·第一篇"阿胡纳瓦德·伽萨"·《亚斯纳》第三十章·三;第二卷"亚斯纳"·第十章·十六。引自《阿维斯塔——琐罗亚斯德教圣书》,〔伊朗〕贾利尔·杜斯特哈赫选编,元文琪译,北京:商务印书馆,2010,第42、130—131页。

② 《古兰经》第三章"仪姆兰的家属(阿黎仪姆兰)"19、第二章"黄牛"177、第四章"妇女(尼萨仪)"76。引自《古兰经》,马坚译,北京:中国社会科学出版社,1981,第37、19、65页。

Fārābī)、塞法兄弟社（Brotherhood of Purity）诸人、伊本·西那（阿维森纳，Ibn Sina，Avicenna）、安萨里（al-Ghazzāli）、伊本·巴哲（ibn Bājjah）、伊本·图菲利（Ibnal Tufayl）、伊本·鲁西德（阿威罗伊，Ibn Rushd，Averroes）。

阿拉伯哲学以保存、传播柏拉图与亚里士多德哲学而著称。伊本·西那（阿维森纳）主张上帝不是形而上学的主题，因为一门学科并不证明其主题的存在。伊本·鲁西德（阿威罗伊）证明上帝和纯精神都是形而上学的主题，并且证明上帝的存在不是在形而上学里面论证的，这是因为只有利用属于自然科学这一学科的运动，才能够论证任何一种纯精神是存在的。

苏非主义（sūfiyah）兴起于伊斯兰教内部的神秘主义。苏非主义者把苦行禁欲作为修行方法，其目的是认识、喜爱、接近真主，最后达到与真主的合一。这种状态的达到是通过消失，而消失首先是通过爱的方式，这就是神爱论。神光论是苏非主义对人主合一状态的描述。"消失境"亦即"永存境"。

中世纪欧洲哲学

中世纪欧洲哲学主要包括教父哲学和经院哲学。奥古斯丁（Augustinus，354—430）是教父哲学的代表，安瑟尔谟（Anselmus，1033—1109），尤其托马斯·阿奎那（Thomas Aquinas，1224—1274）是经院哲学的代表。中世纪欧洲哲学主要是对于基督教神学的阐释，包括前后两个时期：教父哲学用柏拉图哲学来阐释基督教教义，经院哲学用亚里士多德哲学来阐释基督教教义。

教父哲学以奥古斯丁为代表，奥古斯丁的代表作有《忏悔录》《上帝之城》《三位一体》等。

"忏悔"一词，古拉丁文解作"承认""认罪"，中世纪基督教教会术语转为"确认和颂扬上帝"。奥古斯丁采用它时，把这两种意思都包括在内。奥古斯丁记述和剖析他自己前半生从童年到成年思想变化的过程：天生嫉妒的婴儿、淘气调皮的顽童、旷课逃学的学生、寻花问柳的浪荡子、贪求名利的教书匠……。后来爱好哲学，结合自身的行为探索善恶的成因问题。进而信奉摩尼教的善恶二元论，认为善恶均在于某种实体；当钻研新柏拉图主义和对照基督教《圣经》后，否定恶的实在性，肯定善的实在性，确认上帝为至善，遂改而信仰基督教。奥古斯丁自称：上帝的光使我认识真理。奥古斯丁主要通过内心思辨颂扬上帝，在论证上帝的创造时，着重分析了时间这一概念。起初他承认时间的存在，后来为了论证上帝在时间存在前的创造，即在为《圣经》所谓"从无到有"而辩护时，断言上帝永恒存在，没有过去和将来，只有现在。他认为把时间分为过去、现在、将来是不确切的。作为时间，只有过去的现在、现在的现在、将来的现在；真正的时间是"记忆、感觉、期望"：过去的现在是"记忆"，现在的现在是"感觉"，将来的现在是"期望"；时间存在于心灵中，是精神的产物。

奥古斯丁分析罗马帝国灭亡的原因，认为罗马帝国的灭亡属于罪有应得。罗马人信奉的神是假的，基督教的神是唯一能够拯救人类的真神。基督教可以借鉴新柏拉图学派和斯多葛学派提出的至善幸福论。奥古斯丁认为柏拉图哲学与基督教教义最为接近。柏拉图哲学居于其他哲学之上，唯有它承认一个真神及其创造，并承认这个真神是真理和幸福的源泉。奥古斯丁论述"上帝之城"和"地上之城"的起源、发展和终结。他把善和恶两种不同性质的统治称为"上帝之城"和"地上之城"，亦即信徒的国度和不信神的国度。前者过精神生活，至诚至善，追求永生；后者过肉体生活，犯罪作恶，贪图享受。在历史上，"上帝之城"先由犹太人组成，后由基督创立的教会代替。而异教国家如巴比伦、希腊和罗马等则是"地上之城"。"地上之城"爱自己以至蔑视神，"上帝之城"爱神以至蔑视自己。以人为中心，贪图人间现世享受的"地上之城"必然衰落消亡；以神为中心，追求天国来世永生的"上帝之城"必然兴旺发达，永世长存。由此，他劝说"地上之城"接受代表"上帝之城"的基督教教会的领导，改变自己的追求。

奥古斯丁在《忏悔录》中现身说法，为人们信仰基督教做榜样。他的善恶论和时间概念在西方哲学史上产生了重要的影响。奥古斯丁用柏拉图哲学来阐释基督教教义，表达了一种典型的宗教神学唯心史观。在整个中世纪，特别在教会反对世俗诸侯的斗争中产生过巨大的影响。

经院哲学以安瑟尔谟、托马斯·阿奎那为代表，托马斯·阿奎那的代表作有《反异教大全》（《论公教信仰真理驳异教徒大全》或《哲学大全》）、《神学大全》等。

安瑟尔谟认为：只有信仰上帝，才能理解上帝。"因为我绝不是理解了才能信仰，而是信仰了才能理解。因为我相信：'除非我信仰了，我决不会理解。'"① 这就是说，信仰高于理性，宗教高于哲学。

但是，在宗教神学旗号下，经院哲学出现了宗教哲学化、信仰理性化的历史趋势。

当时，亚里士多德哲学和阿拉伯哲学在西欧广泛流传，引起西欧思想界的震惊。神学与哲学、信仰与理性的关系成为最为突出的问题。托马斯·阿奎那力求将亚里士多德哲学与基督教神学、理性与信仰结合起来，反对流行的阿拉伯哲学的主张。他首先区别了两种神学真理，一种是不能以理性论证的，另一种是可以用理性论证的。然后，他以亚里士多德关于事物运动必然有第一推动者的说法来论证神的存在。托马斯·阿奎那认为理性与信仰是有区别的，神学与哲学各有其领域，神学统率哲学。在论述创世时，他反对把上帝等同于原初质料的观点，但是他认为在理论上可以接受世界永恒性、无限性的主张。他还把灵魂解释为有形体的人的本体形式，但是他认为人的幸福决不在于肉体快乐。

托马斯·阿奎那放弃传统的柏拉图哲学，接受当时流行的亚里士多德哲学，以存在、本体为起点，以感觉及理智为认识的来源，区分理性与信仰的不同领域，开始以世界作为哲学研究的对象，以理性作为达到真理的方法，对经院哲学加以革新。他虽然区分了理性和信仰各自的研究领域，仍然主张理性服从于信仰，哲学为神学服务。他认为，除了哲学真理以外还需要有神学真理。神学高于哲学，"哲学是神学的奴仆"。他为了论证神的存在，探讨

---

① 《西方哲学原著选读》上卷，北京大学哲学系外国哲学史教研室编译，北京：商务印书馆，1981，第240页。

了存在者的几重意义，并区分为普通含义的存在与"创在"，认为"创在"是最完美的超然于物的神。他认为，神的存在不能以神的观念去直接地加以证明，只能通过神的造物间接地加以论证。人的自然理性不能认识三位一体，上帝理智中的真理才是不变的。托马斯·阿奎那还探讨了一些认识论方面的问题。他指出，认识能力有三等：一种认识能力是物质机体的感觉；另一种认识能力是天使的理智；再一种是人类的理智，处于中间地位。认识的对象和认识的能力是相应的。他认为，理智的知识由感觉而引起，感觉得来的认识只是理智知识的部分原因，而非全部原因。

托马斯·阿奎那用亚里士多德哲学来阐释基督教教义，体现了经院哲学的宗教神学唯心主义和烦琐哲学的基本特征，是中世纪欧洲基督教神学哲学的集大成者。

在经院哲学中，需要关注这样几个问题：

其一，唯名论与唯实论。经院哲学围绕殊相（特殊、个别）与共相（种、属，亦即普遍、一般）的关系展开争论，形成两个对立派别。唯名论否认共相具有客观实在性，认为共相后于事物，只有个别事物才是真实存在；种和属并不是独立存在的实体，而是存在于个体之中，或是概念（温和唯名论），或是名词（极端唯名论）。唯实论承认共相具有客观实在性，认为共相先于事物，是独立存在的精神实体，是个别事物的本质，或与个别事物一样真实（温和唯实论），或比个别事物更加真实（极端唯实论）。

其二，关于上帝存在的证明，一是安瑟尔谟的"本体论论证"，二是托马斯·阿奎那的"五个（宇宙论和目的论）论证"。

第一，安瑟尔谟关于上帝存在的著名的"本体论论证"是从神的概念直接推论出神的存在。安瑟尔谟从本体论上论证上帝存在："这种存在者的存在，首先从这事实证明：这个人本身，当他怀疑或否认这个存在者的时候，这个存在者已在他心中存在；因为，当他听到别人讲到这个存在的时候，他已经理解所说的对象是什么；其次，从他所理解的对象看来，这个对象必定是不仅存在于心中，也存在于现实中。从这事实，还证明了凡是既存于思想中，又存于现实中的对象，比仅仅存于心中的对象更伟大。""因为，如果把上述的存在者只算是存在于心中,那么,由于任何既存在于心中又存在于现实中的东西,一定比它更为伟大,这样一来,那个在心中比一切事物更伟大的东西,总会不如某一事物,同时也不能算作比一切事物更为伟大。显然,这是矛盾的。""因此,必然的结论是:那个已经在心中存在的无与伦比的伟大存在者,一定不仅存在于心中,而且也存在于现实中:否则,它就不会是比一切事物更伟大了。"① 这个论证利用了巴门尼德的"思维与存在的同一性"原理,是典型的唯心主义。

第二,托马斯·阿奎那关于上帝存在的著名的"五个(宇宙论和目的论)论证"是从"运动""因果关系""偶然事物""不完善的事物"以及"宇宙秩序的和谐结构",推论出"第一推动者""第一原因""必然的实体""绝对完善的存在"以及"无限智慧的创造者"。这就是神。托马斯·阿奎那从五个方面证明上帝存在:"首先从事物的运动或变化方面论证。……第二,从动力因的性质来讨论上帝的存在。……第三,从可能和必然性来论证上帝的存在。……第四,从事物中发现的真实性的等级论证上帝的存在。……第五,从世界的秩序(或目的因)来论证上帝的存在。"② 这个论证利用了日常生活的经验,进行了形而上学的解释,得出了唯心主义的结论。

在反对唯实论过程中,唯名论在信仰的权威下高扬理性和经验,如邓斯·司各脱(Duns Scotus)、罗吉尔·培根(Roger Bacon)和奥卡姆的威廉(William of Occam)等。罗吉尔·培根强调认识真理必须破除四大阻碍——权威、习惯、成见、虚夸,必须进行实验。奥卡姆的威廉提出了著名的"思维经济原则",即"奥卡姆剃刀"——"如无必要,勿增实体"。在中世纪"黑暗"年代里,这些观念预示着新时代的"曙光"。

---

① 《西方哲学原著选读》上卷,北京大学哲学系外国哲学史教研室编译,北京:商务印书馆,1981,第244页。
② 同上书,第261—264页。

文艺复兴与科学革命

概括地说，古代中国、印度文学艺术尽管具有宏伟的气势、美妙的意境，但人性化、个性化却只有在希腊文学艺术（如希腊神话、建筑、雕刻、诗歌、戏剧以及奥林匹克运动等）中才能得到展现。然而，这一古典文化在中世纪衰落，人性的光芒和个性的光芒被神性的光圈所遮蔽，变得暗淡无光。到文艺复兴时代，随着古典文化复兴，近现代精神来临。

文艺复兴是14世纪兴起于意大利，15世纪盛行于欧洲的第一次思想解放运动，标志着欧洲历史进入近现代。就其本义来说，"文艺复兴"是指古希腊罗马文化的再生。也就是说，文艺复兴力图从中世纪欧洲文化的"黑暗"中解放出来，回归古代文化的"光明"。但在这一历史进程中却创造了光辉灿烂的近现代欧洲文化。

关于文艺复兴，黑格尔在《哲学史讲演录》中指出：

> 以前，比较深刻的兴趣沉溺于那无生气的内容之中，思考迷失于无穷的细枝末节之中，精神现在摆脱了这种状况，振作起来，挺身要求在超感性的世界和直接的自然界发现和认识自己，成为现实的自我意识。精神的这种自然的觉醒，就带来了古代艺术和科学的复苏，——表面看来这好像是一种返老还童的现象，但其实却是一种向理念的上升，一种从出自本身的自发的运动，而在这以前，灵明世界对于精神毋宁说只是一个外在的现成世界而已。从这里面就产生了所有的努力和发明，引起了美洲的发现和东印度航线的发现，特别是对于所谓异教的科学的爱好又复苏了：人们转而面向古人的作品。这些作品变成了研究的对象。这些作品被当作人文科学，在其中人的兴趣和行为都受到了认许，而与神圣的东西对立起来；但是它们却是神圣的东西在精神的现实性中。因为人本身就是有意义的东西，这一点就使得人们对于人，也就是对于作为有意义的东西的人，发生了兴趣。

与此相联系的还有另一方面：由于经院哲学家的那种形式上的精神教养变成普遍的东西，——结果必定是思想在自身之内发现和认识自身；由此就产生了理性和教会学说或信仰之间的对立。有一种看法变得很普遍：教会所断言的东西，理性可以认为是错误的。这一点是很重要的，即理性已经这样认识了自己，虽然与一般固定的东西处于对立地位。①

恩格斯在评价这一历史时期时说："这是人类以往从来没有经历过的一次最伟大的、进步的变革，是一个需要巨人并且产生了巨人的时代，那是一些在思维能力、激情和性格方面，在多才多艺和学识渊博方面的巨人。"② 其中，但丁（Dante Alighieri）、达·芬奇（Leonardo di ser Piero da Vinci）、莎士比亚（William Shakespeare），被称为"文艺复兴三巨人"。

文艺复兴运动要求将人性从神性的束缚下解放出来，焕发自由的光辉。

但丁是意大利诗人，被恩格斯誉为"中世纪的最后一位诗人""新时代的最初一位诗人"。其代表作为史诗《神曲》，原称《喜剧》。由于作品结局完满，故称"喜剧"，所谓"神曲"，即"神圣的喜剧"。

达·芬奇是意大利画家。其代表作为《蒙娜丽莎》《最后的晚餐》。前者是世俗题材，后者是宗教题材，二者都闪耀着人性的光辉。

莎士比亚是英国戏剧家。其代表作为悲剧《罗密欧与朱丽叶》《哈姆莱特》《奥瑟罗》《李尔王》《麦克白》《雅典的泰门》、喜剧《威尼斯商人》《暴风雨》等等。《哈姆莱特》无疑是莎士比亚最具有代表性的作品。其中，哈姆莱特形象寄托了作者的人文主义理想。人文主义理想与现实之间的矛盾构成了哈姆莱特的基本性格。从浪漫主义，经过现实主义、虚无主义，到神秘主义，——整个莎士比亚戏剧仿佛是人类心灵历程的缩影。

文艺复兴运动对于欧洲各国都有广泛深入影响。其中，德国狂飙突进运动继承了人文主义的理想，富有浪漫主义特质。其中的代表人物有歌德（Jo-

---

① 〔德〕黑格尔：《哲学史讲演录》第 3 卷，贺麟、王太庆译，北京：商务印书馆，1959，第 376—377 页。
② 《马克思恩格斯选集》第 3 卷，北京：人民出版社，2012，第 847 页。

hann Wolfgang von Goethe)、贝多芬（Ludwig van Beethoven）。

蒙娜丽莎·最后的晚餐　〔意大利〕达·芬奇

歌德是德国诗人。其代表作为悲剧《浮士德》。

贝多芬是德国音乐家。其代表作为奏鸣曲《悲怆》《月光》《热情》交响曲《英雄》《命运》《田园》《合唱》。其中，《合唱》中的《欢乐颂》，表达了普世主义的崇高信念和全球主义的伟大理想。

啊！朋友，何必老调重弹！
还是让我们的歌声
汇合成欢乐的合唱吧！
欢乐女神圣洁美丽
灿烂光芒照大地！
我们心中充满热情
来到你的圣殿里！
你的力量能使人们
消除一切分歧，
在你光辉照耀下
四海之内皆成兄弟。
谁能作个忠实朋友，

献出高贵友谊,
谁能得到幸福爱情,
就和大家来欢聚。
真心诚意相亲相爱
才能找到知己!
假如没有这种心意
只好让他去哭泣。
在这美丽大地上
普世众生共欢乐;
一切人们不论善恶
都蒙自然赐恩泽。
它给我们爱情美酒,
同生共死好朋友;
它让众生共享欢乐
天使也高声同唱歌。
欢乐,好像太阳运行
在那壮丽的天空。
朋友,勇敢地前进,
欢乐,好像英雄上战场。
亿万人民团结起来!
大家相亲又相爱!
朋友们,在那天空上,
仁爱的上帝看顾我们。
亿万人民虔诚礼拜,
敬拜慈爱的上帝。
啊,越过星空寻找他,
上帝就在那天空上。①

---

① 《合唱》"欢乐颂",〔德〕席勒词、〔德〕贝多芬曲,邓映易译配。

文艺复兴时期人文主义标榜人性、人权、人道主义，不仅对于世界文学艺术，而且对于世界文化文明，产生了重大而又深远的影响，成为近现代世界文化和文明的主旋律。

科学的形成和发展是一个错综复杂的历史过程。其中，观察、实验手段、数学工具、逻辑思维方式是形成科学的几个关键要素。

但是，最初所谓观察只是直观，亦即运用自己的感觉器官直接观察事物的现象，建立在这一直观基础上的是猜测，亦即运用自己的思维器官间接猜测事物的本质，这就必然带来许多独断论的理论体系。同时，科学的可控实验还没有从巫术（方术）和迷信的不可控实验中分化出来，如炼金术和炼丹术等；科学的数学还没有从巫术（方术）和迷信的象数学中分化出来，如算命术和测字术等。在绝大多数情况下，古代科学正是这样一种经验科学。在这种经验科学中，科学与巫术（方术）、迷信仍然纠缠在一起。

东西方科学的差异（差别），在于东方（中国、印度）科学始终停留在经验科学上，而西方（希腊）科学则从经验科学上升（前进）到理论科学。印度的婆罗门教、佛教以及因明与中国的儒家、道家以及墨辩相比较，在科学思想上非常类似。

但是，经验科学和理论科学的差异（差别）是显著的，例如，中国的勾股定理是一种经验类推，而希腊的毕泰戈拉定理则是先确立理论模型，再代入经验事实和数字求解。前者是经验科学的范例，后者是理论科学的范例。

在古代经验科学中，理论科学只是一种萌芽，但却在希腊科学中取得了最高的成就。希腊哲学多角度、全方位地推动了理论自然科学的形成和发展。例如，毕泰戈拉以"数"为万物"本原"（"始基"），推动了人们对于数量关系的研究，因而推动了理论数学的形成和发展；而欧几里得的几何学、亚里士多德的逻辑学则为理论自然科学提供了理论数学和形式逻辑的基础。希腊哲学的基本贡献是理论思维。而从经验思维上升到理论思维则是自然科学从经验科学上升到理论科学的关键。这是古代希腊科学比古代中国科学、古代印度科学更优越，从而成为近代、现代科学的渊源之所在。但是，对于理论自然科学来说，理论思维只是必要条件，并非充分条件。所以希腊哲学的基本局限同样是理论思维。这种理论思维走向极端，形成亚里士多德的哲学教条和基督教（托马斯·阿奎那）的神学教条的统一，从而走向反面，妨碍了科学的进步。

　　真正为科学奠定根基的首先是形式逻辑。在古代三大形式逻辑——中国的墨辩、印度的因明和希腊的亚里士多德的形式逻辑中，亚氏逻辑是最为纯粹的理论体系。但是，尽管亚里士多德研究了归纳的问题，亚氏逻辑仍然是属于演绎主义的理论体系。经验主义加上演绎主义是古代科学的基本特征。这种科学首先搜集经验材料，然后通过逻辑演绎整理，最后构造理论系统。欧几里得几何学就是一个公理演绎系统。但是，这种科学在奠定了人们的知识系统时，带来了许多似是而非的或缺乏根据的知识。譬如亚里士多德创立了许多学科，但除了形式逻辑以外，却提出了许多错误的或者无效的结论，如地心说、重的物体比轻的物体先落下等。

　　文艺复兴是在一个更新和更高的基础上推动了自然科学的发展。文艺复兴前后，一方面形成了理性怀疑的风气，如罗吉尔·培根提出"四大阻碍"（"权威、习惯、成见、虚夸"），弗兰西斯·培根提出"四种假象"（"种族假象、洞穴假象、市场假象、剧场假象"），笛卡尔提出"普遍怀疑"，都是为了冲破形形色色的哲学和神学教条；另一方面则形成了科学实验的风气，如从罗吉尔·培根、达·芬奇到弗兰西斯·培根，都强调了"实验"、经验与理性相结合以及归纳与演绎相结合。理论自然科学从此获得了实证的基础，成为实证科学。

　　文艺复兴以来，以哥白尼（Nikolaj Kopernik）太阳中心说、达尔文（Charles Robert Darwin）生物进化论、马克思（Karl Heinrich Marx）唯物史观、弗洛伊德（Sigmund Freud）精神分析学为主要代表，自然科学（物理科学、生命科学）、社会科学、人文科学先后冲破宗教神秘主义束缚，获得思想解放，代表了科学的四次革命。

　　哥白尼在《天体运行论》中提出了日心说，挑战了被基督教所利用的亚里士多德和托勒密（Claudius Ptolemaeus）的地心说，打破了人们对于人类居所的神秘主义理解，标志着科学（自然科学——物理科学）的第一次革命。

达尔文在《物种起源》中提出了生物进化论，尤其他的人猿同祖、自然选择和变异遗传的学说，挑战了基督教的神创论，打破了人们对于人类出身的神秘主义理解，标志着科学（自然科学——生命科学）的第二次革命。

马克思提出了唯物史观，将社会政治、文化现象还原为经济现象，打破了人们对于人类社会的神秘主义理解，标志着科学（社会科学）的第三次革命。

弗洛伊德提出了精神分析学，将精神、文化现象还原为潜意识（前意识、无意识）、本我（生本能、死本能，尤其性本能），打破了人们对于人类文化的神秘主义理解，标志着科学（人文科学）的第四次革命。

迄今为止，科学，尤其自然科学——物理科学先后取得两大成就，先后进入近代、现代科学形态。

牛顿（Isaac Newton）在《自然哲学的数学原理》中发现了万有引力定律和三大运动定律，创立了经典力学。牛顿经典力学代表了近代自然科学（物理科学）的最高成就。

普朗克（Max Karl Ernst Ludwig Planck）、爱因斯坦（Albert Einstein）、玻尔（Niels Henrik David Bohr）等人创立了量子力学，爱因斯坦创立了狭义相对论和广义相对论。量子力学和爱因斯坦相对论代表了现代自然科学（物理科学）的最高成就。

科学形成和发展的历史表明，正是经验和理性的合力是推动科学发展的真正动力。文艺复兴以来，以亚里士多德为代表的经验主义的直观猜测和演绎主义的形式逻辑这一古代科学的传统遭到了猛烈的批判。这是传统科学转化为近代科学的一大契机。这有两大关节：一是以培根为代表的英国经验论思潮，以经验论的"实证"原则和归纳主义的形式逻辑批判演绎主义的形式逻辑。培根作为近代实验科学始祖，强调一切经过经验"实证"，反对以想象来代替事实。培根创立的归纳主义形式逻辑经过后来密尔的完善，成为科学发展的重要的思维手段（工具），同时也推动了科学的发展。二是以笛卡尔为代表的欧陆理性论思潮，以理性论的"普遍怀疑"——"清楚明白"式的怀疑论原则批判经验主义的直观猜测式的独断论原则。笛卡尔强调一切都要在理性的天平上衡量，反对似是而非的直观或缺乏根据的猜测。经验主义的实证主义和归纳主义、理性主义的怀疑主义和演绎主义，二者相反相成，体现了近代科学的基本特征，并且通过休谟，在康德先验哲学中得到了系统的综合。休谟把康德从莱布尼兹的独断论的迷梦中唤醒。康德先验哲学首先研究科学如何可能这样一个问题，也就是说，研究科学得以存在和发展的根据亦即科学精神问题。这在哲学史上是第一次。康德哲学的真正意义是在哲学观、科学观上实现了"人为自然立法"的"哥白尼式革命"。此后，一方面，现代英美实证主义思潮继承经验论传统，以价值论和语言学问题为中心，主张把自然科学的原则与方法应用于人文科学，以在经验中能否"证实"或"证伪"等等作为科学的划界标准。其中出现了专门研究科学精神的科学哲学。另一方面，欧陆人本主义思潮又继承理性论传统中的人本主义，批判其中的理性主义，以生存论问题为中心，主张人文科学应有自己的原则与方法，以非理性作为人类的生存根据。其中出现了特别弘扬人文精神的诗化哲学。

从近代到现代，科学，尤其自然科学的基本特征是理论加上实证。理论加上实证在人文社会科学、思维科学中也有诸多表现。

从近代科学到现代科学，是一个从小科学到大科学的历史发展过程，同时出现了科学理论一体化趋势和科学建制一体化趋势。科学劳动已经成为社会劳动的主要组成部分，已经成为社会财富的主要源泉。科学革命不断带动技术革命、产业革命，不断带动社会革命。

宗教改革与思想启蒙

在绝大多数国家和地区，都有一个宗教传统。宗教经历了一个从原始宗教（如自然崇拜、灵物崇拜、图腾崇拜、巫术占卜以及祖先崇拜等）经过多神教到一神教的基本历史发展过程（从非制度化宗教到制度化宗教；从非完整型到完整型）。中世纪是宗教与意识形态相结合（"政教合一"）。近现代，宗教与意识形态相分离（"政教分离"）。

西方有人把全球各宗教划分为：一、近东先知型宗教，包括犹太教、基督教、伊斯兰教等；二、印度神秘型宗教，包括印度教、佛教等；三、远东智慧型宗教，包括儒/道教、日本宗教等；以及四、自然宗教与部族宗教，包括非洲、亚洲、大洋洲和美洲的各原住民的宗教等。这一划分大致反映了全球宗教的现状。

宗教改革运动是16世纪兴起于德国、法国，盛行于英国乃至美国，影响整个西欧乃至北美的，反对罗马天主教教会统治的基督教改革运动。

宗教改革运动的代表人物有：德国的马丁·路德（Martin Luther）、法国的加尔文（Jean Calvin）。

宗教改革运动中的宗教改革家们适应时代需要，反对天主教教会权威，进行基督教宗教改革。马丁·路德主张"因信称义"，即人的得救只是因为人对上帝的信仰以及上帝对人的恩赐，而非遵循其他一切律法；除了以《圣经》为唯一权威之外，没有任何其他权威（如教皇的权威、教会的权威等）。加尔文主张"预定论"，即人的得救与否是神所预定的，而非其他一切行为；但虔诚的信仰与完美的德行却是每一个注定得救的基督徒的义务，他们应该在世间努力工作以荣神益人。

关于宗教改革，黑格尔在《哲学史讲演录》中指出：

> 伟大的革命是在路德的宗教改革中才出现的，出现在这个时候：从无休止的冲突里面、从顽强的日耳曼性格经受过并不得不经受的可怕的管教里面，精神解放出来了，意识达到了与自身和解，并且这种和解是采取了这种不得不在精神里面来完成的形式的。人从"彼岸"被召回到精神面前；大地和它的物体，人的美德和伦常，他自己的心灵和自己的良知，开始成为对他有价值的东西。例如，在以前，在教会范围内，虽然婚姻不完全是不道德的事，但无论如何节欲和独身总是被认为更高尚，而现在呢，婚姻已成为神圣的制度。以前贫困被认为高于有财产，靠他人施舍来过活被认为高于靠自己双手劳动来正直地过活；现在却已经认识到，贫困不是目的、不是更有道德性的，正相反，靠自己劳动来过活、从自己所创造的东西中取得快乐，才是更合乎道德的。盲目的服从，那

种压抑人的自由的服从，先前是僧侣们宣誓履行的第三种品德，相反地，现在同婚姻和财产两者一样，自由也被认为是神圣的了。

同样地，在知识方面，人也从外界的权威回到了自己里面；理性被视为绝对具有普遍性，被认为是神圣的。现在已经认识到宗教应当是在人的精神中存在的，并且得救的整个过程也应当是在他的精神里面进行的，他的得救乃是他自己的事情，他借它而与自己的良心发生关系和直接面对上帝，而不需要那些自以为手中握有神恩的教士们来做媒介。诚然，现在也还有一种媒介，还得凭借教义、识见、对自己和自己的行为的观察来做媒介；但是这是一种不成为阻隔的墙壁的媒介，而先前则有一道铜墙铁壁把俗人和教会分开着。因此，上帝的精神必定是居住在人心之中，并且是在他之中活动的精神。①

在《新教伦理与资本主义精神》中，韦伯（Max Weber）强调新教（主要是指清教）伦理作为资本主义精神的历史意义。此外，韦伯提出了"理性资本主义"的概念。与通常理解相反，韦伯认为，资本主义不在于无节制地和非理性地去追求财富，而在于通过持续性的、理性的、资本主义方式的企业活动来获取再生性的利润。"我们可以给资本主义的经济行为下这样一个定义：资本主义的经济行为是依赖于利用交换机会来谋取利润的行为，亦即是依赖于（在形式上）和平的获利机会的行为。"这种"理性资本主义"的特点有："（在形式上的）自由劳动之理性的资本主义组织方式""把事务与家庭分离开来，以及与之密切相关的合乎理性的簿记方式"。其中最重要、最根本的特点是"资本主义的劳动组织方式"。韦伯论述了新教伦理对于资本主义精神的影响：一是"天职"或者"神召"观念，二是禁欲主义。②的确，清教徒式的禁欲主义和苦行主义非常适合于资本主义早期（特别是在原始积累时期）通过"节欲"进行资本原始积累的历史要求。

---

① 〔德〕黑格尔：《哲学史讲演录》第 3 卷，贺麟、王太庆译，北京：商务印书馆，1959，第 376—377 页。
② 〔德〕韦伯：《新教伦理与资本主义精神》，于晓、陈维纲等译，北京：生活·读书·新知三联书店，1987，第 8、11、11—12、12 页。

哲学导论

启蒙运动是18世纪兴起于英国，盛行于法国、德国，影响整个欧洲的，继文艺复兴后的第二次思想解放运动。法国是启蒙运动的中心，法国启蒙运动是启蒙运动的典范。就其本义来说，"启蒙"的意思是"光明"，亦即启迪蒙昧。

启蒙运动的代表人物有：英国的霍布斯（Thomas Hobbe）、洛克（John Locke），法国的孟德斯鸠（Charles de Secondat, Baron de Montesquieu）、伏尔泰（Voltaire, François-Marie Arouet）、卢梭（Jean-Jacques Rousseau），德国的康德（Immanuel Kant）。

启蒙运动中的启蒙思想家们反对宗教蒙昧主义，宣扬理性与科学；反对封建专制制度，宣扬民主与法治。

康德给"启蒙运动"下了这样一个定义：

> 启蒙运动就是人类脱离自己所加之于自己的不成熟状态。不成熟状态就是不经别人的引导，就对运用自己的理智无能为力。当其原因不在于缺乏理智，而在于不经别人的引导就缺乏勇气与决心去加以运用时，那么这种不成熟状态就是自己所加之于自己的了。Sapere aude！要有勇气运用你自己的理智！这就是启蒙运动的口号。①

康德把"理性的运用"区分为"公开的运用"和"私下的运用"。所谓"公开的运用"，是指"任何人作为学者在全部听众面前所能做的那种运用"；而所谓"私下的运用"则是指"一个人在其所受任的一定公职岗位或者职务上所能运用的自己的理性"。康德认为，理性的运用以自由为先决条件。由此，康德把自由相应区分为言论自由和行动自由。康德主张"理性的公开运用"和言论自由应当是充分的，而"理性的私下运用"和行动自由则应当受到限制。一个人作为军官、纳税人或牧师等等，其"私下运用自己的理性"和行动自由应当是消极的；而一个人作为学者，其"公开运用自己的理性"和言论自由则应当是积极的。② 康德所阐发的启蒙精神就是理性和自由的精神。

关于启蒙精神，韦伯提出了"世界的祛魅化"的问题。韦伯认为，"世界

---

① 〔德〕康德：《历史理性批判文集》，何兆武译，北京：商务印书馆，1990，第22页。
② 参见同上书，第24—25、30页。

自由女神像 〔法〕巴托尔迪

的祛魅化"亦即世界的理性化和理智化,表现为意义的消解,是我们时代的命运的最主要、最根本的特征。韦伯提出了价值中立与责任伦理的学术态度,认为作为学者,我们必须承担我们时代的命运——"世界的祛魅化",以一种价值中立的态度来消解各种价值倾向,而又以一种责任伦理的态度来消解各种心志伦理。①

启蒙思想家们的主要贡献是提出社会契约论,包括"自然状态"说。以霍布斯、洛克、卢梭为代表的社会契约论承认"自然权利"。但他们却从这一共同前提推导出不同结论:霍布斯主张绝对君权;洛克将"自由"与"法律"相联系,主张保护私有财产,限制政府权力;卢梭主张绝对民权。霍布斯支持君主专制,影响了1640年的英国革命;洛克为资产阶级君主立宪制辩护,影响了1688年的英国光荣革命;卢梭为资产阶级民主共和制提供理论根

---

① 参见《韦伯作品集Ⅰ:学术与政治》,钱永祥、林振贤、罗久蓉、简惠美、梁其姿、顾忠华译,桂林:广西师范大学出版社,2004。"心志伦理"(Gesinnungsethik),或译"心情伦理""意图伦理"或"信仰伦理"等。

据，影响了1789年的法国大革命。在英国革命及英国光荣革命与法国大革命之间，还有1776年的美国革命，同样受到了启蒙思想的影响。

马赛曲 〔法〕吕德

马　赛　曲

起来，祖国的儿女们。
光荣的日子来到了：
暴政的血腥的屠刀，
已经向我们举起。
……

——〔法〕鲁热·德·利尔词曲

近代、现代以来，政治自由主义形成了两大自由主义传统的分立。英国式经验主义传统和法国式理性主义传统的分立，表现为英国启蒙运动原则和法国启蒙运动原则的分立，表现为英国光荣革命原则和法国大革命原则的分立，更表现为英国式自由主义和法国式自由主义的分立。一般地说，在法国

自由引导人民　〔法〕德拉克洛瓦

大革命"自由、平等、博爱"三原则中,英国式自由主义更强调自由(以及法治),而法国式自由主义则更强调平等(以及正义、公平、民主)。贡斯当(Benjamin Constant)区分了"古代人的自由"与"现代人的自由"。他说:"古代人的目标是在有共同祖国的公民中间分享社会权力:这就是他们所称谓的自由。而现代人的目标则是享受有保障的私人快乐;他们把对这些私人快乐的制度保障称作自由。"① 所谓"古代人的自由"就是公共领域的自由,所谓"现代人的自由"就是私人领域的自由。伯林(Isaiah Berlin)区分了"消极自由"和"积极自由"。他说:"freedom 或 liberty(我在同一个意义上使用这两个词)的政治含义中的第一种,(遵从许多先例)我将称作'消极自由',它回答这个问题:'主体(一个人或人的群体)被允许或必须被允许不受别人干涉地做他有能力做的事、成为他愿意成为的人的那个领域是什么?'第二种含义我将称作'积极自由',它回答这个问题:'什么东西或什么人,是决定某人做这个、成为这样而不是做那个、成为那样的那种控制或干涉的

---

① 〔法〕贡斯当:《古代人的自由与现代人的自由——贡斯当政治论文选》,阎克文、刘满贵译,上海:上海人民出版社,2005,第40页。

根源？'这两个问题是明显不同的，尽管对它们的回答有可能是重叠的。"①
"消极自由"是"免于……"的自由，"积极自由"是"去做……"的自由。英国式自由主义倾向于"现代人的自由"即"消极自由"，法国式自由主义倾向于"古代人的自由"即"积极自由"。

进一步阅读

布里丹之驴

布里丹之驴是以14世纪法国哲学家布里丹名字命名的悖论，其表述如下：一只完全理性的驴恰处于两堆等量等质的干草中间，将会饿死，因为它不能对究竟该吃哪一堆干草做出任何理性的决定。

布里丹借此提倡道德决定论，企图为信仰作辩护。

布里丹之驴

---

① 〔英〕伯林：《自由论》，胡传胜译，南京：译林出版社，2003，第189页。

神曲·人的宣言·浮士德精神

神　曲

但丁《神曲》分为《地狱》《炼狱》《天堂》三篇。作者叙述了自己在梦幻中游历地狱、炼狱、天堂的经历：首先由罗马诗人维吉尔引导，游历地狱、炼狱；然后由青年时期恋人、天使贝雅特里齐引导，游历天堂，最后接受了上帝光辉的洗礼。

《神曲》的主题是：人经过了迷惘、苦难和煎熬，到达了真理、至善和至美的境界。在《神曲》中，但丁通过地狱、炼狱和天堂各个层面的人物安排，表达了自己对一切罪恶的憎恨和对美好事物的爱恋。但丁的信念是：理性和科学可以帮助人们走出罪恶的道路，但要达到至善至美的境界必须依靠信仰和神学。

人　的　宣　言

在莎士比亚《哈姆莱特》中，哈姆莱特有一段著名的独白：人类是一件多么了不得的杰作！多么高贵的理性！多么伟大的力量！多么优美的仪表！多么文雅的举动！在行为上多么像一个天使！在智慧上多么像一个天神！宇宙的精华！万物的灵长！① 人是"宇宙的精华！万物的灵长！"这是人文主义的信念和理想。不是神创造了世界和人，而是人创造了世界和神。荣耀，与其归于神，不如归于人！

哈姆莱特还有更著名的独白，它的中心问题（"生存还是毁灭，To be, or not to be"②）是一切哲学的基本问题。这是人的基本生存困境。这一困境决定了莎士比亚人文主义思想的危机。

---

① 《莎士比亚全集》（九），朱生豪译，北京：人民文学出版社，1978，第49页。
② 参见同上书，第63—64页。

浮士德精神

歌德《浮士德》首先叙述上帝与魔鬼梅菲斯特关于浮士德的订约，上帝允许魔鬼梅菲斯特诱惑浮士德，认为浮士德总会得到拯救。《浮士德》分两部分。第一部属于小世界，亦即市民社会。前半部为浮士德部分，叙述浮士德对于知识的不满，对于行动的渴望，其中叙述浮士德与梅菲斯特的订约，梅菲斯特愿意在现世满足浮士德的一切要求，直到浮士德满意为止。其条件是浮士德在来世为他服务。于是，在梅菲斯特帮助下，浮士德返老还童。后半部为格蕾辛部分，叙述浮士德与格蕾辛的恋爱，亦即格蕾辛的悲剧（官能的享乐）。第二部属于大世界，亦即政治社会。前半部为海伦部分，叙述浮士德与海伦的恋爱，亦即海伦的悲剧（美的追求）。后半部为浮士德部分，叙述浮士德最终转向为人类、为社会进行创造的活动。浮士德梦想建立一个人类理想社会，但利用梅菲斯特却事与愿违，在盲目中他表达了理想一旦实现，自己将会满足的心愿。这样，由于约定，浮士德的肉体毁灭。但是，由于理想没有真正实现，因此浮士德也就没有实际满足。这样，浮士德的灵魂不归魔鬼所有，而归上帝所有，最终获得拯救。

浮士德精神是西方现代文化精神的集中表现。浮士德精神也就是"永不满足"的精神。

李约瑟难题

"李约瑟难题"是李约瑟在《中国科学技术史》以及《文明的滴定：东西方的科学与社会》等书中提出的，具有多种表述方式。其中经常为人们所引用的是李约瑟在《东西方的科学与社会》一文中所表述的：为什么现代科学只在欧洲文明中发展，而未在中国（或印度）文明中成长？……为什么在公元前1世纪到公元15世纪期间，中国文明在获取自然知识并将其应用于人的实际需要方面要比西方文明有成效得多?①

李约瑟曾引用过爱因斯坦的一封信,这封信指出:西方科学的发展基于两个重大的成就,即希腊哲学家关于形式逻辑体系(在欧几里得几何学中)的发明,和通过系统的实验找到因果关系之可能性的发现(文艺复兴时期)。在我看来,中国的智者没有迈出这几步并没有什么好惊奇的,值得惊奇的是这些发现终究是出现了。② 李约瑟所指称的"科学"正是这样一种形态——"近代科学"——以"自然假说的数学化"和"通过实验对其验证"为基本特点。

金规则(黄金法则)

"金规则"或"黄金法则"是体现在"各宗教"和"非宗教传统"中的共同原则,因而是"世界人权"和"全球伦理"的普世原则。其奥秘是人们从人与人之间的交往实践中概括总结的关于人与人之间的社会关系的基本原则。

孔夫子(前551—489):"己所不欲,勿施于人。"(《论语·卫灵公》)

希勒尔拉比(前60—10):"你不要别人对你做的事,就不要对别人做。"(《安息日31·a》)

拿撒勒的耶稣:"你们愿意人怎样待你们,你们也要怎样待人。"(《马太福音》7:12;《路加福音》)6:31)

伊斯兰教:"你们当中,谁若不想要兄弟得到他自己想要的东西,谁就不是信徒。"(《纳瓦维四十圣训集》13)

耆那教:"人应当对此世的事物无所用心,但对待此世的一切生灵,应该像自己想要得到的对待那样。"(《克里檀夏经》1,11,33)

佛教:"在我为不喜不悦者,在人亦如是,我何能以己之不喜不悦加诸他

---

① 《中国科学与科学革命:李约瑟难题及其相关问题研究论著选》,刘钝、王扬宗编,沈阳:辽宁教育出版社,2002,第83页。

② 引自同上书,第141页。

人?"(《相应部》V，353·35—342·2)

印度教:"人不应该以己所不悦的方式去对待别人:这乃是道德的核心。"(《摩诃婆罗多》XIII，114，8)①

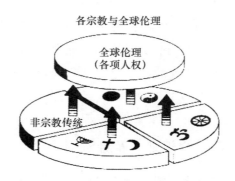

各宗教与全球伦理

思考与讨论

如何认识和评价中世纪哲学?

---

① 《全球伦理——世界宗教议会宣言》,〔德〕孔汉思、库舍尔编,何光沪译,成都:四川人民出版社,1997,第75—76页,另见第148—154页。

第五章
英美哲学传统

作为西方两大哲学传统之一，英美哲学传统与欧陆哲学传统相对应。在古希腊哲学中，德谟克里特、伊壁鸠鲁原子论包含了唯物主义经验论思想的萌芽。普罗泰戈拉关于人是万物的尺度原理包含了唯心主义经验论思想的萌芽。亚里士多德实体论提出，实体（本体）是指能够独立存在的、作为一切属性的基础和万物的本原的东西，其中包括第一实体——个别事物。在中世纪欧洲经院哲学中，围绕殊相（特殊、个别）与共相（普遍、一般）的关系之争论形成两个对立派别——唯名论与唯实论。其中唯名论否认共相具有客观实在性，认为共相后于事物，只有个别事物才是真实存在。由古代、中世纪唯名论，经过近代经验论，到现代实证主义—唯科学主义，构成了英美哲学传统的基本历史进程。

我们通过以下四个方面描述英美哲学传统：认识论中的经验主义、伦理学中的功利主义，以及作为唯科学主义的实证主义；作为美国本土哲学，实用主义兼有认识论和伦理学的双重意义。

经验主义

近代英国经验论继承唯名论传统，以认识论问题为中心，强调感性经验，认为一切知识来源于感性经验，归根结底，凡是在感性经验中原则上能够证实的就是真的，否则就是假的，亦即以感性经验作为检验真理的标准。用一句话来表达，经验论的原则是："没有在理智中的东西，不是曾经在感觉中的。"

英国经验论的代表性人物前期主要有：培根、霍布斯、洛克。

其一，**培根**（Francis Bacon，1561—1626），其代表作为《新工具》《论科学的增进》等。

培根提出我们的科学要来一个伟大的复兴。他说："从价值和用途方面看，我们必须承认，我们主要从希腊人那里得来的那种智慧，只不过像知识的童年，具有着儿童的特性：它能够谈论，但是不能生育；因为它充满着争辩，却没有实效。"[①] 培根阐明了知识就是存在的影像，一切自然的知识都应当求助于感官的唯物主义经验论命题，并提出了"知识就是力量"的著名思想："人的知识和人的力量合而为一，因为只要不知道原因，就不能产生结果。要命令自然就必须服从自然。在思考中作为原因的，就是在行动中当作规则的。"[②]

在西方哲学史上，培根是第一个较全面、较深刻地批判经院哲学的人。培根批判了经院哲学的观点，指出它脱离自然，脱离实际，于人生毫无补益；强调人是自然的仆役和解释者；人要征服自然，要指挥自然就要服从自然。科学的任务在于发现自然的规律。要认识和掌握自然规律，并利用它服务于人类，就要排除各种成见、偏见和阻碍人们获得真理的虚妄心理、观念。因此，培根提出了著名的假象说，认为有四种"假象"扰乱人心，妨碍科学：四种假象是指使人陷于谬误的种种不良的心理习惯和虚妄观念，是阻挠人们获得真理性认识的障碍，包括"种族假象"（人类共有的天性）、"洞穴假象"（个人独有的偏见）、"市场假象"（交际中间语词和概念的混乱）、"剧场假象"（盲目顺从传统的或流行的观念及权威）。培根认为人的理智受到感情意志和感官迟钝的阻碍，诡辩的、经验的、迷信的哲学体系危害理智很大，尤其认为现有的逻辑并不能帮助发现新科学。他说："寻求和发现真理的道路只有两条，也只能有两条。一条是从感觉和特殊事物飞到最普遍的公理，把这些原理看成固定和不变的真理，然后从这些原理出发，来进行判断和发现中

---

① 《西方哲学原著选读》上卷，北京大学哲学系外国哲学史教研室编译，北京：商务印书馆，1981，第340页。

② 同上书，第345页。

间的公理。这条道路是现在流行的。另一条道路是从感觉与特殊事物把公理引申出来,然后不断地逐渐上升,最后才达到最普遍的公理。这是真正的道路,但是还没有试过。"① 培根著作取名《新工具论》,以示有别于亚里士多德的《工具论》。《新工具论》的宗旨是要给人类的理智开辟一条与以往完全不同的道路,以便人的心灵能够在事物的本性上行使它所固有的权威。

由此,培根提出科学的归纳方法。《新工具论》批判了旧逻辑方法,认为现有的逻辑并不能帮助发现新科学。亚里士多德的三段论的演绎方法不能帮助人们探求真理:只求在争辩中制胜对方,不求在行动中征服自然。这就是说,亚里士多德的演绎逻辑不能增进和扩展我们的知识,必须以归纳逻辑来代替。因为演绎的基本程序是从一般命题经过特殊命题到个别命题,只要前提正确,规则正确,结论一定正确,但在这一过程中,我们的知识却没有得到任何增进和扩展。何况前提需要得到证明,规则需要得到检验。但是,科学不能满足于正确的结论上,必须不断探索未知的世界。而归纳(是指简单枚举——不完全归纳而非指完全归纳)的基本程序则是从个别命题经过特殊命题到一般命题,即使前提正确,规则正确,结论也未必正确,但在这一过程中,我们的知识却得到增进和扩展。为了探索未知的世界,科学必须承担错误的风险。培根认为,真正的科学是实验与理性密切结合。为此,培根提出并全面、详细地阐明了他的新逻辑方法,即科学的归纳方法。他强调要获得真理,就要用观察和实验的方法大量搜集材料,然后用"本质和具有表""差异表"和"程度表"的三表法,整理获得的感性材料,即通过分析、比较、排除,淘汰非本质的东西,最后获得本质的东西。同时,归纳概括只能循序渐进地实现,不能任凭理性的跳跃。

总之,作为唯物主义经验论者,培根是近代英国经验论和归纳法的开创者,是现代实验科学的真正始祖。与其他经验论者相比较,培根主张经验与理性相结合,并非狭隘经验论者。培根在《新工具论》中继亚里士多德的演

---

① 《西方哲学原著选读》上卷,北京大学哲学系外国哲学史教研室编译,北京:商务印书馆,1981,第 358 页。

绎逻辑之后创立了归纳逻辑，以后经密尔等人的发展，形成了科学的理论系统。他阐明的经验认识原则，开近代经验论的先河，使他成为近代经验论的"开山始祖"。他倡导的经验分析方法为近代实验科学开辟了道路，而又使他成为近代实验科学的始祖——"实验科学之父"。他的"知识就是力量"的著名命题是文艺复兴以来科学从宗教神学中解放出来并且日益发展这一时代精神的光辉体现，至今仍有巨大的意义。

其二，**霍布斯**（Thoms Hobbes，1588—1679），其代表作为《论公民》《论物体》《论人性》《利维坦》等。

霍布斯认为：哲学是推理的知识，所谓"推理"是指计算，而计算又被归结为加减（乘除）。哲学的目的或目标是为人生谋福利的，而哲学的效用也被归结为人类的利益。哲学的对象是物体，包括自然的物体与国家，因此分为自然哲学与公民哲学（伦理学与政治学）。推理就在于组合、分开或分解，包括组合法（部分组合法）与分解法（部分分解法）。分解法又称为分析方法，组合法又称为综合方法。因此，哲学的方法是分析和综合。

霍布斯的基本哲学思想有：物体不依赖我们的思想，运动就是物体放弃一个位置取得另一个位置，空间是心外之物体的影像，时间是运动中先后的影像，偶性是物体在我们心里造成概念的能力，一切知识都是从感觉得来的，知觉附存在感觉主体上。

霍布斯将"自然状态"等同于"战争状态"，认为人人具有"自然权利"，一是"寻求和平，信守和平"，二是"保卫我们自己"。但是，每个人都行使自卫这一天赋自然权利就会导致普遍战争状态。在这种情况下，每个人都同意将一切基本权利转让给主权者，主权者至高无上。他将一系列的"自然律"的"总则"规定为："己所不欲，勿施于人。"①

总之，作为唯物主义经验论者，霍布斯是典型的机械唯物主义者，霍布斯主义是无神论的代表。作为社会契约论者，霍布斯从自然权利推导出绝对

---

① 〔英〕霍布斯：《利维坦》，黎思复、黎廷弼译，北京：商务印书馆，1985，第98、120页。"己所不欲，勿施于人"被称之为"金规则"或"黄金法则"。

君权，支持君主专制，影响了 1640 年的英国革命。

其三，**洛克**（John Locke, 1632—1704），其代表作为《人类理智论》《政府论》等。

洛克阐述了自己的哲学认识论体系，对哲学的目的、任务和方法作了颇具独创性的规定。洛克认为传统哲学在应用理智以从事哲学研究的时候，往往不考察理智本身的性质和能力，忘谈天赋观念的作用，结果被暧昧不清的术语引入迷途，鲁莽地闯进不能找到知识的不可知领域。洛克提出把对人类理智本身的考察作为哲学研究的开端，由此来探讨人类知识的起源、确定性和范围。洛克从知识和道德领域否定天赋观念的存在，批判天赋观念论，指出我们的知识并不是天赋的。洛克提出"白板"说，认为心灵如同"白板"，一切知识来源于经验。我们的观念来自感觉和反省，前者是感官感觉对象的外界的物质的活动，后者是内部感官反省对象的我们自己的心灵的内部活动。

洛克研究经验的内容和实质，着重于对观念的分析和对知识的分析，认为"心灵在自身中知觉到的东西，或知觉、思想、理智的直接对象，我称之为观念；那种在我们心中产生任何观念的能力，我称之为具有这种能力的主体的性质。"① 为说明感觉的源泉及其与外物的关系，洛克提出了两种性质——"第一性的质"和"第二性的质"的学说。他用物质微粒组合为物体时的组织结构和数量关系来说明物体的一切属性及其在人类感官上的表现，指出物体有三种性质：第一种是"不可感觉的第一性的质"；第二种是"可感觉的性质"；第三种是"能力"。物体的原初的或第一性的质，是指不能与物体分开，为物体所保持的性质，包括物体的体积（大小）、广延、形状、组织、可动性（运动或静止）、坚实性或不可入性、数目、位置等等；物体的第二性的质或可感觉的性质，是指借物体的第一性的质，以某种特殊的方式作用于我们的感官，在我们心中产生不同的感觉（观念），例如颜色、声音、气味、滋味等等的能力。能力，亦即借一物体的第一性的质的特殊构造，改变

---

① 《西方哲学原著选读》上卷，北京大学哲学系外国哲学史教研室编译，北京：商务印书馆，1981，第 453 页。

另一物体的第一性的质，使它以不同于以前的方式作用于我们感官的能力。洛克将观念分析为"简单的观念"和"复杂的观念"，简单的观念并不是心灵所能够制造的，而是直接起源于经验；复杂的观念是心灵用简单观念任意造成的，或结合为复合观念，或并列为关系观念，或抽象为一般观念。在论各种语词形成的途径及其与观念和实在的关系时，洛克批判了中世纪的唯实论和烦琐哲学。在论知识的本性、等级和范围时，洛克认为人类对自己的存在有直觉的知识，对上帝的存在以及在数学、伦理学方面有证明的知识，对外物的存在有感觉的知识。洛克将知识分析为直觉的知识和证明的知识，二者区别在于心灵知觉自己的任何观念的符合或不符合的途径不同，前者不借助推理，后者借助推理。至于在物体和精神实体方面则不能得到确定性的知识，既没有物体的科学，也没有精神或神灵的科学。由此，洛克确定了人类知识的范围，知识的范围就是观念的范围。"我说，我们的知识不仅限于我们所具有的、作为我们认识对象的贫乏而不完善的观念范围之内，甚至连这个范围也达不到。"①

洛克将"自然状态"与"战争状态"区别开来：自然状态是自然的自由状态和平等状态。洛克区分了"人的自然自由"和"人的社会自由"，二者都与"法律"相关：前者以自然（理性）法为准绳，后者以人们所同意的人为法为准绳。人类的自由和理性推动了人类从自然状态，经过战争状态，最后到公民社会的历史进程。洛克认为个人基本权利不可转让，为了捍卫个人基本自由，主张政府的目的是保护私有财产。洛克指出："我所谓财产，在这里和在其他地方，都是指人们在他们的身心和物质方面的财产而言。"② 这就是说，洛克所谓私有财产，不是狭义的、专指人们的物质方面的财产，而是广义的、泛指人们的身心和物质方面的财产，其实是指包括私有财产在内的私人领域。洛克认为最好的政府形式是议会具有最高主权，立法和行政的两

---

① 《西方哲学原著选读》上卷，北京大学哲学系外国哲学史教研室编译，北京：商务印书馆，1981，第466页。
② 〔英〕洛克：《政府论——论政府的真正起源、范围和目的》下篇，叶启芳、瞿菊农译，北京：商务印书馆，1964，第106页。

权分立制度。洛克提出"三权"：立法权、执行权和对外权，但是只提出立法和行政（包括执行、对外）的"两权分立"，未提出"三权分立"。立法、行政和司法的"三权分立"是孟德斯鸠提出的。

总之，作为唯物主义经验论者，洛克是英国经验论的集大成者。洛克既坚持了唯物主义经验论的理论原则，又提供了经验论转向唯心主义以及不可知论的理论前提。洛克批判了当时流行的天赋观念论，给它以致命的打击，影响是极大的。洛克继亚里士多德的"蜡块"说之后提出了"白板"说，这是典型的机械反映论。洛克对培根、霍布斯关于知识起源于感性世界的原理做出了系统的论证，使他成为近代英国唯物主义经验论的集大成者。而他的两种性质的学说又启发了后来的巴克莱的唯心主义和休谟的不可知论，在某种意义上，是近代英国经验论从唯物主义向唯心主义和不可知论转变的转折点，在西方哲学史上产生了极大的影响。作为社会契约论者，洛克将"自由"与"法律"相联系，主张保护私有财产，限制政府权力，是英国自由主义的代表，为资产阶级君主立宪制辩护，影响了1688年的英国光荣革命。

经验主义（续），功利主义

洛克之后，经验主义从唯物主义转向唯心主义和不可知论。除此之外，还有功利主义。功利主义，亦称效用主义，是经验主义原则在伦理—政治思想中的应用。正如经验主义是以感性经验为检验真理的标准，功利主义的特点是以效用（有用）等价值尺度、快乐（愉快）等情感体验为衡量伦理和政治问题的标准。早在古代希腊，例如伊壁鸠鲁那里，功利主义思想就有一定程度表现，但作为一种思想体系，功利主义却属于近代英国。虽然柏拉图、亚里士多德提出以幸福为目的的幸福论—目的论伦理学，但是他们将幸福归结为德性，并进一步归结为理性；而功利主义则将幸福归结为效用，并进一步归结为情感；但就其仍然属于目的（幸福）论伦理学而言，又与康德义务论伦理学相对立。这是效用与法则的对立，也是情感与理性的对立。功利主义不是以柏拉图和亚里士多德的正义、公正原则去理解政治—伦理问题，而是以利益原则来理解政治—伦理问题。因此，在这一问题上，功利主义同样与社会契约理论相对立。功利主义同样反对社会契约理论所谓自然法（理性法）、自然权利、社会契约等等观念，强调功利（最大幸福）原理既是道德哲学的基本原理，也是政治哲学的基本原理。

英国经验论的代表性人物后期主要有：巴克莱、休谟。功利主义的代表人物主要有：休谟、斯密、边沁、密尔。休谟和斯密提出了功利主义的基本原则，是功利主义的始作俑者；边沁和密尔创立了功利主义的理论系统，是功利主义的集大成者。

其一，**巴克莱**（George Berkeley，1685—1753）。其代表作为《人类知识原理》等。

巴克莱系统地阐述了他的非物质主义哲学，中心内容是否定物质的客观存在，为上帝存在作论证。他认为只要搬掉物质这块基石，就能使唯物主义、怀疑论和无神论的整个大厦自行倒塌。巴克莱开宗明义地提出了他的唯心主义的根本观点：人类知识的对象是各种观念。观念不是对客观事物的反映，它本身就是真实的存在。人们所能感知的东西除了观念或感觉之外，没有任何别的东西。通常所说的事物不过是"观念的集合"。由于有些观念的出现是有规则的互相衔接在一起的，因此人们就用一个名称来标志它们，称之为"物"。巴克莱认为观念存在于感知者心中，不是存在于感知者心外的东西，所以观念的存在就在于被能感知的心灵所感知。离开了心灵的感知，它们就不存在。由此，巴克莱提出了"存在就是被感知"的基本原则："因为所谓不思想的事物完全与它的被感知无关而有绝对的存在，那在我是完全不能了解的。它们的存在［esse］就是被感知［percipi］，它们不可能在心灵或感知它们的能思维的东西以外有任何存在。"① 但是他声明存在物除了观念之外，还有一种更重要的存在，即包括心灵和上帝的精神。观念和精神不同，观念是被感知的，被动的，不能独立存在，只能存在于感知者心中；精神是能感知

---

① 《西方哲学原著选读》上卷，北京大学哲学系外国哲学史教研室编译，北京：商务印书馆，1981，第503页。

的、能动的,能独立存在,既能存在于感知者心中,也能存在于感知者心外。观念的原因只能是能感知的能动的精神实体。任何观念的存在一定能被上帝这个永恒的、无限的、能动的精神所感知,所以这个基本原则的完整表述应该是:"存在就是被感知或感知。"譬如,桌子存在,就是被我感知;即使不被我感知,也被其他人感知;即使不被任何人感知,也被神(上帝)感知。这里,巴克莱的意思不是说存在就是实际被感知,而是说存在就是可能被感知,具有被感知性。巴克莱利用洛克论证说:既然第一性的质与第二性的质不可分割,而第二性的质又与我们的感知不可分割,因此,第一性的质也就同样与我们的感知不可分割。上帝不仅使观念存在,而且把观念印入人心之中。观念来自上帝,有观念就证明有上帝。反之,物质或有形实体是矛盾的概念,观念的原因只能是能动的精神实体;假定心外有物,是怀疑论和无神论的根源。

总之,巴克莱哲学思想标志着英国经验论从唯物主义到唯心主义的转变。巴克莱不仅将唯物主义经验论转变为唯心主义经验论,而且从主观唯心主义转变为客观唯心主义以及宗教神学。这一转变表明:尽管经验论从唯物主义出发,但彻底经验论却完全走向唯心主义。唯心主义经验论对后来西方哲学发生了很大的影响。在西方哲学史上,巴克莱的"存在即被感知"和"存在即被感知或感知"是十分著名的唯心主义基本原则,是典型的、露骨的经验论的主观唯心主义和客观唯心主义。

其二,**休谟**(David Hume,1711—1776),其代表作为《人性论》《人类理智研究》(《人性论》认识论部分改写)、《道德原则研究》(《人性论》伦理学部分改写)、《自然宗教对话录》等。

休谟系统地阐述了他的怀疑论即不可知论的认识论学说。从怀疑论观点出发,休谟断言哲学的基本任务在于考察人类理智能力的作用和范围,反对一切超越经验的"奥秘哲学"。贯彻经验论观点,休谟认为我们的一切观念都来自感觉印象,所有的思想原料来自我们的外部感觉和内部感觉,我们的心灵和意志加以混合和组合,较不生动的知觉称之为思想或观念,较生动的知觉称之为印象。

哲学导论

　　休谟认为，因果性理论的基础是经验。休谟将人类理性或研究的全部对象分为两类，即观念的关系和事实与实际存在；而又将推理分为两类，即证明的推理和或然的推理，前者是关于观念之间的关系的推理，后者是关于事实与实际存在的推理。这是把知识分为两类，一类是关于观念联系的证明知识，即数学知识；另一类是关于实际事情的知识，即建立在经验基础上的因果性的科学知识。但是，经验及其归纳除了形成事物之间的先后联系的事实知识之外，如何形成具有普遍性和必然性的事物之间的因果联系的推论知识？"太阳明天将要出来"不能否证"太阳明天将不出来"。换句话说，太阳今天升起不能证明太阳明天照常升起。他说："如果有人问：我们对于事实所做的一切推论的本性是什么？适当的答复似乎是：这些推论是建立在因果关系上。如果再问：我们关于因果关系的一切理论和结论的基础是什么？就可以用一句话来回答：'经验'。但是如果我们再进一步追根到底地问：由经验得来的一切结论的基础是什么？这就包含了一个新问题，这个问题将更难于解决和解释。我说：纵使我们经验了因果的作用之后，我们从那种经验中得到的结论，也不是建立在推论或任何理解过程上的。"①

　　休谟详细论述了习惯联想的因果性学说：由于某些相似的现象经常会合在一起，就使人的想象力在一个现象和它的经常伴随者之间形成一种习惯性的联想。人们就是从这种感觉印象中产生了因果性的观念。因果性理论的基础是经验。因果问题以及归纳问题，亦即所谓"休谟问题"。"休谟问题"将经验论推进到极限，力图解决具有普遍性和必然性的知识论问题。休谟力图以经验论解决因果性问题，拒绝以理性论解决因果性问题，将因果性问题归结为联想、习惯这样一个心理学问题。休谟提出了"习惯是人生的伟大指南"的著名命题。他说："一切从经验而来的推论都是习惯的结果，而不是运用理性的结果。"② 休谟明确阐述了自己的温和怀疑论，认为既然人的认识局限在知觉范围之内，那么对知觉之外的存在就只能持存疑的态度。"必然联系"这

---

　　① 《西方哲学原著选读》上卷，北京大学哲学系外国哲学史教研室编译，北京：商务印书馆，1981，第 523 页。
　　② 同上书，第 528 页。

一观念只是心灵的习惯。宗教迷信的浮夸是危险的，应当加以怀疑。这样，既不用外部世界的作用说明知觉，也不用神或未知的精神作用说明知觉。由此，休谟最终走向不可知论，认为经验之外不可知。

休谟提出了自己的以经验论为知识论基础的伦理学，以便与以理性论为知识论基础的伦理学相对立。

休谟提出的问题是："道德是导源于理性，还是导源于情感，我们获得对于道德的知识是通过一系列论证和归纳、还是凭借一种直接的感受和较精致的内在感官，道德是像对于真理和谬误的所有健全判断一样对一切有理性的理智存在物应当相同、还是像对于美和丑的知觉一样完全基于人类特定的组织和结构。"这体现了经验论原则与理性论原则在道德问题上的对立。休谟的回答是："看来可能有理由令人感到惊奇，在如此晚近的时代，有人会发现必须通过精致的推理或反思来证明，个人价值完全在于拥有一些对自己或他人有用的或令自己或他人愉快的心理品质。或许可以期望，这条原则，甚至最原始最没有实践经验的道德探究者都会想到，并且由于它自身的明证性，无须任何证明或争论就会接受。凡是具有不论何种价值的东西都如此自然地把其自身归入有用的或令人愉快的、效用或愉快的划分之下，以致我们想要想象我们缘何应当做出更进一步的探索，或将这个问题当作一个有待细致研究的主题，都是不容易的。由于一切有用的或令人愉快的事物都必定拥有这些不是与自己有关就是与他人有关的性质，因而对价值的完整的描绘或描述就似乎可以自然地得到完成。"①

休谟与康德的争论在于：休谟指出了理性论伦理学的诸多困难，就是它无法阐明人类道德行为的行为动机。而康德则指出了经验论伦理学的最大困难，就是它无法阐明人类道德行为的普遍性必然性。休谟通过将人类道德情感划分为私人情感和公共情感（特殊情感和普遍情感），试图解决这一困难。"休谟问题"，即所谓从"是"能否推导出"应该"，也即从"事实"命题能否推导出"价值"命题。正如在知识论中，休谟以习惯来解决知识（因果联

---

① 〔英〕休谟：《道德原则研究》，曾晓平译，北京：商务印书馆，2001，第22、121页。

系）的普遍性和必然性一样，在伦理学中，休谟以公共情感（普遍情感）来解决道德行为的普遍性和必然性。所谓公共情感（普遍情感）是指同情心、正义感、人道情感等等，类似一种情感共鸣。譬如，当一个仇敌死亡时，从利己心角度说，人们应该感觉快乐；但是，从同情心角度说，人们仍然感觉痛苦。前者是私人情感（特殊情感），后者是公共情感（普遍情感）。

总之，休谟是英国经验论的终结者。休谟哲学思想标志着英国经验论历史的和逻辑的终结。休谟将经验论原则贯彻到底，得出了"经验之外不可知"的典型的不可知论的结论，实际上宣告了近代英国经验论的破产。他的习惯联想的因果性学说在西方哲学史上产生了重要的影响。他的温和怀疑论和反对一切超越经验的"奥秘哲学"的主张是现代英美实证主义思潮"超越"包括唯物主义和唯心主义在内的"形而上学"主张的先声。休谟确立了以经验论为知识论基础的伦理学，从而与以理性论为知识论基础的伦理学相对立，提出了功利主义思想的原则与方法。

其三，**斯密**（Adam Smith, 1723—1790）。斯密既是一位经济学家，是政治经济学的开创者，也是一位伦理学家。作为伦理学家，其代表作为《道德情操论》；作为经济学家，其代表作为《国民财富的性质和原因的研究》。

斯密在《道德情操论》《国民财富的性质和原因的研究》中分别以同情心和自利心为出发点。这一矛盾亦即所谓"斯密问题"。但是，归根结底，斯密以"经济人"假设为出发点。所谓"经济人"就是追求利益最大化的理性人，亦即具有利己本性的人。斯密称这一基于个人利益的利己主义为"自爱"，而不是"自私"。斯密一方面认为个人具有利己主义的本性，另一方面又认为具有利己主义本性的个人具有"道德情操"，即作出判断克制私利的能力。换句话说，斯密在《道德情操论》中以同情心为出发点，这是"道德人"假设；在《国民财富的性质和原因的研究》中以自利心为出发点，这是"经济人"假设。

斯密发展了休谟的道德行为理论。在任一事件中，人们或为当事人，或为旁观者，抑或二者兼而有之。作为当事人，按照"经济人"假设，人们以自利心为出发点；作为旁观者，按照"道德人"假设，人们以同情心为出发点。前者是私人情感（特殊情感）的表现，后者是公共情感（普遍情感）的表现。自我心灵的旁观者就是良心，而世界（宇宙）的旁观者也就是上帝。道德行为不来自于一般行为准则，而来自于对一般行为准则的尊重，这就是责任感，既是一种道德情感，也是一种宗教情感。

斯密同样发展了休谟的美德理论。休谟突出了仁爱与正义两种美德；斯密同样突出了正义和仁慈两种美德，认为正义属于消极美德，仁慈属于积极美德。消极美德是人们为之而不被赞扬和报答，不为之则受责备和惩罚的美德；反之，积极美德是人们为之而被赞扬和报答，不为之则不受责备和惩罚的美德。消极美德是社会存在的必要条件，积极美德是社会发展的充分条件。

斯密提出了"看不见的手"的理论。如何解决私利与公益之间的矛盾？《道德情操论》寄重托于同情心和正义感，《国民财富的性质和原因的研究》寄厚望于分工和交易。所谓"看不见的手"是一种对从利己出发的活动进行调节，从而使私利与公益相协调的力量。这是市场竞争机制。

斯密由"个人利益最大化"推论出"国民财富最大化"，从而推动了功利主义思想体系的形成。

其四，**边沁**（Jeremy Bentham，1748—1832）。其代表作为《道德与立法原理导论》。

边沁提出功利主义两个原理：一是功利原理或最大幸福或最大福乐原理，二是自利选择原理。边沁指出："功利原理是指这样的原理：它按照看来势必增大或减小利益有关者之幸福的倾向，亦即促进或妨碍此种幸福的倾向，来赞成或非难任何一项行动。我说的是无论什么行动，因而不仅是私人的每项行动，而且是政府的每项措施。"① 功利原理后来由"最大幸福或最大福乐原理"来补充或取代。他的功利原理就是："善"就是最大限度地增加了快乐的总量，并且最大限度地减少了痛苦的总量；"恶"则反之。人的行为趋利避害，如何估算快乐和痛苦的值？称为"幸福计算"。凡是将效用最大化的事，就是正确的、公正的。

---

① 〔英〕边沁：《道德与立法原理导论》，时殷弘译，北京：商务印书馆，2000，第58页。

哲学导论

边沁提出功利（最大幸福）原理，标志着功利主义思想体系的形成。由于边沁第一个系统地提出了功利主义的基本原理，因此功利主义亦称边沁主义。

其四，**密尔**（John Stuart Mill，1806—1873）。密尔完善了培根开创的归纳逻辑（《逻辑体系》），是洛克之后自由主义的杰出代表（《论自由》《代议制政府》），如同斯密，在经济学和伦理学领域，密尔贡献卓著（《政治经济学原理》《功利主义》）。在《功利主义》中，密尔发展了边沁的功利主义思想。

密尔给出了一段关于功利主义的经典论述："把'功利'或'最大幸福原理'当作道德基础的信条主张，行为的对错，与它们增进幸福或造成不幸的倾向成正比。所谓幸福，是指快乐和免除痛苦；所谓不幸，是指痛苦和丧失快乐。……唯有快乐和免除痛苦是值得欲求的目的，所有值得欲求的东西（它们在功利主义理论中与在其他任何理论中一样为数众多）之所以值得欲求，或者是因为内在于它们之中的快乐，或者是因为它们是增进快乐避免痛苦的手段。""根据上面所说明的'最大幸福原理'，人生的终极目的，就是尽可能多地免除痛苦，并且在数量和质量两个方面尽可能多地享有快乐，而其他一切值得欲求的事物（无论我们是从我们自己的善出发还是从他人的善出发），则都与这个终极目的有关，并且是为了这个终极目的的。……在功利主义者看来，这个终极目的既然是全部人类行为的目的，就必然也是道德的标准，因此道德标准可以定义为这样一些人类行为的规则和戒律：只要遵守这些行为规则，那么所有的人都有最大的可能过上以上所描述的那种生活，不仅仅是人类，而且在事物的本性认可的范围内，有感觉的生物也都有最大的可能过上上述生活。"①

针对人们责难功利主义自私自利，密尔强调，构成功利主义的行为对错标准的幸福，不是行为者本人的幸福，而是所有相关人员的幸福，行为者自己的幸福与他人的幸福具有完全相同的价值。由此可见，功利主义未必就是

---

① 〔英〕密尔：《功利主义》，徐大建译，上海：上海人民出版社，2007，第7、12页。

利己主义的"小人"伦理,也可能是利他主义的"君子"伦理。

功利主义的问题是:在原则上,所谓"最大多数人的最大幸福"遮蔽了多数人的幸福(快乐)以少数人或个别人的不幸(痛苦)为代价的非义(不公);在方法上,所谓快乐和痛苦的计算是以快乐为正值,以痛苦为负值,加总求和。其实,这一计算存在诸多困难。

总起来说,英国经验论经历了一个从唯物主义经验论(培根、霍布斯、洛克)到唯心主义经验论(巴克莱、休谟)的基本历史进程,代表了英美哲学传统的认识论转向。功利主义代表了英美道德—政治哲学的传统,体现了英美伦理—政治哲学传统的基本特点。

实用主义

实用主义是美国的本土哲学。实用主义的认识论和伦理学与经验论密切相关。实用主义的根本原则是一切以效果、功用为标准。

实用主义的代表人物主要有:皮尔士、詹姆士、杜威。

其一,**皮尔士**(Charles Sanders Peirce, 1839~1914)。其代表作为《如何使我们的观念清楚明白》等。

作为实用主义创始人,皮尔士提出了实用主义(实效主义)的基本原则:物就是经验的效果,思维的职能是确立信念,意义就是效果,真理就是效果。他说:"考虑一下,我们设想我们的观念对象会有什么样的可以设想的有实践意义的效果。于是,我们关于这些效果的观念就是我们关于该对象的全部观念。""这种注定最终要为所有研究者一致同意的意见,就是我们所说的真理,而在这种意见中表现出来的对象就是实在。这就是我用以解释实在的方法。""为了确定一个理智观念的意义,人们应该考虑,从该观念为真必然会导致什么样的可设想的实际后果;并且这些后果的总和将构成这个观念的全部意义。"①

其二，**詹姆士**（William James，1842—1910）。其代表作为《心理学原理》《实用主义》《多元的宇宙》《彻底经验主义》等。

詹姆士是著名的心理学家。他首创"意识流"（"思想流、意识流、或主观生活流"）思想，首创情绪理论（詹姆士—朗格情绪理论），他的自我理论奠定了现代自我观念的基础。

作为实用主义倡导者，詹姆士扩展了皮尔士的实用主义，使之更加体系化。詹姆士的实用主义主要从心理学和伦理学上考察诸如价值、评价和满意之类问题。他认为思维的主要功能是帮助我们建立同我们的环境之间令人满意的关系，因而人总是按照自己的需要和愿望来塑造现实的特点。他提出了"有用就是真理"的著名命题："'它是有用的，因为它是真的；'或者说：'它是真的，因为它是有用的。'这两句话的意思是一样的；也就是说这里有一个观念实现了，而且能被证实了。'真'是任何开始证实过程的观念的名称。'有用'是它在经验里完成了作用的名称。""简言之，'真'不过是我们思维的一种便利方法，正如'对'不过是我们行为的一种便利方法一样。"②詹姆士不仅把实际结果作为判断真的经验工具，而且把它推广到道德领域和宗教领域，把实际结果同样作为判断善的经验工具，甚至为上帝信仰作辩护。詹姆士还把实用主义方法论归结为一句格言："不讲原则，只讲效果。"他认为许多"原则"的争论都不是"效果"的争论，因而是多余的和无谓的，以此取消诸如唯物主义和唯心主义之类的原则争论。

其三，**杜威**（John Dewey，1859—1952）。其代表作为《哲学的改造》《经验与自然》等。

杜威是著名的教育学家。他提出了"教育即生活，学校即社会""从做中学""思维五步""教学五步""儿童中心"和平民主义的教育哲学、教育思想。

---

① 《意义、真理与行动——实用主义经典文选》，〔美国〕苏珊·哈克主编，陈波、尚新建副主编，北京：东方出版社，2007，第124、134、143页。

② 同上书，第316、325页。

作为实用主义集大成者，杜威认为思想是一个有效的工具与方法，用以解决疑难和克服我们在日常生活中所遇到的一切困难。他认为人和社会的进步在于解决实际问题，不是空谈主义，空喊口号。根据他的实验主义，他认为进步总是零零碎碎、点点滴滴的，只能"零卖"，不能"批发"，只是"零售的生意"，不是"批发的交易"。他的社会哲学主张渐进、改良，反对激进、革命。他认为所有的思想、理论和学说，都只是有待考验的假设，有待在实用中考验的假定，都只是帮助人类知识的工具和材料，而不是绝对的真理，更不是不成问题、不容考据的教条。杜威认为"经验"来源于个体对环境"作为"和环境对个体"施为"的交互活动。"历程"是发展的各阶段之延续性的结合。杜威以经验与历程为他的哲学思想的两个基本概念，根据他的工具主义解释知识，认为知识是个体与环境的情境交互作用的结果。

实用主义继承了经验主义、功利主义的英国哲学传统，体现了美国本土哲学的特色，表现为典型的主观唯心主义、相对主义、多元主义。正如人们所形容的：实用主义就像旅馆里的走廊。无数房间在它面前敞开着。在每一个房间里都有一位哲学家在工作，每一位使用不同的方法，探讨不同的问题。他们共同拥有这个走廊，而且必须从这个走廊里穿过。①

实证主义

现代英美实证主义—唯科学主义继承经验论传统，强调感觉经验，拒斥形而上学，将哲学归结为现象研究，以现象论为出发点，认为通过对现象的归纳即可得到科学定律，它把处理哲学与科学的关系作为中心问题，力图将哲学消解于科学之中。实证主义包括三代：第一代实证主义以**孔德**（Auguste Comte, 1798—1857）的实证主义为代表，第二代实证主义以**马赫**（Emst Mach, 1838—1916）的经验批判主义为代表，第三代实证主义也就是逻辑实

---

① 参见《意义、真理与行动——实用主义经典文选》，〔美国〕苏珊·哈克主编，陈波、尚新建副主编，北京：东方出版社，2007，第36、652页。

证主义，以卡尔纳普、波普尔和奎因为代表。我们仅以逻辑实证主义为例。

逻辑实证主义把哲学归结为对知识的逻辑分析，尤其对科学语言的分析；坚持分析命题和综合命题的区分，强调通过对语言的逻辑分析以消灭形而上学；强调一切综合命题都以经验为基础，提出可证实性或可检验性或可确证性原则；现象主义主张现象语言（表述感觉材料），物理主义主张物理语言（表述物理对象）是科学的普遍语言，试图把一切经验科学都还原为物理科学，以实现科学统一。其中心问题是意义问题以及通过意义划分科学和形而上学的界限。其纲领是：捍卫科学，拒斥形而上学。逻辑实证主义以**石里克**（Moritz Schlick，1882—1936）和卡尔纳普的维也纳学派为代表。

其一，以**卡尔纳普**（Rudolf Carnap，1891—1970）为代表的逻辑经验主义的证实主义。卡尔纳普的代表作是《世界的逻辑构造》《哲学和逻辑句法》等。

卡尔纳普认为，一切关于世界的概念和知识最终来源于直接经验；哲学问题被归结为语言问题，哲学方法就在于对科学语言进行逻辑分析；归纳推理可以而且应当像演绎推理一样予以规则化和精确化，归纳逻辑提供据以评价人的合理信念和合理行为的标准。

在《通过语言的逻辑分析清除形而上学》这篇代表性论文中，卡尔纳普拒斥、反对形而上学。所谓形而上学是指研究事物本质的知识领域，它超越了以经验为基础的归纳科学的领域。卡尔纳普区别各种不同的意义，特别是两个方面的意义，一是认识性的（指称的、有所指的）意义，一是非认识性的（表达性的）意义成分。他认为形而上学句子无意义；它们没有认识性的意义，没有断定性的内容。它们具有表达性的意义。卡尔纳普的论点是"逻辑分析揭示了形而上学的断言陈述是假陈述。""决定一个词的意义的是它的应用标准（即它的基本句型、真值条件、证实方法所结成的可推关系）。"从词的意义来考察，他认为形而上学的词没有意义；从句子的意义来考察，他提出形而上学假陈述，认为全部形而上学都是无意义的。"一个陈述的意义就在于它的证实方法。"卡尔纳普由此提出以"可证实性"（"可检验性""可确证性"）为科学与形而上学的分界标准。譬如，"所有的天鹅都是白的"这样一类命题原则上具有经验可证实性,因而属于科学命题;"世界是物质的或精神的"这样一类命题原则上不具有经验可证实性,因而不属于科学命题,而属于形而上学命题。确切地说,卡尔纳普认为,形而上学没有认识性的意义,只有表达性的意义。对于当作表达人生态度的形而上学,他给予了尖刻的讽刺:即使在这一点上,形而上学也不如艺术、诗和音乐。[①]

卡尔纳普着重研究与自然语言相对应的人工语音。卡尔纳普区分对象语言和元语言。元语言表述关于对象语言的理论就是元逻辑。所谓元逻辑是指关于语言表达式的理论,特别是关于语言表达式的逻辑关系的理论。卡尔纳普区别作为纯形式关系的理论的逻辑句法,与作为意义和真值条件的理论的语义学。某一语言系统的逻辑句法由构成这一语言系统的形成规则(和语法相似)和变形规则(和演绎逻辑相似)组成。对一个语言系统的逻辑句法分析,是区分实质的说话方式和形式的说话方式:实质的说话方式似涉及对象,实涉及对象名称,似采用真对象句子,实采用假对象句子;形式的说话方式不涉及对象,只涉及语言表达形式亦即词与词之间的句法形式,采用句法句子。他拒斥唯实论和唯心论,认为对于外在世界实在性的肯定论点和否定论点都是假陈述,至于抽象实体的实在性和非实在性的本体论论点也有同样性质。解决的办法是把实质的说话方式翻译为形式的说话方式,即逻辑句法的分析方法。

其二,以**波普尔**(Karl Popper,1902—1994)为代表的批判理性主义的证伪主义。波普尔的代表作是《科学发现的逻辑》《猜想与反驳——科学知识的增长》《客观知识——一个进化论的研究》以及《开放社会及其敌人》《历史决定论的贫困》等。

波普尔认为"我们能够从我们的错误中学习。"他提出的问题是:"我们怎样才能有希望发现和消除错误?"他自己的回答是:"通过批判其他人的理论或猜测以及——如果我们能学会这样做的话——通过批判我们自己的理论

[①] 《逻辑与语言——分析哲学经典文选》,陈波、韩林合主编,北京:东方出版社,2005,第249、252、266页。

或猜测。"由此,波普尔提出"批判理性主义"。他反对卡尔纳普以"可证实性"("可检验性""可确证性")为科学与形而上学的分界标准,主张以"可证伪性"("可反驳性""可检验性")为标准:"衡量一种理论的科学地位的标准是它的可证伪性或可反驳性或可检验性。"譬如,"所有的天鹅都是白的"这样一类命题原则上具有经验可证伪性,因而属于科学命题,比较而言,证实是困难的,只有所有天鹅是白的才满足了证实要求;而证伪则是容易的,只要一只天鹅不是白的或是非白的就满足了证伪要求。同样,"世界是物质的或精神的"这样一类命题原则上不具有经验可证伪性,因而不属于科学命题,而属于形而上学命题。波普尔认为:"形而上学尽管不是科学,却不一定没有意义。""我的论点是:一种可满足科学的语言必须既包含形式适宜的公式,也包含它的否定;并且既然它必须包含全称句子,它就必须也包含存在句子。"①

波普尔提出猜测与反驳的方法(试错法)亦即四段图式:$P_1 \rightarrow TS \rightarrow EE \rightarrow P_2$。"$P_1$是作为我们起点的问题,TS(试探性学说)是我们初步得到的假设性答案,……EE(排错)是对我们的猜测、我们的试探性解释所做的一个认真的批判性说明。……P_2是问题境况,它来自我们为解决问题而做的第一次批判性尝试,它导致我们的第二次(第三次等等)尝试。如果解释、猜测性理论被证明能够阐明新问题即我们意料以外的问题,或者被证明能够解释许多附加问题,其中有些是起初未曾看到的,一个令人满意的理解就达到了。"②波普尔用这样一个模式来描述科学知识的积累。$P_1 \rightarrow TS \rightarrow EE \rightarrow P_2$,对于问题1,人们提出假说尝试解决(tentative solution),然后通过证伪消除错误(error elimination),进而产生新的问题2。如此循环往复,不断积累。

波普尔提出三个世界理论。"第一世界是物理世界或物理状态的世界;第二世界是精神世界或精神状态的世界;第三世界是概念东西的世界,即客观

---

① 〔英〕波普尔:《猜想与反驳——科学知识的增长》,傅季重、纪树立、周昌忠、蒋弋为译,上海:上海译文出版社,1986,第1、36、37、52、361、391页。
② 〔英〕波普尔:《客观知识——一个进化论的研究》,舒炜光、卓如飞、周柏乔、曾聪明等译,上海:上海译文出版社,1987,第175页;参见第127、130、135、154、255、298、308页。

意义上的观念的世界——它是可能的思想客体的世界：自在的理论及其逻辑关系、自在的论据、自在的问题境况等的世界。""这三个世界形成这样的关系：前两个世界能相互作用，后两个世界能相互作用。因此，第二世界即主观经验或个人经验的世界跟其他两个世界中的任何一个发生相互作用。第一世界和第三世界不能相互作用，除非通过第二世界即主观经验或个人经验的世界的干预。"① 波普尔三个世界理论是典型的多元论的本体论哲学。

波普尔把猜测与反驳的方法（试错法）应用于社会、政治和历史的研究。他主张开放社会，开放社会是一项基于民主制度的渐进社会工程，与封闭社会即基于极权制度的乌托邦工程或激进社会工程相对应。划分开放社会和封闭社会的标准，就是社会政治制度安排可否证伪（试错）。他批判历史主义，认为历史没有规律，未来不可预测，称历史主义的代表柏拉图、黑格尔和马克思为开放社会的"敌人"。

其三，以**奎因**（Willard Van Orman Quine 1908—2000）为代表的逻辑实用主义的本体论原则以及历史主义的整体论原则。奎因的代表作是《语词和对象》《从逻辑的观点看》等。

逻辑分析方法和实用主义传统的结合是奎因哲学的基本特征。奎因对经验论的两个教条的批评以及对本体论的承诺的阐释集中地表现了他的哲学思想。

奎因反对经验论的两个教条："其一是相信在分析的，或以意义为根据而不依赖于事实的真理与综合的，或以事实为根据的真理之间有根本的区别；另一个教条是还原论：相信每一个有意义的陈述都等值于某种以指称直接经验的名词为基础的逻辑构造。"所谓经验论是指逻辑实证主义，两个教条是指分析命题和综合命题的区分和经验证实原则。经验论的两个教条在根本上是统一的。奎因指出："这两个教条都是没有根据的。……抛弃它们的一个后果是模糊了思辨形而上学与自然科学之间的假定分界线，另一个后果就是转向

---

① 〔英〕波普尔：《客观知识——一个进化论的研究》，舒炜光、卓如飞、周柏乔、曾聪明等译，上海：上海译文出版社，1987，第165页；参见第78、114页。

实用主义。"①

在逻辑实用主义立场上,奎因认为"何物存在"不是回答"一切东西"就可以解决了。他说:"现在我们怎样在对立的本体论之间作出裁判呢?'存在就是作为一个变项的值'这个语义学公式肯定没有给我们提供答案;相反地,这个公式倒是用来检验某个陈述或学说是否符合先前的本体论标准的。在本体论方面,我们注意约束变项不是为了知道什么东西存在,而是为了知道我们的或别人的某个陈述或学说说什么东西存在;这几乎完全是同语言有关的问题。而关于什么东西存在的问题则是另一个问题。"由此,奎因提出本体论的承诺,主张在实用主义意义上恢复、重建形而上学。他说:"一般地说,某给定种类的实体为一理论所假定,当且仅当其中某些实体必须算作变元的值,才能使该理论中所肯定的那些为真。""我不是在主张存在依赖语言。这里所考虑的不是本体论的事实,而是对论说的本体论许诺。一般地说,何物存在不依赖人们对语言的使用,但是人们说何物存在,则依赖其对语言的使用。"② 本体论问题归根到底是语言问题,因此可以通过对逻辑的运用,建立一种明确的标准和规范,来检验某个陈述或理论的本体论承诺问题。为了使一个理论做出的断定成为真的,这个理论的约束变项必须能够指称某些东西,这个理论才算做出了承诺。

在历史主义立场上,奎因提出整体论的原则,亦即杜恒—(纽拉特)—奎因原则:"具有经验意义的单位是整个科学。"③ 由此,奎因同样主张在历史主义意义上恢复、重建形而上学。例如,一个形而上学命题,虽然就其本身来说,既不可在经验上证实,也不可在经验上证伪,但对于一个科学命题系统来说却"有用","有用就是真理",由此,形而上学获得了对于科学的

---

① 〔美〕蒯因:《从逻辑的观点看》,江天骥、宋文淦、张家龙、陈启伟译,上海:上海译文出版社,1987,第19页。戴维森反对经验论的第三个教条,即把信念和意义割裂开来的教条。

② 同上书,第1、15、95页。所谓约束变项或量化变项,指带有量词、有量的约束的变项,如带有特称量词或存在量词的变项,意即有个东西或有些东西;带有全称量词的变项,意即一切东西。在命题中,量词是被用来约束变项或量化变项的,而变项则涵盖一个可能的值域。"变项"又译"变元"。

③ 同上书,第40页。

作为本体论的承诺的意义。科学理论是由一系列命题构成的一个整体系统。科学知识是作为一个整体面对感觉经验检验的。一切科学和知识体系都必须包含自己的某种本体论承诺。

从卡尔纳普在逻辑经验主义的证实主义意义上拒斥、反对形而上学,经过波普尔在批判理性主义的证伪主义意义上的折中和调和,到奎因在逻辑实用主义的本体论原则以及历史主义的整体论原则意义上恢复、重建形而上学,转了一个圆圈,说明即使在实证主义立场上,形而上学仍有其意义和价值。此外,奎因实现了实证主义和实用主义的结合,实现了从逻辑实证主义到逻辑实用主义的转向,奎因对两个教条的批判标志着实证主义的终结。

```
┌ 经验主义:培根、霍布斯、洛克、巴克莱、休谟
│  └→ 功利主义:(休谟)、斯密、边沁、密尔
│       └→ 实用主义:皮尔士、詹姆士、杜威
│            └→ 实证主义:孔德,经验批判主义:马赫
│                 逻辑实证主义:石里克、卡尔纳普,批判理性主义:波普尔
└                 逻辑实用主义:奎因
```

英美哲学流派

进一步阅读

白 板 说

洛克提出了白板说。所谓白板是指人在出生时的心灵如同白纸或白板,人的一切观念和知识都是外界事物在白板上留下的痕迹,最终都导源于经验。他说:"那么我们就假定心灵像我们所说的那样,是一张白纸,上面没有任何记号,没有任何观念。心灵是怎样得到那些观念的呢?它是从哪里获得由人的忙碌而不受约束的幻想以几乎无限多的花样描画在它上面的那许多东西的呢?它是从哪里得到理性和知识的全部材料的呢?我用一句话来答复这个问

题：是从经验得来。我们的全部知识是建立在经验上面的；知识归根到底都是导源于经验的。我们对于外界可感物的观察，或者对于我们自己知觉到、反省到的我们心灵的内部活动的观察，就是供给我们的理智以全部思维材料的东西。这两者乃是知识的源泉，从其中涌出我们所具有的或者能够自然地具有的全部观念。"①

密尔求因果五法

密尔在《逻辑体系》第3卷"论归纳"第8章"论实验研究四法"中，表述了5条规则：契合法（求同法）：若在所研究的现象出现的若干场合中，只有一个情况是共同的，则这个共同的情况与所研究的现象之间有因果联系；差异法（求异法）：若所研究的现象出现的场合与它不出现的场合之间，只有一点不同，即在一个场合中有某情况出现，而在另一场合中该情况不出现，则该情况与所研究的现象之间有因果联系；契合差异并用法（求同求异并用法）：若在所研究现象出现的各个场合中，都存在一共同情况，而在所研究现象不出现的各个场合中都没有该情况，则该情况与所研究现象之间有因果联系；共变法：若每当某现象发生一定程度的变化时，另一现象也随之发生一定程度的变化，则这两现象之间有因果联系；剩余法：若已知某一复合现象是另一复合现象的原因，又知前者中某一部分是后者中某一部分的原因，则前者的其余部分与后者的其余部分有因果联系。

密尔求因果五法是对培根提出的"三表法"的发展，也是对归纳方法的强化。培根在《新工具论》第2卷第11—13节所叙述的"本质或具有表""差异表""程度表"，依次与密尔的契合法、差异法、共变法相应，第18节所叙述的"排除法一例"则与剩余法相应。

---

① 《西方哲学原著选读》上卷，北京大学哲学系外国哲学史教研室编译，北京：商务印书馆，1981，第450页。

休谟问题

休谟问题，即所谓"是"能否推出"应该"，也即"事实"命题能否推出"价值"命题。休谟问题是在《人性论》第一卷以及《人类理智研究》里提出的。休谟对因果关系的普遍性、必然性进行反思，所提出的问题被康德称之为"休谟问题"。

斯密问题

19世纪中叶德国历史学派提出了所谓的"斯密问题"，他们认为《道德情操论》主要以同情心作为人性的基础，《国富论》转向了利己的理论。这场德国历史学派与边际学派之间的激烈争论，就是"斯密问题"。也就是斯密的《国富论》与《道德情操论》之间、经济学与伦理学之间的关系究竟如何的问题。

拒斥形而上学

卡尔纳普特别摘抄了海德格尔的一篇文章《形而上学是什么？》，说明"形而上学"其实是一些呓语：

"要研究的只是有（being）——再没有别的了；只是有，再就——没有了；唯独有，有以外——没有了。这个'没有'怎么样？……'没有'之所以存在，只是因为'不'即'否定'存在吗？还是刚刚相反？'否定'和'不'之所以存在，只是因为'没有'存在吗？……我们断言：'没有'先于'不'和'否定'而存在。……我们到哪儿寻找'没有'呢？我们怎样找到'没有'呢？我们知道'没有'……担忧揭示了'没有'。我们所担忧的和因而担忧的东西'确实'是——没有。实际上：'没有'本身——就这样——

哲学导论

出现了。这个'没有'怎么样?——这个'没有'本身没有着。"①

卡尔纳普尤其分析了"日常语言中有意义的句子"如何通过"日常语言中从有意义到无意义的过渡"感染形而上学病患,而又怎样通过"逻辑上正确的语言"得以救治?

Ⅰ. 日常语言中有意义的句子	Ⅱ. 日常语言中从有意义到无意义的过渡	Ⅲ. 逻辑上正确的语言
A. 外面有什么? [What is outside?] Ou（?）	A. 外面有什么? [What is outside?] Ou（?）	A. 没有什么（不存在任何东西）在外边。 [There is nothing (does not exist anything) which is outside.] —（∃x）·Ou（x）
外面有雨 [Rain is outside?] Ou（r）	外面没有什么 [Nothing is outside?] Ou（no）	
B. 这雨怎么样? [What about this rain?] （即：这雨做什么? 或：对这雨还能说什么?） [（i. e. what does this rain do? or: what else can be said about this rain?）] ?（r）	B. "这'没有'怎么样?" [What about this nothing?] ?（no）	B. 这几个形式连一个都不能构成。
1. 我们知道雨 [We know the rain] K（r）	1. "我们寻找'没有'" "我们找到'没有'" "我们知道'没有'" ["We seek the Nothing" "We find the Nothing" "We know the Nothing"] （no）	

---

① 《逻辑与语言——分析哲学经典文选》,陈波、韩林合主编,北京:东方出版社,2005,第258页。

(续表)

Ⅰ. 日常语言中有意义的句子	Ⅱ. 日常语言中从有意义到无意义的过渡	Ⅲ. 逻辑上正确的语言
2. 雨下着 [The rain rains] 　　　　　R（r）	2. "'没有'没有着" ["The Nothing nothings"] 　　　　　No（no） 3. "'没有'之所以存在只是因为……" ["The Nothing exists only because……"] 　　　　　Ex（no）①	

思考与讨论

如何理解英美哲学传统？相比英国哲学，美国哲学有何特征？

---

① 《逻辑与语言——分析哲学经典文选》，陈波、韩林合主编，北京：东方出版社，2005，第259—260页。

第六章
欧陆哲学传统

作为西方两大哲学传统之一，欧陆哲学传统与英美哲学传统相对应。由古代、中世纪唯实论，经过近代理性论，到现代人本主义—非理性主义，构成了欧陆哲学传统的历史进程。在古希腊哲学中，巴门尼德提出存在范畴以及思想与存在的同一性命题。柏拉图理念论提出，理念是指理想的、精神的永恒普遍范型，是事物的本原。亚里士多德实体论提出，实体（本体）是指能够独立存在的、作为一切属性的基础和万物的本原的东西，其中包括第二实体——属、种——普遍本质。在中世纪欧洲经院哲学中，围绕殊相（特殊、个别）与共相（普遍、一般）的关系之争论形成两个对立派别——唯名论与唯实论。其中唯实论承认共相具有客观实在性，认为共相先于事物，是独立存在的精神实体，是个别事物的本质。

我们通过以下四个方面描述欧陆哲学传统：认识论中的理性主义、社会学中的历史主义，以及作为非理性主义的人本主义（意志主义、生命哲学、存在主义）；与作为科学主义的结构主义相比较，作为人本主义的解构主义即后现代更加符合欧陆哲学传统特征。

理性主义

近代欧陆理性论继承唯实论传统，以认识论问题为中心，强调理性思维，认为一切知识来源于理性思维，凡是在理性思维中清楚明白、合乎逻辑的就是真的，否则就是假的，亦即以理性思维作为检验真理的标准。用一句话来表达，理性论的原则是："没有在感觉中的东西，不是曾经在理智中的。"

欧陆理性论的代表性人物主要有：笛卡尔、斯宾诺莎、莱布尼兹。

其一，笛卡尔（Rene Descartes，1596—1650），其代表作为《谈方法》《形而上学的沉思》《哲学原理》等。

方法论。笛卡尔首先提出良知或理性人人共有，但要善于使用。要认识真理就要运用正确的方法。笛卡尔提出他的方法论原则和行为守则，要求以理性的"清楚明白"为标准，把困难的问题尽可能地分解成单纯的部分。他声明他只求改造自己的知识，在宗教和政治问题上决不越轨。为了给科学打下牢固基础，必须破除旧有的意见。在笛卡尔的方法论原则和行为守则中，四条方法论原则为："第一条是：决不把任何我没有明确地认识其为真的东西当作真的加以接受，也就是说，小心避免仓促的判断和偏见，只把那些十分清楚明白地呈现在我的心智之前，使我根本无法怀疑的东西放进我的判断之中。""第二条是：把我所考察的每一个难题，都尽可能地分成细小的部分，直到可以而且适于加以圆满解决的程度为止。""第三条是：按照次序引导我的思想，以便从最简单、最容易认识的对象开始，一点一点上升到对复杂的对象的认识，即便是那些彼此间并没有自然的先后次序的对象，我也给它们设定一个次序。""最后一条是：把一切情形尽量完全地列举出来，尽量普遍地加以审视，使我确信毫无遗漏。"笛卡尔的方法论原则是"普遍怀疑"，这就是"笛卡尔式怀疑"，也就是"方法论的怀疑"。要给科学打下牢固的基础，就要破除旧有的意见。同时，笛卡尔将行为与认识区分开来。三项行为守则："第一项是：服从我国的法律和习惯，笃守上帝恩赐我从小就领受的宗教信仰，并且在其他一切事情上，遵照那些最合乎中道、离开极端最远、为一般最明哲的、我应当在一起相处的人在实践上共同接受的意见，来规范自己。""我的第二项规条是：在行动上要尽可能做到最坚决、最果断，当我一旦决定采取某些意见之后，即便这些意见极为可疑，我也始终加以遵守，就像它们是非常可靠的意见一样。""我的第三项规条是：始终只求克服自己，不求克服命运，只求改变自己的欲望，不求改变世界的秩序，一般地说，就是养成一种习惯，相信除了我们的思想之外，没有一件东西完全在我的能力范围之内，这样，我对在我们以外的事物尽力而为之后，凡是我们不能做到的事，对于我们来说，就是绝对不可能的了。"①

形而上学。笛卡尔提出了"我思故我在"即"我思想，所以我存在"的著名命题，这是笛卡尔全部哲学的第一原理。笛卡尔认为，当我们普遍怀疑时，不能怀疑我在怀疑这一事实；也就是说，不能怀疑我在思想这一事实；也就是说，不能怀疑作为思想者的我的存在。思想者的存在是无可怀疑的。他说："可是等我一旦注意到，当我愿意像这样想着一切都是假的时候，这个在想这件事的'我'必然应当是某种东西，并且觉察到'我思想，所以我存在'这条真理是这样确实，这样可靠，连怀疑派的任何一种最狂妄的假定都不能使它发生动摇，于是我就立刻断定，我可以毫无疑虑地接受这条真理，把它当作我所研求的哲学的第一条原理。""我发觉在'我思想，所以我存在'这个命题里面，并没有任何别的东西使我确信我说的是真理，而只是我非常清楚地见到：必须存在，才能思想；于是我就断定：凡是我们十分明白、十分清楚地设想到的东西，都是真的。我可以把这条规则当作一般的规则。""因此我觉得可以建立一条一般的规则，就是：凡是我们极清楚、极明白地设想到的东西都是真的。"② 笛卡尔将实体区分为心灵、形体和上帝三类。心灵和形体这两个实体是彼此独立存在的。心灵的属性是思想，形体的属性是广延。笛卡尔认为，心灵比形体更容易认识。观念有三类：天赋的、外来的、虚构的。他主张天赋观念论，并认为上帝必然存在。针对"凡是在理智中的，没有不是已经先在感觉中的"这一经验论命题，笛卡尔强调那个理性论命题："凡是我们清楚明白地设想到的东西都是真的"。关于真理和错误的来源，笛卡尔认为真理来源于上帝的完满性亦即人的理性（理智），错误来源于人类的不完满性亦即人的非理性（意志）。

物理学。笛卡尔认为物质性东西的本质是广延，并研究了物质和运动，提出了"动物是机器"的著名命题。

总之，笛卡尔是欧陆理性论的开创者，是现代数理科学的真正始祖。其

---

① 《西方哲学原著选读》上卷，北京大学哲学系外国哲学史教研室编译，北京：商务印书馆，1981，第364、365页。

② 同上书，第368—369、369、373页。

方法论贯彻了理性论的基本原则；其形而上学是典型的二元论，最终走向唯心主义；其物理学是典型的机械唯物主义。在西方哲学史上，笛卡尔的《论方法》可以和培根的《新工具论》并列：如果说培根的"新工具"以归纳法开启了近代经验论思潮，那么也就可以说笛卡尔的"方法"以演绎法开启了近代理性论思潮。二者相得益彰，珠联璧合，共同实现了近代哲学的"方法论和认识论转向"，成为"近代哲学之父"。笛卡尔作为与培根并驾齐驱的近代哲学的开创者，他阐明的理性认识原则，开近代理性论的先河，使他成为近代理性论的"开山始祖"。他倡导的理性分析方法为近代数理科学开辟了道路，发明了解析几何又使他成为近代数理科学的始祖——"数理科学之父"。笛卡尔提出的"普遍怀疑"的理性论的方法论原则是当时反对宗教神学、振兴科学这一时代精神的鲜明体现，具有摧枯拉朽、破除迷信的思想解放或思想启蒙的伟大历史意义。他的以"清楚明白"为标准的真理融贯论和"我思故我在"的著名命题在西方哲学史上产生了深远的影响。在西方哲学史上，他提出了典型的二元论的哲学体系。

其二，斯宾诺莎（Baruch/Benedictus de Spinoza，1632—1677），其代表作为《理智改进论》《神学政治论》《伦理学》等。

斯宾诺莎认为哲学的目的在于使人永享无上的幸福。他用几何学方法论述其哲学思想：首先为最主要的哲学范畴制订定义，把一些最根本的哲学观点作为公理或公设提出来，然后根据它们对作为定理的比较具体的哲学观点进行证明。有时把一些与定理相近的哲学观点作为系定理提出来，而更具体的哲学观点则放在附释里加以说明。

实体论和自因论。斯宾诺莎阐述了他的泛神论的世界观。他指出，神或自然是唯一的"实体"，一切都在神之内。他提出了"实体即是自因"的原理。他说："我把自身的原因理解为这样的东西，它的本质就包含着存在，或者它的本性只能被设想为存在者。""我把实体理解为在自身内并通过自身而被认识的东西。"思想和广延是它的两个"属性"。"我把属性理解为从理智看来是构成实体的本质的东西"。一切物理现象和精神现象都是表现实体属性的"样式"。"我把样式理解为实体的特殊状态，亦即在别的事物内并通过别的事物而被认识的东西",包括无限样式和有限样式。"我把神理解为绝对无限的东西,亦即具有无限多的属性的实体,其中每一个属性都各自表现永恒无限的本质。"① 斯宾诺莎认为,一切都在神之内,思想和广延都是神的属性,特殊的、有限的东西为特殊的、有限的原因所决定,自然目的论是虚妄的成见。

认识论和方法论。斯宾诺莎主要阐明理性论的认识论。他指出,思想和广延都是神的属性。观念的次序就是事物的次序。斯宾诺莎认为,知识可以分为四类:"一、由传闻或者由某种任意提出的名称或符号得来的知识。""二、由泛泛的经验得来的知识,亦即由未为理智所规定的经验得来的知识。""三、由于一件事物的本质从另一件事物推出——但这种推论并不必然正确——而得来的知识。""四、最后,就是纯粹从一件事物的本质来考察一件事物,或者纯粹从对于它的最近因的认识而得来的知识。"第一种是由感觉得来的,他称之为"意见";第二种是由记忆得来的,他称之为"想象";第三种是由推理得来的,他称之为"理性";第四种是"直观知识"。在讲到真理和错误时,他认为第一种和第二种知识是错误的原因,而第三种和第四种知识则必然是真实的。特别是第四种知识,在斯宾诺莎看来,是以神的观念为直接原因的,因而可以使人的心灵得到最高的满足,使人达到最理想的境界。斯宾诺莎指出,认识真理要以真观念为依据。所谓真观念就是"一个与对象相符合的观念"。二者符合的原因在于观念的次序和联系与事物的次序和联系是相同的,观念的次序就是事物的次序。关于真理和错误,斯宾诺莎特别指出:"真观念必定符合它的对象。""真理即是真理自身的标准。"② 斯宾诺莎指出,要以科学的态度考察情感的性质,认为不能控制情感就是不自由,指出达到自由的途径在于情感为理智所控制。他把情感分为主动的和被动的,认为被动情感是与第一种和第二种知识联系在一起的。人在被动情感支配下,就处在一种被奴役的状态。不能控制情感就是不自由。而第三种和第四种知

---

① 《西方哲学原著选读》上卷,北京大学哲学系外国哲学史教研室编译,北京:商务印书馆,1981,第415页。
② 同上书,第406、416、438页。

识则可以克制被动情感，使人摆脱受奴役的状态。通过理智克制情感对人的奴役而达到自由，进而达到对神的理智的爱。这是达到自由的途径。

总之，斯宾诺莎是典型的唯物主义理性论者，斯宾诺莎主义是泛神论亦即无神论的代表。斯宾诺莎表达的泛神论实质上是唯物主义的。他的实体论是典型的唯物主义理性论。他的泛神论和唯物主义理性论在西方哲学史上产生过重要的影响。

其三，**莱布尼兹**（Gottfried Wilhelm Leibniz，1646—1716），其代表作为《单子论》《人类理智新论》《神正论》《新系统》等。

单子论。莱布尼兹认为，单子是自然界的真正原子。所谓单子亦称实体的形式或实体的原子等等。实体应是构成复合物的最后单位，本身没有部分，是单纯的东西，即精神性的"单子"，实体本身应有内在的能动原则等等。"单子不是别的，只是组成复合物的单纯实体；单纯，就是没有部分的意思。""我们可以把一切单纯实体或创造出来的单子命名为'隐德来希'，因为它们自身之内具有一定的完满性，有一种自足性使它们成为它们的内在活动的源泉，也可以说，使它们成为无形体的自动机。"[①] 莱布尼兹提出了"自然从来不飞跃"的著名命题。莱布尼兹认为，笛卡尔派的交感论和机缘论是不妥的。他主张身心平行论，提出所谓预定谐和；他主张神正论，认为"这个世界是在一切可能世界中最好的世界"。

认识论。莱布尼兹站在唯心主义理性论的立场上，对洛克的唯物主义经验论的观点作了反驳。莱布尼兹着重反驳了洛克的"白板"说，提出了自己的"大理石"说，指出人心并不像洛克说的那样是一块"白板"，而是一块"大理石"，维护潜在的天赋观念论；否认一切真理都依赖经验，认为某些必然真理并非依靠经验归纳得来。但他除承认依据"矛盾律"的"必然真理"外，也承认有以"充足理由律"为依据的从经验得来的"事实真理"，只是认为这种真理没有普遍必然性而只是偶然的。莱布尼兹还反驳了洛克认为物

---

① 《西方哲学原著选读》上卷，北京大学哲学系外国哲学史教研室编译，北京：商务印书馆，1981，第476、479页。

质也能思维的思想。莱布尼兹提出两个原则:"(1)矛盾原则,凭着这个原则,我们判定包含矛盾者为假,与假的相对立或相矛盾者为真。""(2)充足理由原则,凭着这个原则,我们认为:任何一件事如果是真实的或实在的,任何一个陈述如果是真的,就必须有一个为什么这样而不那样的充足理由,虽然这些理由常常总是不能为我们所知道的。"莱布尼兹进而提出两种真理:"推理的真理和事实的真理。推理的真理是必然的,它们的反面是不可能的;事实的真理是偶然的,它们的反面是可能的。"① 换句话说,根据矛盾原则所得到的推理的真理是必然的,而根据充足理由原则所得到的事实的真理则是偶然的。

总之,莱布尼兹是典型的唯心主义理性论者。莱布尼兹的单子论是一个典型的客观唯心主义哲学体系,同时包含特种的辩证法因素。莱布尼兹的基本立场是唯心主义先验论。但是他从理性论的角度指出经验论的局限性,具有一定的合理的因素。在西方哲学史上,莱布尼兹和洛克的著名论战具有重要的意义。他的"大理石"说对于洛克的"白板"说这一机械反映论具有一定的纠偏补弊的作用。在科学史上,莱布尼兹在微积分(他和牛顿先后独立发明了微积分,他发明的数学符号更综合,适用范围更广泛)、二进制、数理逻辑上具有重要的贡献。

理性主义(续),历史主义

卢梭并不属于理性主义,但是在欧陆哲学传统中具有重要的地位和影响,可以列入历史主义。德国古典哲学是欧陆理性主义的继续。历史主义是理性主义原则在社会—政治思想中的应用。正如理性主义是以理性思维为检验真理的标准,历史主义的特点是以法则(规律)为衡量社会和政治问题的标准。

德国古典哲学的代表人物主要有:康德、费希特、谢林、黑格尔。其中

---

① 《西方哲学原著选读》上卷,北京大学哲学系外国哲学史教研室编译,北京:商务印书馆,1981,第482页。

历史主义的代表人物主要是：康德和黑格尔。

其一，**卢梭**（Jean-Jacques Rousseau，1712—1778），其代表作为《社会契约论》《论人类不平等的起源和基础》等。

卢梭对于全部人类历史的论断是："人是生而自由的，但却无往不在枷锁之中。"卢梭将"自然状态"与"战争状态"区别开来。他以家庭为自然状态的典型，分析了政治社会（国家）的起源和基础。从人的利己本性中，卢梭进而探讨社会契约问题。卢梭区分了"仅仅以个人的力量为其界限的自然的自由"与"被公意所约束着的社会的自由"；区分了"仅仅是由于强力的结果或者是最先占有权而形成的享有权"与"只能是根据正式的权利而奠定的所有权"；强调了"道德的自由"。卢梭特别区分了"公意"与"众意"："公意只着眼于公共的利益，而众意则着眼于私人的利益，众意只是个别意志的总和。但是，除掉这些个别意志间正负相抵消的部分而外，则剩下的总和仍然是公意。"① 卢梭主张自然权利论，即人人生而自由平等；主张人民主权论，即主权在民，个人将一切基本权利转让给主权者——人民，政府是人民自由意志的产物，所以人民有权废除一个违反自己意愿的、剥夺自己自由的政府。

卢梭美化了人类童年的"黄金时代"，认为文明进步是人性的堕落，主张"回归自然"。卢梭首先着重描写处于自然状态中的原始人的幸福生活，然后叙述人的幸福生活是怎样失去的。卢梭提出了一个著名的论断："谁第一个把一块土地圈起来，硬说'这块土地是我的'并找到一些头脑十分简单的人相信他所说的话，这个人就是文明社会的真正的缔造者。但是，如果有人拔掉他插的界桩或填平他挖的界沟，并大声告诉大家：'不要听信这个骗子的话；如果你们忘记了地上的出产是大家的，土地不属于任何个人，你们就完了。'——如果有人这么做了，他将使人类少干多少罪恶之事，少发生多少战争和杀戮人的行为，少受多少苦难和恐怖之事的折磨啊！"② 卢梭攻击财产，

---

① 〔法〕卢梭：《社会契约论》，何兆武译，北京：商务印书馆，2003，第35页。
② 〔法〕卢梭：《论人与人之间不平等的起因和基础》，李平沤译，北京：商务印书馆，2007，第85页。

甚至攻击理性。

总之，作为社会契约论者，卢梭从自然权利推导出绝对民权，为资产阶级民主共和制提供理论根据，影响了1789年的法国大革命。以卢梭为代表，浪漫主义表达了人类的伤感情绪，既具有对于现实的批判性，又具有对于历史、未来的空想性。

其二，**康德**（Immanuel Kant，1724—1804），其代表作为《纯粹理性批判》《实践理性批判》《判断力批判》《任何一种能够作为科学出现的未来形而上学导论》《道德形而上学的基础》《历史理性批判》等。

"纯粹理性"，是指独立于一切经验的理性；"批判"是指对这种纯粹思辨的理性进行一种考察，以便确定人类知识的来源、范围与界限。康德认为，这样既可避免独断论，又可避免怀疑论；对于纯粹理性的这种批判的考察，是进行其他哲学理论活动的先决条件。康德指出，我们的时代要求理性必须对自己进行批判。康德自称其哲学是批判哲学。所谓批判是对于根据的探讨。批判的目的在于建立科学的形而上学。康德认为，理性先天地认识到的，就是它自己按照概念放进去的东西。

康德提出的总的问题是：先天综合判断如何可能？康德既把判断区分为后天判断和先天判断，又把判断区分为分析判断和综合判断。后天判断是不具有普遍必然性的判断，先天判断是具有普遍必然性的判断，科学判断是先天判断；分析判断是前提包含结论因而不能增进或扩展我们的知识的判断，综合判断是前提不包含结论因而能增进或扩展我们的知识的判断，科学判断是综合判断。因此，先天综合判断如何可能？亦即具有普遍必然性的、前提不包含结论因而能增进或扩展我们的知识的科学判断如何可能？康德认为"先天综合判断如何可能"的问题是哲学认识论的真正问题。这个问题从未有人提出，以至长期以来，哲学的发展只能在歧路上徘徊。在这个总问题下包括三个具体问题，即一、纯粹数学如何可能？二、纯粹自然科学（物理学）如何可能？三、形而上学如何可能？康德认为，形而上学判断同数学判断一样，是先天综合判断。形而上学是可能的吗？从纯粹理性得来的知识是怎样可能的？康德一连提出这样几个问题：纯粹数学是怎样可能的？纯粹自然科学是怎样可能的？（包括：自然界本身是怎样可能的？）一般形而上学是怎样可能的？作为科学的形而上学是怎样可能的？康德以先天综合判断为中心内容，逐步探讨纯粹数学、纯粹自然科学以及一切从纯粹理性得来的知识、自然界本身和一般形而上学是怎样可能的，借此以寻求形而上学作为一种科学的可能性。康德指出，形而上学判断同数学判断、自然科学判断一样，是先天综合判断。

康德的总的回答是：

一是感性认识如何可能？根据在于先天直观形式——时空。康德认为，空间和时间是我们感性的形式条件。康德认为，主体具有的感性直观形式与外界提供的感性材料相结合，形成感性经验。感性是被动地接受对象给予我们的感性材料的认识功能，它自身所提供的先天形式是空间和时间，时、空不是客观存在，不是知性概念，而是我们感性直观的纯形式。空间是外经验中的感知形式，时间是内经验中的感知形式。时、空是我们预先设定的一切单一经验的形式。康德作了几个时、空阐明。所谓时、空的"经验实在性"是指：时、空与声、色、香、味、暖不同，不是个体的主观感知，而是具有经验中的客观性。所谓时、空的"先验观念性"是指：时、空与运动、变化不同，不是事物的性质形态，而是主体的先验感性形式。时、空是我们的感性表象之所以可能的先天条件。在康德看来，只有从人类的立场，我们才能谈到空间和时间，它们不可能离开人类主体而独立存在。由于康德认为空间和时间只是我们主观的感性认识的必然形式，因此"自在之物"就不在空间和时间之内，我们通过空间、时间这种主观形式而得到的感性表象就只是"现象"，而不是"自在之物"。"自在之物"不可知。康德认为，我们凭空间和时间只能认识"现象"，因而以空间和时间的结构为研究对象的纯粹数学才是可能的。

二是知性认识如何可能？根据在于先天知性形式——范畴。康德认为，知性与感性结合才形成认识，但知性与感性是平行独立的两种能力。感性与知性各有自己的特点，不能互相替代。康德批判了理性论和经验论，提出"思维无内容是空的，直观无概念是盲的"。通过感性直观，对象被我们摄取，借助于知性的积极活动，对象被我们思维，即"判断"。康德认为，先天的纯粹理智概念使普遍有效的判断成为可能。纯粹理智概念就是可能经验的先天原则。我们的范畴体系不同于亚里士多德拼凑的十范畴。康德把知性定义为"判断的功能"。由判断得来的"知性纯粹概念"即十二范畴，三三排列分为四组，这就是：一、量：全称的、特称的、单称的；二、质：肯定的、否定的、无限的；三、关系：定言的、假言的、选言的；四、模态：或然的、实然的、必然的。在这些判断形式中，每一种都包含一个特殊的概念。把知性看作判断的功能，把判断中所包含的这些特殊概念揭示出来，便得到一个知性的基本概念的体系。这些概念，康德叫做"范畴"。康德的"范畴体系表"是：一、量的范畴：统一、多数、总体；二、质的范畴：实在、否定、限制；三、关系范畴：属有性与实存性（实体与属性）、原因性与依存性（原因与结果）、相互性（能动者与受动者之间的交互作用）；四、模态范畴：可能性与不可能性、存在性与不存在性、必然性与偶然性。它们都是知性的纯概念，既不依赖于感觉经验，也不来自感觉经验。它们是知性自身先天具有的，是知性自身的本质结构，是和知性的活动密切不可分离的。知性的活动就是判断，把感性杂多的种种表象统摄在范畴之下，从而使对象的认识成为可能。可是，范畴要用于种种杂多的感性表象，还要有一个中介，使自身感性化，以消除纯粹知性与感性的对立。这就是康德所说的范畴的"先验构架"问题。康德提出"先验构架"作为感性与知性之间的桥梁。范畴的"先验构架"只有通过时间才能办到，因为时间是一切经验（内与外）的先天形式；时间自身的种种先天规定是知性概念的"先验构架"，这种"先验构架"是把种种杂多的感性表象统摄于范畴之下的中介。此种"先验构架"使范畴可用于"现象"，而又对范畴加以限制，使范畴仅仅对"现象"有效。康德首先考察了范畴的"先验构架"问题，规定了先天范畴所限定的感性条件，论述了范畴通过"先验构架"而形成的基本命题，这就是"知性先验原理"，并由此说明纯粹自然科学如何可能的问题。"知性先验原理"是范畴的具体展开，这个部分是康德认识论的主要部分。康德把"知性先验原理"划分为四类：一、"直观的公理"，认为任何认识对象均应有可计算的数量。对象是可分割的。数学有普遍适用性;二、"知觉的预定",实际肯定外界物质是知觉的前提,提出质量相结合的"度";三、"经验的类推",这条原理之下包含三条较为具体的类推原理。第一类推:实体永恒性的原理:"实体"是在先验形式里,肯定客观物质世界的存在永恒性;第二类推:依据因果律的时间中继续的原理:"因果"是最重要的范畴,是一切认识和科学研究的思想上的先验前提;第三类推,依据交互作用法则的共在原理:"交互"是说明空间关系对认识的意义;四、"经验思维的准则",有三条。"经验思维三准则"是强调现实的可能、实在与必然不同于逻辑的可能、实在与必然。前者必须有感性经验作依据,后者不能等同或替代前者。康德认为,范畴是知性自身先天具有的统一功能,是我们心灵思维对象的固定法则;而知性的先验判断则是决定把一定种类的感性对象归属于法则之下的功能,这些先验判断就是"知性先验原理"。它们是一些普遍的命题,是经验的先天综合判断所依赖的前提。

三是感性认识和知性认识的根据在于统觉(自我意识)。"自我意识"是康德哲学认识论中最重要最困难的问题,包括主观演绎(A版演绎)和客观演绎(B版演绎)。"主观演绎"充满了心理学的内容,认为主体意识中必须有一种主动的统一性,才能综合感性,由想象而概念。"客观演绎"的哲学内容是:康德区分"知觉判断"与"经验判断",认为认识的客观性不来自直接的感知,而得自意识的能动性。"先验自我意识"("先验统觉")指的是人类特有的认识形式。它不能独立存在,只能存在于经验意识中,但它建立起"对象意识"。"先验统觉"的综合统一是一切知识所以可能的条件。"自我意识"与"对象意识"相互依存。康德反对任何形式的"心灵"实体,强调"我思"("自我意识")只是认识形式和功能,而非实体或存在。康德提出了"人为自然立法"的著名命题。在理性进行纯粹的逻辑推论时,要追求一切思维条件的统一,这就是"理念"。"理念"有三类,第一类指一切思维主体的统一,即"心灵";第二类指被观察对象的条件的统一,即"世界";第三类指一切可能存在的条件的统一,即"上帝"。"理念"作为理性概念,并不能适用于感性经验,它不具有客观效用,只与人主观上追求无条件、超经验的总体有关。人的认识追求无条件、超经验的总体,产生"先验幻相",此即辩证法。这是思维进程所必然要发生的越出经验的结果。充分暴露这种辩证法的四个"二律背反"是：时、空有限又无限；物体可分又不可分；必然又自由；上帝存在又不存在。关于"理念"的种种争论，皆起因于"先验幻相"，即是把"自在之物"当作可认识的对象，因而这种争论是徒劳的。从知识的立场来看，正题与反题的原则都不能成立，但是，从宗教与道德的立场来看，正题所持的立场是可取的。

康德区分了现象界和物自体，认为物自体"只可思之，不可知之"，目的在于"给理性划界限，为信仰留地盘"，调和科学与宗教之间的矛盾冲突。所谓"物自体"（"自在之物"）有三层含义：第一层含义是作为感性的来源；第二层含义是作为认识的界限——"本体"一词的消极含义。所谓"先验对象"：必须肯定一个不能具体确定也不可知的某物 X，作为认识在对象方面的前提条件。"先验对象"与"先验自我"是两个遥相对应的 X；第三层含义是作为理性的理念——"本体"一词的积极含义，具有引导认识、统一经验的范导功能。康德的积极的"本体"不是认识，而是道德。"不能知之，只可思之"的对象不能由经验来认识，只可由信仰来保证。康德认为，纯粹理性批判不但排除理性的误用，而且给信仰留地盘；我们承认物的存在，但只认识物的现象，不能认识物本身；必须给理性划定界线，以免误用范畴于物自身。由此，康德最终走向不可知论，认为现象之外不可知。

康德在《实践理性批判》《道德形而上学的基础》中提出了自己的伦理学。与认识论相一致，康德伦理学表现了反对经验主义（例如休谟以习惯来解决普遍性和必然性的问题）的纯粹理性主义立场：一是反对幸福论的伦理学；二是反对功利论的伦理学。康德指出，道德形而上学是依据先天原则立论的。好意是评定行为价值的绝对标准。他从所谓"善的意志"推导出"义务"，确立了义务论的伦理学。这就是说，康德强调道德行为必须出于义务，而非出于爱好；不是为了幸福，不是为了功利，而是纯粹出自义务，是出自对于道德法则的纯粹敬重。他提出"命令式"，将其划分为"假言命令式"和"定言命令式"，认为"假言命令式"是一个"或然的"和"实然的"实践原则，"定言命令式"是一个"必然的"实践原则；他同时将其划分为

"技巧的"或"技术的(属于技艺)"、"机智的"或"实用的(属于福祉)"、"道德的(属于一般而言的自由行为,也就是说,属于道德)"。康德认为,道德命令式属于定言命令式。道德的律令是只问用心不问后果的直言律令。正是在这一意义上,康德提出了具有普遍性和必然性的"道德律令"("绝对命令")——"普遍立法""人是目的""意志自律"。尤其普遍立法原则,是一个纯粹理性的纯粹形式:"要只按照你同时能够愿意它成为一个普遍法则的那个准则去行动。""要这样行动,就好像你的行为的准则应当通过你的意志成为普遍的自然法则似的。""要这样行动,就好像你的意志的准则任何时候都能同时被看作一个普遍立法的原则。"道德法则独立于经验而又应用于经验。作为理性存在者,人与人之间构成一个目的王国。要把人当作目的看待,决不要把人当作手段使用。人是自由的,也就是意志自律。康德区分了"善"与"福",将前者归属于理智世界,将后者归属于感觉世界。但康德却在"至善"中确立了二者的统一。其中,"善"(善行)是第一位的,"福"(幸福)是第二位的,并且不是就其"谋得"而言,而是就其"配当"而言。康德因此提出,实践理性有三条公设:"灵魂不死""意志自由""上帝存在"。康德宣称:"有两样东西,人们越是经常持久地对之凝神思索,它们就越是使内心充满常新而日增的惊奇和敬畏:我头上的星空和我心中的道德律。"①

在康德批判哲学体系中,除了作为"纯粹理性批判"的认识论、作为"实践理性批判"的伦理学之外,还有作为"判断力批判"的美学与目的论。"实践理性"与"纯粹理性"的截然二分亦即自由(物自体、理性、道德律令)与自然(现象界、经验、因果必然)的截然二分。康德在"我能认识什么"(认识论)、"我应做什么"(伦理学)、"我可期望什么"(宗教观)后,晚年提出"人是什么?"它正是整个康德哲学的要旨。"判断力批判"作为认识论与伦理学的桥梁,是康德哲学的终结:以人为中心。"人是什么"的真正答案在美学。康德认为,整个自然的最终目的是文化—道德的人。

---

① 《康德著作全集》第 4 卷,李秋零译,北京:中国人民大学出版社,2005,第 428、429 页;〔德〕康德:《实践理性批判》,邓晓芒译,北京:人民出版社,2003,第 39、220 页。

康德批判哲学

纯粹理性批判	先验要素论	先验感性论		
		先验逻辑	先验分析论	概念分析论
				原理分析论
			先验辩证论	纯粹理性的概念
				纯粹理性的辩证推论
	先验方法论			
实践理性批判	纯粹实践理性的要素论		纯粹实践理性的分析论	
			纯粹实践理性的辩证论	
	纯粹实践理性的方法论			
判断力批判		审美判断力批判	审美判断力的分析论	美的分析论
				崇高的分析论
			审美判断力的辩证论	
		目的论判断力批判	目的论判断力的分析论	
			目的论判断力的辩证论	
			目的论判断力的方法论	

康德在《历史理性批判文集》中提出历史理性批判。其中心线索是历史的两重性，即历史的合目的性与历史的合规律性。就其应然而论，人类历史是合目的的；就其实然、必然而论，人类历史是合规律的。目的王国与必然王国统一于普遍理性。统治这个理性王国的原则是：正义和真理、自由和平等、不可剥夺的和不可转让的天赋人权。①

总之，康德哲学是典型的主观唯心主义理性论。康德是欧陆理性论的终结者。康德哲学思想标志着欧陆理性论历史的和逻辑的终结。康德所谓"批

---

① 参见〔德〕康德：《历史理性批判文集》，何兆武译，北京：商务印书馆，2007。

判哲学"的含义是反对独断论和怀疑论,把研究人的认识形式作为哲学的中心,提出人的认识有界限范围以区分科学与宗教。作为"批判哲学"主题的"先天综合判断如何可能",其实际含义是"具有普遍必然性的科学真理如何可能"。康德的回答是典型的二元论。康德提出一整套主体认知形式。康德反对牛顿的实体论的时空观和莱布尼兹的关系论的时空观,提出"感性时空形式",是典型的主观唯心主义时空观。康德提出"知性范畴",一面强调作为认识,知性不能离开感性,另一面又强调先验知性主宰感性,唯心主义地高扬了理性认识。康德提出"自我意识",其实质是以唯心主义方式集中提出了人的认识能动性问题。康德提出"二律背反",正反双方表现了康德哲学中的两种倾向和基本矛盾。而康德区分"物自体"和"现象界",得出了"现象之外不可知"的典型的不可知论的结论,则体现了康德哲学"为知识划界限,为信仰留地盘"的最终目的。康德哲学在一系列问题上大大推进了哲学研究的广度和深度。他的哲学既是近代欧洲两大哲学思潮——英国经验论和欧陆理性论的综合,又是德国古典哲学和现代西方两大哲学思潮——英美实证主义(唯科学主义)和欧陆人本主义(非理性主义)的共同源头。总之,康德作为近代欧洲哲学终结者和德国古典哲学以及现代西方哲学开创者,实现了一场影响深远的哲学革命("哥白尼式的革命"),在西方哲学史上具有极其重大的历史性意义。

其三,**费希特**(Johann Gottlieb Fichte,1762—1814),其代表作为《全部知识学的基础》《知识学引论》等。

费希特发展了康德的先验论思想,提出一个意识主体"自我",作为唯心主义哲学统一说明知识以及世界和人生的最高原则,并由此构造其整个哲学体系。费希特指出:哲学的任务在于说明经验的根据,唯心论和独断论的争执本质上是:我与物哪个是第一性的?独断论完全不能说明内心,只有唯心论是唯一可能的哲学。他从"自我"原则出发,认为知识的基本原则有三条:"自我设定它自己",这是建立一切实在性的绝对无条件的原则,逻辑上的同一律就是以此为根据;"自我设定非我",这只在形式上是无条件的否定性原则,是矛盾律的根据;"非我与自我统一",这只在内容上是无条件的,是说明关联和区别的理由律的根据。关联和区别是互相依存的，分析命题和综合命题也互为条件。实质上分析命题也是先天综合命题，其最终依据全在一个先验的自我。费希特认为：三条知识的基本原则既对应三个逻辑的基本原则，也对应三种基本伦理价值："自我设定自我"既是同一律的根据，也是自由的根据；"自我设定非我"既是矛盾律的根据，也是义务的根据；"自我同一非我"既是排中律的根据，也是奋斗的根据。费希特认为当自我受到非我的限制，从而对非我进行反思，就产生理论知识；反思不是对非我的被动的反映，而是能动的反应，依次分为直观、想象力、知性、判断力和理性等不同形态；我们关于外部世界的知识，并不依靠独立自存于自我之外的物自体的刺激，而纯属想象力的主动创造。费希特把实践视为自我为了规定非我而作的努力，自我出于本性既有势不可遏的自身力量感，又有因追求理想未能实现而产生的强制感，前者永恒要求采取行动；后者表现为冲动，只有在规定非我的努力中两者才能得到统一，自我才能通过无止境的实践来争取超越理论知识制造的界限，以显示自身是自由的意志。

总之，在西方哲学史上，费希特的"自我"原则是十分著名的主观唯心主义基本原则，是典型的、露骨的理性论的主观唯心主义。他的"行动"原则——"我行故我在"的著名命题在西方哲学史上产生了深远的影响。

其四，**谢林**（Friedrich Wilhelm Joseph von Schelling，1775—1854），其代表作为《自然哲学思想》《自然哲学体系初稿》《先验唯心论体系》等。

谢林把主观东西作为在先的和绝对的出发点，推演出客观东西，即以理智达到自然，阐明了作为先验哲学组成部分的理论哲学、实践哲学、目的论和艺术哲学等理论思想。他探讨了这门哲学的概念、划分和官能，认为自然与精神同一，但机械运动只是第二性的，指出先验哲学从主观引出客观，从心智引出自然，说明主观东西是第一位的；提出美感直观是最高官能。他论证自我意识的活动是一切知识的最高原理，自我通过这种活动，使自己成为自己的对象；说明正像自我意识的观念活动与现实活动互为存在前提一样，研究前一种活动的理论哲学与研究后一种活动的实践哲学也互为存在前提。在理论哲学中，谢林认为，自我意识的观念活动是主观与客观的对立不断解决又不断产生的认识活动，它经历了原始直观、创造性直观和反思三个级次。在每个级次中，范畴都不是单纯统摄感性材料的观念形式，而是解决先后出现的对立的行动方式。但经过反思，先验的抽象思维能力已不再能作理论解释，而必须用驾驭客观世界的意志超越自身。在实践哲学中，谢林认为，自我意识的现实活动，是意志对自我不断变为客观的东西、理想与现实的对立不断解决又不断产生的过程。在这个过程中，人们不管怎么自由表演，怎么目的明确，总是以无规律而有意识的行动达到有规律而无意识的结果。其所以如此，是因为必然性作为天意把人们的一切行动都引导到了唯一的共同目标上。在目的论中，谢林认为，自然界无论作为整体来看，还是就其各个产物来看，都既显现为有意识地创造出来的产物，又显现为最高目的机械过程的产物，即自然界既是合目的的，又不能用合目的性加以解释。因此，目的论就成了理论哲学和实践哲学的联结点。在艺术哲学中，谢林认为，有意识活动与无意识活动的会合，无意识地创造着现实世界，有意识地创造着美感世界。而这种会合作为自我意识发展史中的各个阶段的绝对综合，是不能用概念来理解或言传的，只能用理智加以直观。理智直观在诉诸直接经验时就变成了偶发的美感直观，它被认为是消除一切矛盾、引导全部的人达到绝对同一性的唯一途径。因此，只有艺术天才的创造活动才能打开返归绝对同一性的至圣殿堂。总之，自我意识有一个发展过程。

总之，谢林的先验哲学在德国古典哲学的发展中起过重要的作用。他的目的论和艺术哲学开启了现代西方诗化哲学的风气。

其五，**黑格尔**（Georg Wilhelm Friedrich Hegel，1770—1831），其代表作为《精神现象学》《逻辑学》（《大逻辑》）、《哲学全书》——《逻辑学》（《小逻辑》）、《自然哲学》《精神哲学》《法哲学纲要》《历史哲学讲演录》《哲学史讲演录》《美学讲演录》等。

黑格尔认为，哲学必须上升为科学的真理体系。黑格尔自称其哲学是思辨哲学。所谓思辨是纯粹概念的思维。哲学是对于对象的思维性考察。黑格尔哲学从绝对理念出发，经过逻辑、自然、精神三个基本阶段，发展到绝对精神。所谓绝对理念是指作为一切存在的共同本质和根据的某种无限的、客

哲学导论

观的、无人身的思想、理性或精神；所谓绝对精神是指作为宇宙万物共同本质和基础的精神实体。黑格尔认为，应该把真正的实体理解为主体；科学的认识深入物质的内容，随着物质的运动前进，然后返回自身；黑格尔主要强调他的哲学方法是和形而上学根本对立的辩证方法。他考察了哲学的对象、方法和特点，哲学同现实和经验的关系，经验知识的缺点，哲学思维的方法以及整个哲学，即哲学史是一个由许多小"圆圈"组成的大"圆圈"等问题。他认为，哲学是对于对象的思维性考察。哲学史上每一个体系都是哲学本身的一个环节。哲学无所谓起点，当它达到最终结论时，也就是回到了起点。

黑格尔是按照他的哲学的最高原则——"绝对理念"发展的几个阶段来划分这三个部分的：逻辑学是研究"理念"自身从抽象到具体发展过程的科学；自然哲学是研究"理念"的异在或外在化的科学；精神哲学是研究"理念"由它的异在或外在返回它自身的科学。他认为，逻辑学是纯粹思维规定的体系，是自然哲学和精神哲学的富有生气的灵魂，自然哲学和精神哲学是应用逻辑学，它们的哲学兴趣，在于认识自然和精神状态中的逻辑形式，而自然或精神的形态又是纯粹思维形式的特殊的表现。

精神现象学。"精神现象学"是关于意识到达"绝对知识"或科学（即哲学）的道路的科学，它为个体提供了一把攀登"绝对知识"的梯子；逻辑学、自然哲学、精神哲学是"绝对知识"的内容，是关于"绝对"自身的科学。"精神现象学"的出发点是描述个人意识到达绝对知识的历程，即个人意识为了到达绝对知识，就必须走人类意识走过的一切基本阶段。"精神现象学"的主题就是描述人类意识自身从最初的感性知识向科学发展的历程，即哲学知识的形成过程。意识有两个方面：认识本身即主体方面和认识对象即客体方面。这两个方面的对立发展到一定阶段就显现为一个特定的意识形态。意识在从它与对象的最初的直接的对立起到主客绝对同一的绝对知识止的运动过程中，经历了意识与对象关系的一切形式，产生了一系列的意识形态。"精神现象学"的主要研究对象就是意识形态、意识形态系统，或意识发展的诸环节、诸阶段。"精神现象学"分为三部分：一、意识、自我意识、理性；

考察个人意识发展的历程，相当于主观精神。"意识"是个人意识发展的最初阶段，它又分为感性确定性、知觉和知性三个阶段，这是意识对它的外物的认识。从"自我意识"到"理性"，个人意识的发展明显地重演人类意识的发展阶段，出现了一系列社会意识形态。二、精神：考察社会历史的发展阶段和与之紧密相连的社会意识形态，相当于客观精神。三、宗教和绝对知识：考察无限本身的认识，相当于绝对精神。在这个阶段，意识回顾已经走过的阶段，扬弃它们，使之成为自己的构成环节，经过艺术、宗教而在哲学中达到绝对知识。"精神现象学"把个人意识发展史、人类意识发展史和意识形态学三者统一为一门学问。"精神现象学"把生活和历史的全部多样性都归结为"意识"对"对象"的关系，并把这种关系头足倒置起来。在"精神现象学"中，意识向绝对知识的全部发展都建立在自我意识"异化"为对象和"扬弃"对象，即"扬弃""异化"的辩证运动上。黑格尔企图用这样一种否定性的唯心辩证法来论证唯心主义体系的根本原则——主体和客体的绝对同一性，构造起包罗万象的哲学体系。

逻辑学。黑格尔认为，逻辑学研究思维的抽象要素，即"纯粹理念"。逻辑包含三个环节：理智的、辩证的和思辨的。黑格尔哲学体系的出发点，是承认在自然和人类社会出现以前存在着一种作为世界本原的"绝对理念"，他的哲学体系就是对"绝对理念"发展过程的描述。他认为，逻辑学是研究"理念"本身发展的科学。当理念处于"存在"以及与之相关联的"本质"阶段，即作为"客观性"的概念出现时，他称之为"客观逻辑"；当理念扬弃了与"存在"以及与之相关联的"本质"而作为概念的概念，即作为"主观性"的概念出现时，他称之为"主观逻辑"。黑格尔主要说明逻辑学的对象、方法和特点。他分析了逻辑学的历史和现状，指明从根本上改造旧逻辑，建立新逻辑的必要。黑格尔主张思维形式和思维内容的统一、主体和客体的统一。他认为这种形式和内容、主体和客体统一的思维是客观思维，即"绝对理念"。这种客观思维就是逻辑学的对象和内容。黑格尔指出，为了改造旧逻辑，建立新逻辑，必须使逻辑学有它自己的科学方法，这个科学方法就是关于逻辑内容的内在自身运动的形式的意识。这个方法正是内容本身，正是内容在自身中所具有的、推动内容前进的辩证法。黑格尔认为，逻辑概念不是抽象的，而是具体的，即在自身中包含了丰富的特殊事物的共相。但逻辑学和其他各门具体科学不同，它是纯科学，是科学之科学，它的特点就在于摆脱了一切感性的具体性。

逻辑学的"存在论"包括"质""量""度"三部分。存在、定在、自为存在，是质的规定性；纯量、定量、程度，是量的规定性；质与量的统一是尺度。在"质"的部分，黑格尔通过对"存在"、"定在"、"自为存在"三个范畴的考察和推演，阐述了质的规定性及由质到量的思想；在"量"的部分，他通过对"纯量"、"定量"、"程度"三个范畴的考察和推演，阐述了量的规定性、由量到质和质量统一的思想；在"度"的部分，他通过对"特殊的量"、"实在的度"、"本质之变"三个范畴的考察和推演，阐述了度是质和量的统一以及量变和质变的关系的思想。

"存在论"中的范畴是直接的或绝对的范畴，它们之间好像彼此独立，互不依赖，但却处在过渡之中，相互过渡是它们进展的形式。本质是它们矛盾进展的结果。"本质论"中的范畴是间接的或相对的范畴，它们不能各自完全独立存在，而是不可分离地结合在一起，这里，黑格尔把这种对立面相互依存的关系称为"反思"。反思是它们进展的形式。

"本质论"包括"作为反思自身的本质"、"现象"和"现实"三部分。同一、差异、根据，是纯粹反思规定；物就是根据与实存的统一；本质与实存的统一就是现实。在"作为反思自身的本质"部分，黑格尔通过"映像""本质性或反思规定""根据"三个范畴，考察了"纯反思规定"，即本质自身内部的规定；在"现象"部分，他通过"实存""现象"和"本质的关系"三个范畴，考察了本质和它的外部表现的关系；在"现实"部分，他通过"绝对物""现实"和"绝对的关系"三个范畴，考察了作为本质和现象统一的现实的内部和外部的对立统一关系，指出一切事物本身都是矛盾的。

"概念论"包括"主观性""客观性"和"理念"三部分。概念的三个环节是：主观概念、客体、理念；概念和判断的统一是推论；客体包括三个环节：机械性、化学性、目的性；理念是概念与客观性的绝对统一。在"主观性"中,黑格尔考察了"概念""判断""推理"三种思维形式以及它们的特性和相互关系。在"客观性"中,他通过"机械性""化学性""目的性"三个范畴,考察了概念沉没在外在性中的发展过程。目的的运动最后达到它的主观性和客观性的统一,这就是"理念"。在"理念"中,黑格尔考察了"生命""认识的理念""绝对理念"三个范畴。他认为,"生命"仍是直接的理念,而"认识的理念"则进入间接的理念,它包括理论的理念和实践的理念。"绝对理念"是整个逻辑学中最后、最高的阶段,是逻辑发展的总结,它包含了它所建立的全部的充实的内容。概念的进展形式是发展,即把潜伏在它本身中的东西发挥和实现出来。

在黑格尔思辨哲学体系中,除了逻辑学之外,还有自然哲学、精神哲学。自然是理念的外在化。从自然的扬弃中产生出精神;精神的本质就是自由。

黑格尔在"自我意识"的辩证法三一式中提出了"主人与奴隶"的辩证法。"自我意识","其一是独立的意识,它的本质是自为存在,另一为依赖的意识,它的本质是为对方而生活或为对方而存在。前者是主人,后者是奴隶。"[①]"由于生命是和自由同样重要,所以战斗首先就作为片面的否定而以不平等结束:战斗的一方宁愿要生命和保持自己为单一的自我意识,而放弃其得到承认的要求,另一方则坚持其与自己本身的联系并为作为被征服者的那一方而承认,——这就是主人和奴隶的关系。"[②] 这一关系经历了"统治""恐惧""培养或陶冶"三阶段。"统治"涉及奴隶与主人的关系,"恐惧"涉及他们与死亡的关系,而"培养或陶冶"则涉及他们与劳动的关系。在此,黑格尔揭示了主人和奴隶双方各自包含的自我否定因素,展现了相互承认的辩证运动过程。所谓"主人地位的辩证运动",就是人为自由而以生命为担保,他内在的超越性终于战胜了外在的自然性,成为主人。因此,主人的存在状态在本质上是自为存在,他是一个自由的人。主人的荣誉就在于被奴隶

---

① 〔德〕黑格尔:《精神现象学》上卷,贺麟、王玖兴译,北京:商务印书馆,1979,第125、127页。
② 〔德〕黑格尔:《精神哲学——哲学全书·第三部分》,杨祖陶译,北京:人民出版社,2006,第230页。

承认为主人，主人的自由实现就在于对奴隶的统治及其享乐。然而主人对奴隶的统治，虽使奴隶与物相结合，却使自己与物相分离。所谓"奴隶地位的辩证运动"，就是人为生命而以自由为担保，他内在的超越性最终屈服于外在的自然性，成为奴隶。因此，奴隶的存在状态在本质上是为他存在，他是一个不自由、受奴役的人。但是，奴隶注定扬弃自己的依赖性，获得意识的独立性，如同主人一样。一方面，在人与人的关系上，奴隶依赖于主人；另一方面，在人与物的关系上，则主人依赖于奴隶。在劳动中，奴隶在改变世界的同时也改变了自身，也从为他存在变成了自为存在，进而实现了真正的相互承认。在主奴关系的辩证运动过程中，主人与奴隶双方对对方地位的意识都发生了根本变化，直到相互承认亦即相互承认对方是主体，而不是我为主，你为客，这样就有了平等对话的可能。黑格尔对这种承认关系的描述蕴含了主体间互惠的要求。这是一个历史的主体，现实地展开于客观精神世界中。在精神自我实现的过程中，自我意识与他者意识是相互依赖的。主人与奴隶间为争取承认的对抗最终发展出相互平等的承认关系。由此，黑格尔揭示了承认对人的发展的意义以及人类社会最终实现平等承认的历史必然性。如黑格尔的许多其他命题一样，黑格尔的这一命题同样既有保守的一面，又有革命的一面，保守的形式辩证地包含着革命的内容：其一，从奴隶方面说，在生命和自由的两难中，唯有"不自由，毋宁死"，才能获得解放；其二，从主人方面说，奴役别人的人，自己也受到奴役；解放别人的人，自己也得到解放。这就是"为承认而斗争"的两个基本要义。黑格尔反复强调了"为承认而战斗"的著名命题："承认的过程是一场战斗"；"只有通过战斗才能获得自由"；"要求承认的战斗是一场生与死的战斗"。① 黑格尔认为：在自然状态中争取承认的战斗表现为暴力，而在市民社会和国家中争取承认的战斗则表现为伦理和法律。

黑格尔在《法哲学纲要》中提出了"合理的就是现实的，现实的就是合

---

① 〔德〕黑格尔：《精神哲学——哲学全书·第三部分》，杨祖陶译，北京：人民出版社，2006，第227、228页。

理的"的著名命题。他的格言是:"密涅瓦的猫头鹰要等黄昏到来,才会起飞。"① 黑格尔在《历史哲学讲演录》中指出:历史属于客观精神,历史是一个合理的过程。他将历史看作是理性的不断生成和发展的进程,将世界历史看作是普遍理性的不断生成和发展的进程。正像康德确立了普遍理性形式对于特殊经验内容的宰制一样,黑格尔确立了普遍逻辑形式对于特殊历史内容的宰制。黑格尔在探讨"哲学的世界历史"时,认为"观察历史的方法,大概可以分为三种:(一)原始的历史,(二)反省的历史,(三)哲学的历史。"他将"历史哲学"定义为"历史的思想的考察"。"哲学用以观察历史的唯一的'思想'便是理性这个简单的概念。'理性'是世界的主宰,世界历史因此是一种合理的过程。"他以"自由"为中心,将历史还原为思想、精神和意识的历史。黑格尔的历史哲学是一个"三一式":"'自由'意识的各种不同的程度:第一,例如东方各国只知道一个人是自由的,希腊和罗马世界只知道一部分人是自由的,至于我们知道一切人们(人类之为人类)绝对是自由的。""东方从古到今知道只有'一个'是自由的,希腊和罗马世界知道'有些'是自由的,日耳曼世界知道'全体'是自由的。""第一,自由的观念是绝对的、最后的目的;第二,实现'自由'的手段,就是知识和意志的主观方面,以及'自由'的生动、运动和活动。"第三,"'国家'是道德的'全体'和'自由'的'现实',同时也就是这两个因素客观的统一。""世界历史表现原则发展的阶程,那个原则的内容就是'自由'的意识。……第一个阶段就是'精神'汩没于'自然'之中,……第二个阶段就是它进展到了它的自由意识。……第三个阶段是从这个仍然是特殊的自由的形式提高到了纯粹的普遍性,提高到了精神性本质的自我意识和自我感觉。这三个阶段便是那个普遍过程的基本原则。"的确,黑格尔的历史哲学是客观唯心主义的,所谓"思想"是"种类"在"个体"发展中亦即普遍性在特殊性和个别性发展中的呈现:"自从太阳站在天空,星辰围绕着它,大家从来没有看见,

---

① 《西方哲学原著选读》下卷,北京大学哲学系外国哲学史教研室编译,北京:商务印书馆,1981,第444页。

哲学导论

人类把自己放在他的头脑、放在他的'思想'上面，而且依照思想，建筑现实。"①

黑格尔思辨哲学

逻辑学	存在论		质
			量
			尺度
	本质论		本质作为实存的根据
			现象
			现实
	概念论		主观概念
			客体
			理念
自然哲学		力学	
		物理学	
		有机物理学	
精神哲学	主观精神	人类学	
		精神现象学	
		心理学	
	客观精神	法	
		道德	
		伦理	家庭
			市民社会
			国家
	绝对精神	艺术	
		启示的宗教	
		哲学	

总之，黑格尔哲学是典型的客观唯心主义理性论。在西方哲学史上，黑格尔创造了包罗万象的哲学体系。黑格尔的哲学体系是典型的客观唯心主义，同时包含了系统的辩证法。它奠定了黑格尔作为德国古典哲学集大成者的历史地位。黑格尔的《逻辑学》将亚里士多德以来的形式逻辑发展为辩证逻辑。

---

① 〔德〕黑格尔：《历史哲学》，王造时译，上海：上海书店出版社，2001，第1、8、19、106、49、57、441页。

黑格尔在《逻辑学》中集中地阐述了他的辩证法思想：在"存在论"中通过对思维范畴的考察和推演，阐述了辩证法的质量互变规律；在"本质论"中阐述了辩证法的对立统一规律，并根据对立统一原则考察了本质与现象、内容与形式、现象与规律、可能与现实、偶然与必然、必然与自由、原因与结果以及相互作用等范畴；在"概念论"中阐述了贯穿他的《逻辑学》全书和他的整个哲学的关于发展是否定之否定的辩证法规律。黑格尔在唯心主义形式下第一次系统地阐述了辩证法。黑格尔哲学包含了辩证法，这就是说，在黑格尔哲学的体系中包含了系统的辩证法，如异化是指自我意识异化，主体通过活动产生了异己的对象；反思是指不同于直接认识的间接认识；扬弃（aufheben，奥伏赫变）同时具有否定与肯定的双重含义；圆圈、三一式包括正题（肯定）、反题（否定）、合题（否定之否定）等。黑格尔唯心辩证法是马克思主义唯物辩证法的渊源。黑格尔的《逻辑学》体现了逻辑学、认识论和辩证法的一致。

总起来说，欧陆理性论经历了一个从唯心主义理性论（笛卡尔）经过唯物主义理性论（斯宾诺莎）返回到唯心主义理性论（莱布尼兹）的基本历史进程，代表了欧陆哲学传统的认识论转向。德国古典哲学是唯心主义的理性主义，康德、费希特是主观唯心主义，谢林、黑格尔是客观唯心主义。而历史主义则代表了欧陆社会—政治哲学的传统，体现了欧陆社会—政治哲学传统的基本特点。

人本主义

现代欧陆人本主义—非理性主义继承理性论传统中的人本主义，批判其中的理性主义，以生存论问题为中心，反对借用自然科学的原则与方法，主张人文科学应有自己的原则与方法，以非理性作为人类的生存根据。

人本主义的主要流派是意志主义、生命哲学、存在主义。意志主义的代表人物主要有叔本华、尼采，生命哲学的代表人物主要是柏格森，存在主义的代表人物主要有海德格尔、萨特。

其一，**叔本华**（Arthur Schopenhauer，1788—1860）。其代表作为《论充足理由律的四重根》《作为意志和表象的世界》《附录与补遗》等。

叔本华的意志主义是生命意志论，其中的意志是求生存、求真理的意志。

叔本华从康德的现象界—物自体的划分出发，把现象界解释为"我的表象"，把物自体解释为"我的意志"。

"世界是我的表象"。叔本华说："'世界是我的表象'：这是一个真理，是对于任何一个生活着和认识着的生物都有效的真理；不过只是人能够将它纳入反省的，抽象的意识罢了。并且，要是人真的这样做了，那么，在他那儿就出现了哲学的思考。于是，他就会清楚而确切地明白，他不认识什么太阳，什么地球，而永远只是眼睛，是眼睛看见太阳；永远只是手，是手感触着地球；就会明白围绕着他的这世界只是作为表象而存在着的；也就是说这世界的存在完全只是就它对一个其他事物的，一个进行'表象者'的关系来说的。这个进行'表象者'就是人自己。如果有一真理可以先验地说将出来，那就是这一真理了；因为这真理就是一切可能的、可想得到的经验所同具的那一形式的陈述。它比一切，比时间、空间、因果性等更为普遍，因为所有这些都要以这一真理为前提。"①

"世界是我的意志"。叔本华说："因此，我想使这种真理突出于其他一切真理之上，把它叫做最高意义上的哲学真理。人们可以用各种不同的方式来表达这一真理，可以说：我的身体和我的意志是同一事物；或者说：我把它当作直观表象而称之为我的身体的东西，只要它是在一种完全不同的，没有其他可以比拟的方式下为我所意识，我就称之为我的意志；或者说：我的身体是我的意志的客体性；或者说：如果把我的身体是我的表象这一面置之不论，那么，我的身体就只还是我的意志；如此等等。"②

叔本华提出"充足理由律的四重根"，认为物理事物的根据是因果律，抽象概念和判断的根据是逻辑规则，数学研究对象的根据是数学原则，而意志

---

① 〔德〕叔本华：《作为意志和表象的世界》，石冲白译，北京：商务印书馆，1982，第25—26、163页。

② 同上书，第155页。

主体则对应行为根据。四种事物由低到高，生存竞争规律支配着它们的演化，直到最高级的意志主体。作为意志主体的实践活动，伦理活动是最高级的生命活动。叔本华划分三种伦理主体：具有共同性的人群（众人）、具有个性的个体、天才的个人。他们由低到高，从受到意志支配到摆脱意志控制，通过艺术和哲学实现个人的意志。

叔本华从"世界是我的意志的表象"这一基本命题中推出了虚无主义的结论：每个人都要实现自己的意志，各个人的意志相互冲突，任何个人的意志都不能充分实现，人生虚幻如梦如戏，痛苦无聊，无意义无价值，只有意志的自我否定亦即作为意志的表象的世界的否定亦即真正自杀，完全走向虚无，才能从痛苦无聊中彻底解脱出来。

其二，**尼采**（Friedrich Wilhelm Nietzsche，1844—1900），其代表作为《悲剧的诞生》《查拉图士特拉如是说》《权力意志》等。

尼采的意志主义是权力意志论，其中的意志是求权力的意志。

尼采主张"重估一切价值"，他说："重估一切价值：这就是我给人类最高自我觉悟活动的公式，这一活动在我身上已成为血肉和精神了。"① 他的未完成著作，正标题为"权力意志"，副标题为"重估一切价值的尝试"。尼采所谓"重估一切价值"的依据是这样一个著名论断——"上帝死了！""滚吧，这样一个上帝！宁可没有上帝，宁可自己造成自己的命运，宁可成为傻子，宁可自己成为上帝！"②

悲剧主义。尼采从对于希腊悲剧的研究中提出了悲剧是两种精神的合成：一是狄奥尼索斯（Dionysos）精神亦即酒神精神，二是阿波罗（Apollo）精神亦即日神精神。前者是痛苦的表现，后者是光辉的表现。因此悲剧是"痛苦的光辉"或"光辉的痛苦"——"让痛苦散发出光辉"。尼采所谓悲剧主义尤其酒神精神，第一是承认人生的悲剧性，从而与肤浅的或虚假的乐观主义

---

① 〔德〕尼采：《权力意志——重估一切价值的尝试》（附：尼采自述《看哪这人！》），张念东、凌素心译，北京：商务印书馆，1991，第 99 页。

② 〔德〕尼采：《查拉图斯特拉如是说》，孙周兴译，上海：上海人民出版社，2009，第 112、334、342 页。

相反对；第二是战胜人生的悲剧性，从而与叔本华式的悲观主义相反对。叔本华认为人生"无意义"，而尼采则认为"人生的意义就在于它的无意义"。尼采自命是"第一个悲剧哲学家"，是"悲观主义哲学家的极端对立者和反对者"，自称为"酒神哲学家"，"笑一切悲剧"，这是"神圣的舞蹈"和"神圣的欢笑"。

超人哲学。在拉伯雷小说《巨人传》中，德廉美修道院的规则是："做你愿意做的事！"① 充分表达了巨人的生活信条。尼采的信条是"成为你自己。"在陀思妥耶夫斯基小说《卡拉马佐夫兄弟》中，伊凡的信条是："一切都可以允许。""一切都可以做。"② 尼采用"超人"来取代"上帝"，塑造了一个超人的形象——查拉图士特拉（Zarathoustra）。正像人类是非动物和超动物一样，尼采塑造了非人和超人。与末人相反对，超人是"欢笑的狮子"。"上帝死了：现在我们想要——超人活着。""超人是大地的意义！"也就是"人类存在的意义"。③

权力意志。他将人划分为强者和弱者，主人和奴隶，人上人、人中人和人下人，自称是"第一个非伦理主义者""反基督徒"。尼采主张超于善恶之外，"忠实于大地"，以"主人道德"去反对"奴隶道德"。他将"永恒轮回"和"命运之爱"同酒神精神和权力意志结合起来。尼采权力意志主张以及对于自由民主和社会主义的敌视态度后来为希特勒法西斯主义所利用。

其三，**柏格森**（Henri Bergson，1859—1941），其代表作为《物质与记忆》《创造进化论》《道德与宗教的两个来源》等。

柏格森的生命哲学是直觉主义。

柏格森认为生命是意识的流动，是意识的绵延（即意识流），此即绵延

---

① 〔法〕拉伯雷：《巨人传》，鲍文蔚译，北京：人民文学出版社，1983，第183页。
② 〔俄〕陀思妥耶夫斯基：《卡拉马佐夫兄弟》，耿济之译，北京：人民文学出版社，1981，第329页。
③ 〔德〕尼采：《查拉图斯特拉如是说》，孙周兴译，上海：上海人民出版社，2009，第368、7、16、336页。

说。柏格森把对时间的描述区分为两种：一种是钟表度量的时间，即物理时间（空间时间）；一种是直觉体验的时间，即心理时间（纯粹时间），此即"绵延"。传统的时间概念是用空间概念来描述时间，只有心理时间（纯粹时间）才是对时间本质的真正刻画。时间只有在记忆中才能存在。相对于两种时间——物理时间和心理时间，有两种记忆——机械记忆（习惯记忆）和纯粹记忆（独特记忆）。纯粹记忆（独特记忆）就是绵延，只有通过直觉才能从整体上体验或把握到生命的流动、意识的绵延。绵延的动力是生命冲动。正是生命冲动导致时间流动。

结合两种时间、两种记忆，柏格森又提出了两种善好：与物理时间和机械记忆相对应的是目的论的道德；与心理时间和纯粹记忆相对应的是实现了的至善，没有目的，为行动而行动。柏格森更提出了两种社会：与物理时间相对应的是封闭社会，其特征是以法律和权威为准绳，社会的基本道德是忠顺、服从，其根源是理性；与心理时间相对应的是开放社会，其特征是以英雄和圣者的行动为准绳，其根源是直觉。

其四，**海德格尔**（Martin Heidegger，1889—1976），其代表作为《存在与时间》《林中路》《路标》等。

海德格尔的存在主义是基本存在论。

海德格尔的《存在与时间》的"目的就是要具体地探讨'存在'意义的问题，而其初步目标则是把时间阐释为使对'存在'的任何一种一般性领悟得以可能的境域"。海德格尔考察了关于"存在"等等的源始含义："存在的意义被规定为在场或在，这在存在论时间状态上的含义是'在场'。存在者是在其存在中作为'在场'而得到把捉的，这就是说存在者是就一定的时间样式即'现在'而得到领会的。""此在，也就是说，人的存在，在通俗的'定义'中正如在哲学的'定义'中一样被界说为会说话的动物，即这样一种生命物，它的存在就本质而言是由能说话来规定的。说是获得'因……而论'

与'就……而论'中相遇的存在者的存在结构的线索。"① 这里涉及"存在"两个基本规定：一是"存在"与"此在"的循环："若无此在存在，亦无存在在此"；二是"存在"与"语言"的循环："语言是存在的家园。"海德格尔的转向是从"存在者"转向"存在"，这叫做"基本存在论"的转向。从存在者看存在，存在就是无；而从存在看存在者，则存在者就是有。这一转向其实就是从科学的思维方式（按照存在者的样式看存在）转向到诗性（诗化）的思维方式（按照存在的样式看存在者）。海德格尔分析了此在的存在，诸如"烦"和"畏"等等，尤其是"死"，提出"向死亡存在"和"先行到死亡"的观点。

海德格尔提出："语言是存在之家。人居住在语言的寓所中。思想者和作诗者乃是这个寓所的看护者。"海德格尔所谓"思想"和"作诗"也就是"把语言从语法中解放出来"，"把自己从对思想的技术阐释中解放出来"，以至"在无名中生存"，也就是在无概念和无逻辑中生存。这就叫做"站到存在的真理中去"，"站到存在的澄明中去"。"这种在存在之澄明中的站立，我称之为人的绽出之生存。"海德格尔的"人的绽出之生存"被存在的天命所发送——被抛与反抛。"人是什么？人所是的这个什么，用传统形而上学语言来讲，即人的'本质'，就基于他的绽出之生存中。""人在其存在历史性的本质中就是这样一个存在者，这个存在者的存在作为绽出之生存，其要义就在于：它居住在存在之切近处。人是存在之邻居。"海德格尔正是在这个意义上反对古典人道主义，反对它所建基的理性形而上学，反对它所运用的本质主义。海德格尔认为，古典人道主义不是抬高了人，而是贬低了人。海德格尔把他的"基本存在论"等同于他的伦理学（"深思人的居留"），等同于他的诗学（荷尔德林："充满劳绩，然而人诗意地居住/在这片大地上"），甚至等同于他的神学（"让上帝与诸神重新出场"）。② 因此，海德格尔所谓"基本存

---

① 〔德〕海德格尔：《存在与时间》，陈嘉映、王庆节合译，北京：生活·读书·新知三联书店，1987，第1、32页。

② 〔德〕海德格尔：《路标》，孙周兴译，北京：商务印书馆，2001，第366、367、368、373、379—380、381、403—404、420、422页。

在论"的转向不过是从科学到诗或诗意的思的转向。

其五，**萨特**（Jean-Paul Sartre，1905—1980），其代表作为《存在与虚无》《存在主义是一种人道主义》《辩证理性批判》等。

萨特的存在主义是现象学本体论。

萨特的《存在与虚无》分析了"自在的存在"和"自为的存在"："存在存在。存在是自在的。存在是其所是。这是我们初步地考察存在的现象之后，能给现象的存在规定的三个特点。……因此，我们从'显现'出发，继而提出了两种类型的存在：自在和自为。"自在的存在是存在是其所是，不是其所不是，亦即本质先于存在。自为的存在是存在是其所不是，不是其所是，亦即存在先于本质。萨特的转向是从物的"本质先于存在"转向人的"存在先于本质"，然后推出人的"自由"，最后推出人的"责任"。萨特指出："人命定是自由的。""我们以上的意见的主要的结论，就是人，由于命定是自由，把整个世界的重量担在肩上：他对作为存在方式的世界和他本身是有责任的。"①

萨特指出："人，不外乎是他自己造成的那个样子。这是存在主义的第一原则。"萨特所讲的主观性的含义，不过是指人类比自然的或人工的物体更高贵而已。"因为我们认为'人首先是存在着'这一命题的含义是，人首先是一种将自己推向未来的存在物，并且他意识到自己将自己想象为未来的存在物。"这也就是人的自我设计、自我选择、自我奋斗、自我实现等等。"陀思妥耶夫斯基说：'如果上帝不存在，任何事情都有可能。'这就是存在主义的出发点。"萨特由这个出发点彻底否定了决定论，从而得出了"人是自由的，人就是自由"以及人应当对自己的自由负完全的责任这一结论。一方面，人具有主观性；另一方面，人又具有超越性。"这种超越性和主观性的结合，就是我们所谓的存在主义的人道主义。"②萨特"所谓的存在主义的人道主义"

---

① 〔法〕萨特：《存在与虚无》，陈宣良等译，北京：生活·读书·新知三联书店，1987，第27—28、708页。
② 《理性与启蒙（后现代经典文选）》，江怡主编，北京：东方出版社，2004，第167、171、172、175页。

运用了现象学的方法论，企图克服古典人道主义的理性形而上学的本质主义，但是并没有从根本上与古典人道主义划清界限：二者同样强调人的高贵、人的自主。

总之，从叔本华、尼采的意志主义，经过柏格森的生命哲学，到海德格尔、萨特的存在主义，标志着欧陆人本主义哲学传统从理性主义到非理性主义的转变。

后现代

我们把后现代区分为广义与狭义。后现代对于哲学、史学、文学艺术和社会时尚均有一定影响。在哲学上，广义后现代泛指19世纪末20世纪初以来从以笛卡尔、康德为代表的近代理性形而上学立场上转向的当代哲学思潮，以尼采为首要代表，包括海德格尔、萨特等等；狭义后现代是指20世纪60—70年代以来以福柯、德里达等等为代表的后结构主义亦即解构主义思潮。

结构主义是与存在主义相反对的哲学流派，如**索绪尔**（Ferdin de Saussure, 1857—1913）的结构主义语言学、**列维-斯特劳斯**（Claud Lei-Strauss, 1908—2009）的结构主义人类学、**拉康**（Jacques Lacan, 1901—1981）的结构主义精神分析学等。而后结构主义（解构主义）则是反对结构主义的哲学流派。

后现代不仅反对结构主义，而且反对现代性。现代性是指文艺复兴，尤其启蒙以来形成和发展起来的，诸如人道、启蒙、理性、自由等等，这些不断被后现代所解构的话语，建构了现代性的中心和主题。我们可以把现代性描述为在种种二元结构（如思维/存在、主体/客体、所指/能指等）中确立一元核心（如思维、主体、所指等）的文化表达模式。福柯在解释"何谓启蒙"时指出："'启蒙'是由意愿、权威、理性之使用这三者的原有关系的变化所确定的。"人们要"把现代性看作为一种态度而不是历史的一个时期。我说的态度是指对于现时性的一种关系方式：一些人所做的自愿选择，一种思考和感觉的方式，一种行动、行为的方式。它既标志着属性也表现为一种使命，当然，它也有一点像希腊人叫作êthos（气质）的东西。因此，与其设法区别'现代阶段'与'前'或'后现代'时期，我觉得更值得研究的是现代性的态度自形成以来是怎样同'反现代性'的态度相对立的。"①

其一，**福柯**（Michel Foucault，1926—1984），他的代表作为《词与物：人文科学考古学》《知识考古学》等。

福柯的立场和方法是考古学和谱系学。

福柯提出考古学："我并不关心向客观性迈进的被描述知识，今日的科学最终在其中得到确认；我设法阐明的是认识论领域，是认识型，在其中，撇开所有参照了其理性价值或客观形式的标准而被思考的知识，奠基了自己的确实性，并因此宣明了一种历史，这并不是它愈来愈完善的历史，而是它的可能性状况的历史；照此叙述，应该显现的是知识空间内的那些构型，它们产生了各种各样的经验知识。这样一种事业，与其说是一种传统意义上的历史，还不如说是一种'考古学'。"②"考古学"是指重构和考察作为认识、理论、制度和实践之深层的可能性条件的知识。"认识型"指的是在某个时期存在于不同科学领域之间的所有关系。科学之间或各种部门科学中的不同话语之间的这些关系现象，就构成了一个时期的认识型。作为不同科学之间的关系集合，认识型就是西方文化特定时期的思想框架，是"词"与"物"借以被组织起来并能决定"词"如何存在和"物"为何物的知识空间，是一种先天必然的无意识的思想范型。福柯阐释了考古学的基本特征：它所要确定的是"话语本身，即服从于某些规律的实践"；"确定话语的特殊性；……对话语方式做出差异分析"；"确定话语实践的类型和规则"；"仅仅只是一种再创作：就是说在外在性的固有形式中，一种对已写出的东西的调节转换。……这是对某一话语——对象的系统描述。"③

---

① 《福柯集》，杜小真编选，上海：上海远东出版社，2002，第530、534页。
② 〔法〕福柯：《词与物：人文科学考古学》，莫伟民译，上海：上海三联书店，2002，第10页。
③ 〔法〕福柯：《知识考古学》，谢强、马月译，北京：生活·读书·新知三联书店，2003，第152—154页。

福柯的解构是解构历史宏大叙事,即按照决定论模式理解历史,认为历史事件是由经济的、政治(法权)的或精神(意识)的某个或某些客观必然因素决定的,是线性的。为了解构历史宏大叙事,福柯提出谱系学。福柯阐释了谱系学的基本特征:它是微观的,而不是宏观的;它不探讨"起源",而探讨"创始"和"出身";它是一种"效果历史",等等。总之,谱系学即按照非决定论模式理解历史,认为历史事件是由知识—权力等等各种主观偶然因素综合作用的,是非线性的。① 福柯的"知识—权力"揭示了知识和权力在人类社会生活中的内在关系。他说:"权力制造知识(而且,不仅仅是因为知识为权力服务,权力才鼓励知识,也不仅仅是因为知识有用,权力才使用知识);权力和知识是直接相互连带的;不相应地建构一种知识领域就不可能有权力关系,不同时预设和建构权力关系就不会有任何知识。"② 福柯从考古学转向到谱系学,从尼采的作为谱系学的历史关系出发,把话语—权力二维发展为话语—权力—身体三维。这被称作"生物(生命)—权力"结构。福柯对精神病史的研究、对监狱史的研究、对性意识史的研究等等,从解构历史宏大叙事到解构现代政治理性,这堪称一部现代性"思想批判史",影响深远。

其二,**德里达**(Jacques Derrida,1930—2004),其代表作为《文字与差异》《论文字学》《言语和现象》等。

德里达宣告了"书本的终结和文字的开端"。德里达所谓"书本"和"文字"是两种截然相反的书写和阅读模式,换句话说,是两种截然相反的思维和言述模式。"书本"是有主题、有中心因而也就有结构的文本,而"文字"则是无主题、无中心因而也就无结构的痕迹。"文字",正如"书本"—文本一样,是在最普遍和最广泛的意义上使用的,它包括表音文字、象形文字或表意文字、数学文字等等书面文字、艺术文字、竞技文字、军事和政治文字等等直到生物遗传编码、信息代码等等。外部世界是上帝写下的"大书"

---

① 《理性与启蒙(后现代经典文选)》,江怡主编,北京:东方出版社,2004。
② 〔法〕福柯:《规训与惩罚——监狱的诞生》,刘北城、杨远婴译,北京:生活·读书·新知三联书店,2003,第29页。

（柏拉图主义），而内心世界则是上帝写下的"活书"（卢梭主义），二者都是"文字"。从"书本"到"文字"的关键是德里达的"解构"。而德里达的解构则是解构逻各斯中心主义和言语中心主义。亚里士多德曾经指出："言语是心境的符号，文字是言语的符号。"这就是逻各斯中心主义和言语中心主义："它主张言语与存在绝对贴近，言语与存在的意义绝对贴近，言语与意义的理想性绝对贴近。"我们通常认为：思想是反映存在的，语言是表达思想的，文字是书写语言的，而阅读则是理解书写的。这样也就造成了存在对思想、思想对语言、语言对文字以及书写对阅读的特权，或者造成了阅读对书写以及文字对语言、语言对思想、思想对存在的依附。而德里达则通过解构逻各斯中心主义和言语中心主义发现了前后之间的"替补"和"分延"，他通过解构实现了"撒播"的解构主义书写和阅读模式：从以作者为引导的深度模式到读者自由探索的平面模式。① 在某种意义上，德里达的解构更为有力，更能击中现代性的要害。但是，正像他自己所承认的那样，他的解构"不是毁坏，而是清淤"。

从结构主义到后结构主义（解构主义），从现代性到后现代，是欧陆哲学传统从理性主义到非理性主义的延续和扩展，但也是人本主义传统的历史和逻辑终结。

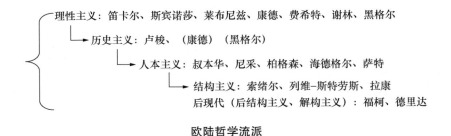

欧陆哲学流派

---

① 〔法〕德里达：《论文字学》，汪堂家译，上海：上海译文出版社，1999，第14、15页。

进一步阅读

大理石说

莱布尼兹主张天赋观念论，认为人心并不像洛克说的那样是一块白板。他说："问题就在于：心灵本身是否像亚里士多德和《理智论》作者所说的那样，是完完全全空白的，好像一块还没有写上一个字的板（Tabula rasa ［白板］）；是否在心灵上留下痕迹的东西，都是仅仅从感觉和经验而来，还是心灵原来就包含着一些概念和学说的原则，外界的对象只是靠机缘把这些原则唤醒了。我和柏拉图一样持后面一种主张，甚至经院学派以及那些把圣保罗说到上帝的法律写在人心里的那段话用这个意义来解释的人，也是这样主张的。——由此就产生了另外一个问题：究竟是一切真理都依赖经验，亦即依赖归纳与例证，还是有些真理更有别的基础。""我也曾经用一块有纹路的大理石来作比喻，而不把心灵比作一块完全一色的大理石或空白的板，即哲学家们所谓 Tabula rasa。因为如果心灵像这种空白板那样，那么真理之在我们心中，情形也就像赫尔库勒的像之在一块大理石里一样了，这块大理石本来是刻上这个像或别的像都完全无所谓的。但是如果在这块石头上本来有些纹路，表明刻赫尔库勒的像比刻别的像更好，这块石头就会更加被决定用来刻这个像，而赫尔库勒的像就可以说是以某种方式天赋在这块石头里了，虽然也必需要加工使这些纹路显出来，加以琢磨，使它清晰，把那些阻碍这个像显现的纹路去掉。同样情形，观念与真理是作为倾向、禀赋、习性或自然的潜在能力而天赋在我们心中，并不是作为现实作用而天赋在我们心中的，虽然这种潜在能力永远伴随着与它相适应的、常常感觉不到的现实作用。"①

独断论

莱布尼兹之后，沃尔弗（Christian Wolff, 1679—1754）第一次提出了

---

① 《西方哲学原著选读》上卷，北京大学哲学系外国哲学史教研室编译，北京：商务印书馆，1981，第493、495—496页。

"本体论"的概念，以为第一哲学，并且把莱布尼茨的演绎推理方法和形式逻辑发挥到极致，用定义、公理和定理的方式把哲学范畴统一组织起来，人称"莱布尼兹—沃尔夫体系"，并且把预定和谐论变为一种外在目的论。这就是康德所批判的"独断论"。恩格斯曾讽刺过这种"浅薄的沃尔弗式的目的论"："根据这种理论，猫被创造出来是为了吃老鼠，老鼠被创造出来是为了给猫吃，而整个自然界被创造出来是为了证明造物主的智慧。"①

二律背反

康德在《纯粹理性批判》"先验要素论"之"先验逻辑"之"先验辩证论"中提出四个"二律背反"：

第一个"二律背反"	
正题 "世界在时间上有开端，在空间上有限界。"	反题 "世界并无开端，也无空间限界。就时、空言，它是无限的。"
第二个"二律背反"	
"世界中任何组集的实体，都是由单纯的部分构成的，除了单纯的事物或由单纯部分所构成的事物以外，世界上别无他物。"	"世界中组集的事物不是由单纯部分所构成，世界中没有任何单纯的事物。"
第三个"二律背反"	
"按照自然规律的因果，不是世界的所有现象全能由它得出的唯一的因果性。要解释这些现象，必须假定还有另一种因果，即自由的因果。"	"没有自由，世界中任何事物都是按照自然规律而发生的。"
第四个"二律背反"	
"有一个绝对必然的存在属于这个世界，或作为它的部分，或作为它的原因。"	"世界中或世界外都没有一个绝对必然的存在来作为世界的原因。"②

---

① 《马克思恩格斯选集》第3卷，中共中央编译局编译，北京：人民出版社，2012，第851页。
② 引自李泽厚：《批判哲学的批判——康德述评》（修订本），北京：人民出版社，1979，第217页。

上　帝　死　了

这是尼采的一个著名论断：

你们是否听说有个疯子，他在大白天手提灯笼，跑到市场上，一个劲儿地呼喊："我找上帝！我找上帝！"那里恰巧聚集着一群不信上帝的人，于是他招来一阵哄笑。

其中一个问，上帝失踪了吗？另一个问，上帝像小孩迷路了吗？或者他躲起来了？他害怕我们？乘船走了？流亡了？那拨人就如此这般又嚷又笑，乱作一团。

疯子跃入他们之中，瞪着两眼，死死盯着他们看，嚷道："上帝哪儿去了？让我告诉你们吧！是我们把他杀了！是你们和我杀的！咱们大伙儿全是凶手！我们是怎么杀的呢？我们怎能把海水喝干呢？谁给我们海绵，把整个世界擦掉呢？我们把地球从太阳的锁链下解救出来再怎么办呢？地球运动到哪里去呢？我们运动到哪里去呢？离开所有的太阳吗？我们会一直坠落下去吗？向后、向前、向旁侧、全方位地坠落吗？还存在一个上界和下界吗？我们是否会像穿过无穷的虚幻一样而迷路呢？那个空虚的空间是否会向我们呵气呢？现在是不是变冷了？是不是一直是黑夜，更多的黑夜？在白天是否必须点燃灯笼？我们还没有听到埋葬上帝的掘墓人的吵闹吗？我们难道没有闻到上帝的腐臭吗？上帝也会腐臭啊！上帝死了！永远死了！是咱们把他杀死的！我们，最残忍的凶手，如何自慰呢？那个至今拥有整个世界的至圣至强者竟在我们的刀下流血！谁能揩掉我们身上的血迹？用什么水可以清洗我们自身？我们必须发明什么样的赎罪庆典和神圣游戏呢？这伟大的业绩对于我们是否过于伟大？我们自己是否必须变成上帝？以便与这伟大的业绩相称？从未有过比这更伟大的业绩，因此，我们的后代将生活在比至今一切历史都要高尚的历史中！"

疯子说到这里打住了，他举目望听众，听众默然，异样地瞧他。终于，他把灯笼摔在地上，灯破火熄，继而又说："我来得太早，来得不是时候，这件惊人的大事还在半途上走着哩，它还没有灌进人的耳朵哩。雷电需要时间，星球需要时间，凡大事都需要时间。即使完成了大事，人们听到和看到大事也需要假以时日。这件大事还远着呢！比最远的星球还远，但是，总有一天会大功告成的！"

人们传说，疯子在这一天还闯进各个教堂，并领唱 Reguiem aeternam deo（安魂弥撒曲）。他被人带出来，别人问他，他总是说："教堂若非上帝的陵寝和墓碑，还算什么玩意呢？"①

人 死 了

这是福柯的一个著名论断：

尼采指出，上帝之死不意味着人的出现而意味着人的消亡；人和上帝有着奇特的亲缘关系，他们是双生兄弟同时又彼此为父子；上帝死了，人不可能不同时消亡，而只有丑陋的侏儒留在世上。②

在我们今天，并且尼采仍然从远处表明了转折点，已被断言的，并不是上帝的不在场或死亡，而是人的终结（这个细微的、这个难以觉察的间距，这个在同一性形式中的退隐，都使得人的限定性变成了人的终结）；那时，上帝的死亡与末人显得是局部相联系的：难道不是末人宣告自己已杀死了上帝，并由此把自己的语言、思想和笑声置于已死的上帝的空间中，但也把自身呈现为是已杀死上帝的凶手并且其存在包含有这个谋杀的自由和决定吗？这样，末人既比上帝之死要古老，又比上帝之死要年轻；由于末人杀死了上帝，所以，正是末人自身应该对它自己的限定性负责；但正是由于末人是在上帝之死中谈话、思考和生存的，所以，末人的谋杀本身注定是要死亡的；新的、相同的诸神早已使未来的海洋上涨了；人将消失。远非上帝之死——或确切地说，在这个死亡之后并依据一种与该死亡的深刻相关性，尼采的思想所预

---

① 〔德〕尼采：《快乐的科学》，黄明嘉译，上海：华东师范大学出版社，2007，第208—210页。
② 《福柯集》，杜小真编选，上海：上海远东出版社，2003，第80页。

哲学导论

告的，就是上帝的谋杀者之死；就是人的面目在笑声中爆裂和面具的返回；就是时间的深层之流的散布，人感到自己被这个深层之流带走了，并且人甚至在物的存在中猜想到了它的影响；这是大写的同一的返回与人的绝对散布的等同。①

思考与讨论

如何理解欧陆哲学传统？相比德国哲学，法国哲学有何特征？

---

① 〔德〕福柯：《词与物——人文科学考古学》，莫伟民译，上海：上海三联书店，2001，第503—504页。

下篇

当代哲学形态

古代世界出现三大哲学传统：中国、印度、希腊。唯有希腊哲学传统发展成为近现代形态。近现代西方出现两大哲学传统：英美、欧陆。古代世界三大哲学传统是原生态的，近现代西方两大哲学传统是次生态的。这是世界哲学迄今为止所经历的基本过程和所呈现的基本格局。

古代希腊、中世纪欧洲哲学的中心问题是本体论问题。西方哲学分化伊始，争论的焦点是本体论问题。中世纪欧洲哲学唯名论和唯实论的争论，引发近现代西方两大哲学传统——英美哲学传统和欧陆哲学传统。近代西方哲学出现认识论转向，形成认识论中心。英美哲学传统以经验论为特征，进而出现实证主义——唯科学主义思潮；欧陆哲学传统以理性论为特征，进而出现人本主义——非理性主义思潮。在西方两大哲学传统分立中，进一步出现哲学中心问题转向：一是生存论转向，二是价值论转向，三是语言学转向。这样就形成了当代哲学形态。

严格划分当代哲学和近代、现代哲学的界限，既不可能，也无必要。顾名思义，传统是现在完成时的（它影响现在、将来），当代是正在进行时的（它延续过去，通向未来）。严格地说，所有的昨天都已经过去，所有的明天都尚未到来，今天，尤其现时只是一瞬间、一刹那。这样就无法做出任何描述了。因此我们需要从传统哲学中分离出当代形态来，这样才能描述现时哲学。相比任何哲学思潮、学派、人物、著作等等，显然哲学的问题和方法具有更长时段、更广范围和更深程度的影响。此外，哲学包括纯粹（理论）哲学、实践哲学，当代哲学除了纯粹哲学之外，实践哲学相较以往更加重要。正是基于这一考虑，我们以当代哲学问题（第七章）、当代哲学方法

（第八章）和当代实践哲学（第九章）来描述当代哲学形态。当代哲学问题分为形而上学、知识论、语言哲学和心灵哲学四个层次，当代哲学方法分为分析哲学、现象学和解释学三个方面，实践哲学分为政治哲学、道德哲学和法哲学三个领域。最后，鉴于马克思主义哲学的独特地位和巨大作用，我们予以专门探讨（第十章）。

应当指出的是：在当代哲学形态中，英美，尤其美国哲学占有压倒优势，这反映了某种现状。但是世界哲学绝不等于此类状况。当代哲学问题并不仅仅是英美哲学的问题，当代哲学方法也不仅仅以分析哲学为路径，当代实践哲学更不仅仅以美国为中心。相比当代英美哲学，当代欧陆哲学相较以往有所衰退，但是，以现象学——解释学为路径，仍然可以平分江山。更为重要的是，随着中国哲学和印度哲学等等东方哲学传统的复兴，西方哲学独占局面终将消解。随着现代化、全球化历史进程，不仅西方两大哲学传统——英美哲学传统和欧陆哲学传统的交流与融合可以期待，甚至世界三大哲学传统——中国哲学传统、印度哲学传统、西方哲学传统的交流与融合同样可以期待。一个名副其实的世界哲学为期不远了。

第七章
当代哲学问题

当代哲学问题与古代哲学问题和近代哲学问题有着密切的关系，当代哲学问题是古代和近代哲学问题的逻辑发展。比如，现代形而上学继承并发展了自亚里士多德以来关于世界本性的种种观念；知识论探讨了自笛卡尔以来关于是否存在可靠知识的问题；语言哲学则关注着自洛克以来关于语词意义的讨论；心灵哲学则集中讨论了自笛卡尔确立身心问题基本讨论框架以后产生的众多看法。

在古希腊时期，这些问题都被统一为"哲学—科学"。然而，随着科学从哲学中分离出来，这些哲学问题也变得专门起来：一方面对它们的讨论已经不能只在科学的领域中进行；另一方面对它们的讨论又必须借助科学的发展，这样一种哲学与科学若即若离的关系构成了当代哲学问题的主旋律。

形而上学

"形而上学"是一个译名，首先由日本人井上哲次郎（明治时期）以此来翻译西文中的 metaphysics 一词。但这个词并非外来，《易经》有云："形而上者谓之道，形而下者谓之器"① 的说法，宋明理学以此来言及理之根本性，提出根本性的东西才是形而上的，才是所谓的"道"。因此形而上学就是探讨大道的学问。形而上学的英文译名 Metaphysics，原意为物理学之后，出自亚里士多德的一本叫做"Metaphysics"的著作。由于阿拉伯编辑者在整理亚里

---

① 《周易》"系辞上传"。

士多德的作品时，把他对逻辑、含义和原因等抽象知识的讨论编排在了《物理学》（Physiká）之后，称为"Metaphysics"。而这个用语被后来的拉丁语注家将其理解为了"超越于自然学的科学"，这也直接影响了整个中世纪的经院哲学是以"超越的"形而上学为基础的神学。

那么，形而上学究竟是研究什么的呢？如果要用一句话来定义形而上学，可以说：形而上学就是对终极的实在的研究。这里涉及两个概念："终极的""实在"。所谓终极的就是最终我们必然要涉及的那个东西。比如我们谈论桌子，桌子是由分子构成的，在这里我们会问"分子"是否是终极的实在？这就涉及什么是实在的问题，物质是实在的么？还是观念是实在的？谈到实在就不得不提到与其对立的一个概念："现象"。有人会说桌子不是实在，只是逻辑观念的构造（比如罗素），实在的只是"分子"。问题来了，分子不也是我们的理论构造么？这把我们牵涉到更为复杂的问题上来，比如唯实论与反唯实论之间的争论问题。我们可以用三个问题来概括形而上学：世界的根本特征是什么？存在着一个按如此特征刻画出来的世界么？如果有，那么我们在这样的世界里处于何种位置？对于这三个问题有两套不同的回答。1. 神学的答案：世界就是由上帝和他的创造物构成的，上帝必然存在，因此世界存在；上帝创造人类是为了人类能够爱戴他；2. 科学的答案：世界是由物质构造的。这样的世界是自然进化演变的结果。存在人类是偶然的，因为世界是复杂的，可以构造出像人这样的生物。这两套答案是截然对立的，但又有相同的地方：它们都假设了这三个问题是可以得到解答的；它们都假设了个体的存在。形而上学所关注的三个问题有着不同版本的论证和结论。但任何一种形而上学都不能回避这三个问题。

现在，我们清楚了形而上学的问题，那么再来看看它和其他学科的区别。首先，形而上学和科学、神学的区别在于：一个科学家宣称世界就等同于物理宇宙——这不是一个科学命题，而是一个形而上学命题，因为它是无法证实的。神学在于每个人都可以有不同的神学信仰。而形而上学实际上是中立于某一特定立场的，它的精神是科学的——大多数人都认同的立场。需要注意的是，科学的形而上学本身并非科学，这是和科学的区别。其次，形而上学与语言哲学、心灵哲学、知识论、科学哲学、伦理学的区别在于：形而上学是最为一般的探究，不同于其他领域。其他领域都有独特的东西，比如有的涉及语言、有的关注心灵。但它们最终也不得不涉及形而上学。究竟什么东西是实在的？语言还是心灵？现代的形而上学论域极为广泛，涉及各种各样的基本问题：存在、同一性、个人同一、自由意志、时间（时间旅行、时间持存）、世界（唯实论与反唯实论、共相论与殊相论）、事件、因果、可能世界、模态（可能和必然）、自然规律、模糊、组合性、虚构、上帝，等等。本节主要介绍的是自由意志和世界存在的问题。自由是人的本质，存在是世界的本质，但是人真的具有自由么？世界真的客观存在么？探究这些问题是形而上学的核心任务。

所谓自由地做某一件事情就是说：你可以做这件事情A，也可以做那件事情B，但是经过考虑之后，你最终还是决定做了A，当然这并不意味着你就不能做事情B，如果你愿意的话，你也可以做事情B。一种观点认为：你做的每一件事情都是自由选择的结果，你的意志是自由的。与此相对的观点认为：你所做的一切都是被决定的，你根本不具有任何自由意志，所谓的自由意志不过是一种自由的幻象而已。

这样，我们已经触及哲学的核心问题：自由意志问题，我们的行为是自由的还是被决定的？现代社会没有什么比自由更重要了。自由权利仅仅次于生命权利，被认为是现代社会人类所不可缺少的权利。所有人都热爱自由，社会也变得越来越自由。但为什么我们需要自由呢？一个简单的回答是：我们希望获得更多的自由是因为更多的自由可以满足我们更多的需要。但是这些自由只是一些表层的政治自由罢了，我们真正想谈论的自由是深层的。假设我们有最大的自由做出选择来满足我们的需要，事实上我们仍然可能被某种力量控制。在这样的世界中我们虽然可以自由地做一些事情，但有一定的限度，对此并没有最终的掌控，我们被无形之手所操纵，我们不具备所谓的自由意志。

那么，"行为是被决定的"这话是什么意思呢？这在哲学上是一种决定论的观点。它有很多不同的表现形式。人们在不同的时候怀疑他们的行为是否被命运、上帝、物理定律、逻辑定律、社会环境、无意识的、心理的或者社会的条件等决定。这些不同形式的决定论都坚持一个核心观念：一个事件（比如选择或者行为）是被决定的，当且仅当早期的一些条件（比如命运、上帝、自然律）已经足以导致这个事件的发生。换句话说，如果在先的决定性条件出现，则被决定的行为也会出现。

我们可以看到这样一种决定论的观点对自由意志是一种威胁，如果我们是被决定的，那么我们就不是自由的，这似乎是我们的一种生活直觉。关于自由意志和决定论之间的关系，可以分为两种类型：第一种类型主张自由意志和决定论是相容的，并没有冲突，这种观点称之为相容论。第二种类型主张自由意志和决定论是不相容的，这种观点称为不相容论。这里的决定论是一种具体的决定论，称之为因果决定论，它主张关于未来的进程完全为过去的事情和自然规律联合起来所决定。想象有一个命题 P，它描述了从鸿蒙开篇一直到当下你读到这一页时发生的所有事情。有一个命题 L，它是一切自然规律的总和。因果决定论声称 P 和 L 联合起来决定了未来的进程。出于行文简便，用决定论作为因果论的速写，这是我们唯一关注的决定论形态。一个很自然的问题是，这种决定论是真的么？大部分哲学家相信，决定论是否为真只是一个偶然的经验判定，决定论既不必然为真也不必然为假。科学家可以探索研究是否其在世界中为真，哲学家并不关注这一论断。确实有一些科学家怀疑决定论，量子力学的兴起，根据哥本哈根的解释，约束自然的规律是不确定和概率性的。微观粒子比如夸克的运动轨迹只能由概率方程来给出描述。尽管方程可以大致预测夸克在某一时刻的运动方向，但实际是否如此却还是不确定的或者说任意的。一般而言，决定论适用于宏观事物，而不适用于微观事物。

相容论者相信即使决定论是真的，依然存在自由意志。霍布斯和休谟就是传统的相容论者。不相容论者分为两种：一些不相容论者相信决定论是真的，人并没有自由意志，这些哲学家被称为硬决定论者；另外一些不相容论者认为，实际世界并非被因果决定的，至少有一些人具有自由意志，这些哲学家被称为自由论者。尚存在第三种情况，有一些哲学家认为，实际世界既不是被决定的,也不存在自由意志,他们可以叫做自由意志的否定者。

不相容论者对自己的立场提供了严格的论证,最为著名的有两个:后果论证和源起论证。

第一个论证是后果论证,它是不相容者最为著名的论证,主要表述者是美国哲学家**因瓦根**(Peter van Inwagen, 1942—)。这里给出一个后果论证的非形式化版本:

1. 没有人有能力改变过去的事实和自然定律;

2. 没有人有能力改变这样一个事实:过去的事实和自然定律就蕴含着未来的事实(决定论);

3. 因此,没有人能够改变未来的事实。

根据后果论证,如果决定论是真的,那么就没有人能够改变他未来的任何行为。相容论者认为决定论和自由意志可以同时存在。后果论证表明,二者必去其一,如果接受决定论,那么人就没有自由。注意一点:论证并没有表明决定论存在或不存在,或者自由意志存在不存在。后果论证并没有论证决定论为真或者自由意志为真,它只是论证了二者不能同真。

第二个论证是源起论证。对于能动者来说,重要的不是能动者做出选择的因果链条,而是意愿如何源起于能动者。如果能动者能主动引起他的行为,或者说他是行动者的最终原因,那么能动者就是具有自由意志而行为了。对这个论证给予形式化表示如下:

1. 一个能动者的行为具有自由意志,如果他就是他行为的源起者或最终来源;

2. 如果决定论是真的,那么能动者的任何行为都是由外在于他所能把握的事件和环境所决定的;

3. 如果能动者的任何行为都是由外在于他所能把握的事件和环境所决定的,那么能动者就不是他行为的源起者或最终来源;

4. 因此,如果决定论是真的,就没有能动者是他行为的源起者或最终来源;

5. 因此,如果决定论是真的,能动者就没有自由意志。

这个论证，前提 3 是有效的，能动者的意愿必须是不受到外部环境控制而激发出来的。前提 2 是根据决定论的定义为真。唯一可以考虑的就是前提 1，一个能动者如何经过慎思做出自由的选择呢？传统的解释假设了一个独立的能动者或者自我因果导致了能动者的各种行为，这种理解被称为能动者因果。源起论证是否成立，关键在于能动者因果是否合理。

相容论者也为自己的立场采取了各种辩护，其中大部分用来反驳不相容论的各种论证。如果不相容论证，如后果论证，表明是错误的，那么相容论似乎就显得合理一点。大部分哲学家相信人类有一种普遍的自由意志直觉：不相容论直觉。如果一个人被完全约束了，他就失去了自由意志。最近的相容论者采取了新的策略，他们利用实验调查来质疑所谓普遍的不相容论直觉，在他们所做的各种道德实验调查中，他们发现实际上大多数人都倾向于接受相容论的结论。

为什么哲学家对自由意志和决定论的关系津津乐道呢？一个很重要的原因是自由意志与道德责任相关。似乎一个人只有具有自由意志，才能为他的行为负有道德责任。如果接受强决定论，不存在自由意志，那么似乎就不需要为自己的行为承担道德责任了。即，如果一个人是完全被控制的，失去了选择的余地，那么就没有自由意志，因此他的行为就不需要担负道德责任。休谟说自由意志是形而上学中最重要的问题，他看到了自由意志对理解人类行为的重要作用。

自由意志是关于人类本性的研究，存在问题则是针对世界的探讨。世界是一个客观的存在，还是仅出于虚构，是观念的外显？近代哲学家巴克莱有一个很著名的论题：存在即被感知。这一论题在当代衍生为世界存在的唯实论与反唯实论争论。要表明世界是实在的，就是要表明存在不仅仅是感知，还存在一些感知不到的实在，即存在独立于人类心灵的实在。反唯实论会主张其实所有的存在最终都是可以感知的，世界的存在依赖于人类心灵。

内格尔（Thomas Nagel, 1937—）在《本然的观点》一书第六章"思想与实在"中捍卫了唯实论的观点：世界独立于我们的心灵。我们可能不知道，甚至不能设想某些实在。观念论（一种典型的反唯实论）则认为存在的东西一定就是可思的，那些我们不能思及的东西对于我们来说没有任何意义。观念论有各种形态，如：存在即是被感知；存在必须是我们可能经验的对象；存在必须是可以被我们证实的；存在必须是我们能够对其拥有证据的。

最原始的观念论是巴克莱提出来的：存在即被感知。巴克莱说，我们不可能对没有感知过的对象形成任何观念。比如一颗没有被感知到的树，我们唯一能做的就是唤起一棵树的图像，当然这并不是不在观念之中的。现在普遍认为巴克莱的论证犯了一个错误：将作为思想工具的感知想象和作为思想对象组分的感知经验混淆了。即使我使用一个图像去想一棵树，这并不意味着我想的是一棵树的图像。

观念论虽然自身难保，但它可以通过反驳唯实论，达到间接辩护的目的。观念论相信，如果让"我们不能设想"这个概念有意义，我们就必须使用实际存在的和实际为真的事物的概念来描述"我们不能设想"这个概念。但是用描述实际世界的概念去描述我们不能设想的世界，是一个不可能完成的任务。虽然对于有一些实在，我们没有对其形成概念，因而无法设想其实际状况，但这并不代表它们就不存在。存在是一个本体论的事实，概念和想象属于认识论范畴。反唯实论认为不能想象就不存在，没有概念表达就不存在，这是混淆了认识论和本体论的区分。

戴维森（Donald Davidson, 1917—2003）在"论概念图式这一观念"一文中捍卫了上述的观念论。他从语言的可翻译性入手，设想存在着一系列语言——我们的语言是 A，最遥远的语言记为 Z，从 A 到 Z 中存在一系列语言，相邻语言可以互相翻译。问题在于：A 能不能最终翻译成 Z 呢？如果能够翻译，似乎表明这两种语言共有一种概念体系；如果不能翻译，似乎表明我们的语言 A 和语言 Z 具有完全不同的概念体系。存在着不可翻译的语言 Z，就对应着完全不同的概念图示，也就说明存在着我们不可设想的存在。戴维森认为不可翻译或者说翻译失败这个事是不可理解的，我们不能有意义地谈论翻译失败，换句话说，我们不能有意义地承诺一个不同于我们的概念图示，这就直接导致了反唯实论的观念：实在本身是相对于概念图式而言的，这也就是说，在一种概念图式里算作实在的东西，在另外一种概念图式里可能并不是实在的。戴维森的观念要比这进一步，他主张实在并不是独立于我们的语言、思想而获得的。试图区分不同的概念图式是不可能的，因为我们没有发现任何据以说概念图式不同的可理解性的根据。同样，不能说我们共享一个概念图式，因为我们不能可理解地说概念图式是不同的，即我们也不能可理解地说它们是同一的。

针对戴维森的反驳，内格尔承认并没有特别正面的论证来说明唯实论的观点，但内格尔仍然为一种合理的唯实论立场做了自己的辩护："宇宙及其内部所发生的绝大多数事情完全独立于我们的思想；但自从我们的先民在地球上出现以来，我们逐渐形成思考、认识并表象实在的越来越多的方面的能力。有一些事物，我们现在不能设想它们，但仍然可以理解它们；而且很可能还存在另外一些我们没有能力设想的事物，这不仅因为我们处于历史发展的很早的阶段，而且因为我们是我们所是的这种类型的生物。""我们关于现象界的知识是关于本然的世界的不完全的知识；但是，全部的世界不可能等同于向我们显现出来的世界，因为不管人类的理解——像斯特劳森所暗示的那样——在我们无法想象的一些方面扩展到多远，它都很可能包含我们不能或绝不能设想的事物。"①

实际上用我们已有的概念去描述我们从未探知的世界，这正是人类不断进步的原因。也许这种描述是一种误用，但这是我们唯一使用的语言。唯实论除了这种一般性的立场之外，还有很多不同类型的唯实论，比如柏拉图的理念论可以称作是抽象唯实论；而一批常识哲学家主张存在的都是物质的，不存在抽象的实在，这可以称作物理唯实论。一般人都不会反对物理实在，问题就集中在是否存在抽象实在的问题上，比如数学唯实论主张存在客观的数学真理，语言唯实论主张一些基本的语言规则是独立于特定的语言，道德唯实论主张存在客观的道德事实。种种 X——唯实论都是在解释各种具体问题的时候产生的，和一般的唯实论问题又有着密切的关系。

---

① 〔美〕内格尔：《本然的观点》，贾可春译，北京：中国人民大学出版社，2010，第103、114页。

知识论

我们能知道关于世界的知识么？这貌似不成问题，当然我们知道关于世界的种种特征。但是我们真的知道关于世界的种种事物么？怀疑论就是一种主张我们不能获得任何可靠知识的理论。

中国古代的大思想家庄子是一个怀疑论者，在"齐物论"里，他提出了著名的蝴蝶梦："昔者庄周梦为蝴蝶，栩栩然蝴蝶也，自喻适志与，不知周也。俄而觉，则蘧蘧然周也。不知周之梦为蝴蝶与，蝴蝶之梦为周与？周与蝴蝶，则必有分矣。此之谓物化。"① 也许人生就是一场大梦，我们不知道我们是在做梦还是在现实中，也许是庄周梦蝶也许是蝶梦庄周，何必在乎这些区分呢？"浮生如梦""大梦谁先觉？平生我自知"。庄子以彻底怀疑的态度，拒绝了解真实世界的可能，当然认识世界也不是他的精神理想，在庄子这些中国古代思想家看来，重要的是理解自己，达到圣人的境界。这种对世界认知的拒绝开启了怀疑论的悠久传统。

与庄子相呼应，法国哲学家笛卡尔提出了彻底的怀疑，否定了认知外在世界、他人、数学真理的可能。在《第一哲学沉思录》中，笛卡尔提出了两个著名的论证：做梦论证和恶魔论证。

庄周梦蝶、笛卡尔的做梦论证和恶魔论证表明我们无法真正地认知外在世界，从而获得关于外在世界的知识（在这里我们抛开笛卡尔怀疑论的方法论特征，一般性地谈论怀疑论）。这就是哲学上古老的怀疑论：拒绝知识的可能。仔细思考，怀疑论是难以反驳的，尽管事实上人们确实能够获得对世界的认识，要拒斥一种哲学意义上的怀疑论，显然不能依靠常识。

20世纪以来无数哲学家尝试回答或者说解决怀疑论，希望我们关于知识的看法能够和我们日常生活契合起来。

英国哲学家**摩尔**（George Edward Moore，1873—1958）运用常识来回应怀

---

① 《庄子》"齐物论第二"。

哲学导论

疑论：我们知道世界的存在，因为我们知道我们有身体，我能知道我的身体是在过去某一时刻被生下来并自那时一直继续存在。在"捍卫常识"一文中，摩尔证明自己有两只手："我现在能证明……两只手存在。如何做呢？通过举起我的双手，当我用右手做了一种姿势，我说：'这里是一只手'。当我用左手又做了一种姿势，我又补充说：'这里是另一只'。但现在我完全意识到，尽管我已经说出了一切，许多哲学家仍将感到，我对上述问题仍未给出任何满意的证明。……如果我已经证明了在我的两个证明中作为前提所使用的命题，那么他们或许将承认我已经证明了外在事物的存在。……他们需要当我举起我的手并说'这里是一只手，这里是另一只手'时我现在所肯定的东西的证明。……他们认为，如果我不能给出如此例外的证明，那么我已经给出的证明就不是最终的证明。……这样一种观点，虽然它曾经在哲学家中非常流行，但我认为，可能被证明是错误的。……我能知道我不能证明的东西；在我确实知道的事物中有我的两个证明的前提。因此，我将说，那些仅仅根据我不知道它们的前提而不满意这些证明的人，如果有的话，他们对我的不满意也没有好的理由。"[①]

可以把摩尔的论证总结为如下模式：

1. 我的两只手是外部对象；
2. 我确定地知道我的两只手的存在；
3. 因此，我知道外部对象的存在。

问题的关键就在于前提 2：我确定地知道我的两只手的存在。但正如摩尔所说，我虽然不能证明两只手的存在，但确实可以知道两只手的存在。这里依赖于摩尔所做的一个关于知道和证明的区分。知道在这里首先不是一种闻见之知，比如我听到某人的话语或者看到什么东西，这些都可以算作间接知道。摩尔所说的知道，是直接知道，没有经过思考反思就能知道的东西：我当然知道我有两只手，有一个鼻子，有耳朵，有大脑等等。与这种直接知道

[①] G. E Moore, "A defense of Commons sense", *Philosophical Papers* (London: Allen & Unwin, 1959).

不同，证明是在另一个层面上，证明需要给出理由和标准，仔细思量如何给我有两只手的标准？摩尔旨在表明，对于一些特定的命题，怀疑论是无效的，如果按照证明的标准，那么我们确实不能知道任何东西。如果从知道来理解一些特定的命题，则可以逃离怀疑论的攻击。有一些命题具有特殊的地位。正是从这个角度，在《论确定性》一书中，**维特根斯坦**（Ludwig Wittgenstein，1889—1951）对摩尔的怀疑论反驳给出了自己的系统考察。维特根斯坦认为一旦仔细审视我们的认知实践，发现其中一些东西是免于怀疑论攻击的。如果我们怀疑那些东西的话，我们的认知实践就是不可能的。在维特根斯坦看来，有一些东西是不能质疑的，诸如"我有两只手""世界在我出生之前就已经存在了""我从来没有到过火星""我正在埋头写作"等等命题是免于怀疑的，认识的概念不适合这种类型的命题，这些命题是我们必须不加怀疑接受的东西，构成了我们一切认知活动的背景。我们把这种命题称为"框架命题"，它构成了我们从事一切认知活动的框架。《论确定性》旨在表明为什么我们不应该把"框架命题"当作知识的对象。我们与框架命题的关系不能按照认知的术语来进行刻画，我们需要用完全不同的概念来描述这种关系。一旦我们把这些命题处理为"知识""信念""怀疑"这些认知概念的对象的时候，就会出现"语法上"的错误。在这个思路上对怀疑论的回应，是区分了两种命题知识：一种是框架命题知识，一种是非框架命题知识。在框架命题知识范围内，怀疑论没有意义；在非框架命题知识范围内，怀疑论是成立的，但是已经失去原初的那种意义。因为本来怀疑论并不是针对某种特殊类型的命题知识的怀疑，而是对于所有命题知识而言的。在这条路径上，维特根斯坦的学生**马尔科姆**（Norman Malcom，1911—1990）也提出了类似的解决办法。他提出知识可以被区分为两种类型：弱的知识和强的知识。有一些知识主张，如果这些知识被挑战，那么承认自己犯错就是明智的。比如我相信太阳离地球 90 000 000 公里远，我可能确实不知道，还有其他类型的科学知识，比如燃素说等，都一度被相信为正确的，后来证明是错误的。承认知识的可错性，在这个意义上知识是可以被挑战的。但是也有另外一些知识主张，它们如此确切，不可设想它们可能是假的，这就是强的知识，比如"我有身体"

哲学导论

"我有两只手""我现在坐在椅子上""我不是在做梦"等等。所以当我们在弱的知识例子中想让进一步的研究来决定我们是否实际有知识时，我们确定不承认在强的知识情况下能有任何东西可以证明我们犯的错误。强弱知识的区分、框架非框架知识的区分都表明了一点：有一些特定的知识是不能被怀疑的。

对怀疑论的另外一种反驳是美国哲学家**普特南**（Hilary Whitehall Putnam, 1926— ）在《理性、真理与历史》一书中提出来的，普特南借助钵中之脑的思想实验构造了一个现代版本的怀疑论：我们并不知道我们是不是钵中之脑。如果我们真的就是钵中之脑，那么显然，我们没有获得真正的知识。通过反思，我们并不能排除我们是钵中之脑的可能性，因此我们就不能声称我们真的获得了关于外在世界的知识。钵中之脑是笛卡尔做梦论证和恶魔论证的现代翻版。我们真的不知道我们是不是钵中之脑么？如果是真的，那么我们就无法逃避怀疑论的困扰，普特南认为：我们可以知道我们不是钵中之脑，因此我们可以获得关于外在世界的知识。在普特南看来，虽然我们真的就是钵中之脑的假设并没有违反物理定律，也和我们的所有经验保持一致。但它不可能真实，因为这种假设是自我反驳的或者说是自我挫败的。我们不能有意义地谈论我们是钵中之脑。有这样一种命题，对它的断定就会导致它自己的不可维持，例如"所有的句子都是假的"，这个命题就是自我反驳的。如果这个句子属于所有句子中的一个句子，那么它就是假的；但如果它是假的，则"所有的句子都是假的"这个句子就不是真的。另外一种句子是这样的："我没有思考"或者"我不存在"。可是思考或者存在，是以上两个句子之成立的基本条件。如果我们回忆摩尔—维特根斯坦—马尔康姆解释关于两种知识的区分，我们也可以把普特南的这种关于自我拒斥特征的知识进行一种分类，即自我拒斥的命题知识和并非自我拒斥的命题知识，这就和维特根斯坦关于框架命题知识与非框架命题知识、马尔康姆弱的知识与强的知识的区分对应起来了。"我们是钵中之脑"这样的句子就具有自我反驳的性质。如果我们能够设想它是真还是假，它就不是真的。因此它不是真的。也许大家会奇怪，为什么真的是钵中之脑的可能世界中的人们不能够也提出这个论证呢？

普特南回答说:"可能世界中的人们虽然能够想和'说'我们所能想、所能说的任何话语,但(我认为)他们不能指称我们所指称的东西。尤其是,他们无法想或说他们是钵中之脑(即使通过心想'我们是钵中之脑')。"①

普特南认为,钵中之脑的人无法像我们这些实际不是钵中之脑的人一样有效地谈论外在事物,这就是普特南的语义外在主义立场。他认为决定一个名字的指称,不是心理内容而是外在事物本身,而由于钵中之脑缺乏和外在事物的因果联系,因此他不能有效指称外在事物,尽管钵中之脑的人与我们这些不是钵中之脑的人的大脑关于某个词语的心理状态是一样的,但是对于同一个词,他们的指称和我们的指称是不一样的。这样一种语义外在主义立场反驳了传统的心理主义观念(一个词的意义在于唤起合适的心理意向),成为20世纪60年代以后语言哲学中指称理论的主流观点。关于语义外在主义,此处我们只需要指出普特南反驳怀疑论的策略:首先他将怀疑论问题转化为"我们是否可能是钵中之脑"这一问题,其次他指出"我们真的是钵中之脑"这样的命题具有自我反驳的性质,再次他指出自我反驳的原因就在于钵中之脑的人们无法像我们一样有效地指称事物——特别在于他们无法想或说他们是钵中之脑。

怀疑论存在各种各样的反驳,在这里只提出两种基本的回应,第一种被称为"摩尔—维特根斯坦—马尔康姆"的回应,即从常识和认知实践入手消解怀疑论;第二种则是普特南的回应,即利用他在语言哲学上的立场反驳。不过,回到维特根斯坦本身,他在《论确定性》中的讨论其实是另一种思路。

当代知识论的讨论范围极为广阔,其中涵盖了对知识的定义、怀疑论、知识的基础(基础主义和融贯论)、知识的特征(归纳主义)、辩护、先天知识、道德知识、宗教知识、他心等问题。如果说怀疑论主要关注于我们是否能够真的获得知识,那么对知识定义的讨论就是对知识本身特征的说明。知识定义,关注的是知识是什么?《美诺篇》给出知识的定义,这被总结为知识

---

① 〔美〕普特南:《理性、真理与历史》,童世骏、李光程译,上海:上海译文出版社,1997,第9页。

就是得到辩护的真信念。S 知道 P，当且仅当：

1. S 相信 P；
2. P 是真的；
3. S 关于 P 是真的信念获得辩护。

柏拉图以来，这种关于知识的三要素分析一直为传统哲学家所接受，这三个条件构成了知识标准说明的必要和充分条件。三者缺一不可。但是这三者真的就是知识充要条件么？美国哲学学者**盖提尔**（Edmund L. Gettier III, 1927— ）发表了"知识是可辩护的真信念吗？"一文，颠覆了知识论的传统。

这篇文章运用了分析哲学中常用的反例法证明了传统知识定义的错误，即我们可以构造出对于一个特定的认知主体知道一个命题，满足知识定义的三个条件，但对于这个认知主体来说，他仍然不知道这个命题，知识的三条件不能保证他就能真的知道这个命题。对于这种反驳，有两种回应：

第一种是将知识的三条件说改成知识的四条件说，这种解释有四种策略：（1）非假—信念条件；（2）决定性理由条件；（3）因果条件；（4）可挫败性条件。本节只介绍其中的一种因果条件说。**古德曼**（Nelson Goodman, 1906—1998）在《知识的因果理论》一文中提出信念的辩护依赖于它所形成的方式。即认知主体要以正确的方式与世界的相关部分发生因果联系，且认知主体在心理上正确地重建了那个因果链条。按照第一个要求，因果联系必须正确，案例中的因果联系是错误的，尽管这个信念是真的而且得到了辩护。可以这样来解释存在两个因果条件 A 和 B：实际上 B 才是导致认知主体 S 相信命题 P 的真正原因，但是由于经验的偶然，碰巧 A 也导致认知主体 S 相信命题 P，A 和 S 相信 P 的因果联系就是不适当的。如果在对因果链条的心理重建中认知主体犯了错误，那么他所获得的最终信念也不能成为知识。

如果说第一种回应是在盖提尔问题以后几十年以来的主流思路，那么第二种回应则是最近一些年兴起的策略。这个策略是由牛津哲学家**威廉姆森**（Timothy Willamson, 1955— ）提出来的。他认为传统知识定义的分析是建立在这样一个假定上的，即把信念当作比知识更为基本的元素，信念在概念上先于知识。但这个假定并不成立,知道和相信、知识和信念在概念上是彼此独立的,进一步,我们可以用知识去定义信念而不是用信念来定义知识,这就产生了当代认识论当中以"以知识为始"为经典口号的威廉姆森路线。该路线号召当代认识论学者应该重新认识并回归到以知识本身为基本核心概念的真正的知识论研究当中。从信念到知识,知识论领域也发生了一个讨论框架的革命,每一次新的进展都需要我们重新规划认识论的目标。

语言哲学

语言哲学可以包含两层含义:第一,以语言本身为对象的哲学探究,比如研究语词、句子、篇章的相互关系,研究语词的意义和指称,语句的真值条件等等;第二,通过考察语言表达来研究世界和心灵,以及三者之间的关系,比如语言的功能是否就是表达世界中的事实。如何考虑语言和思想之间的关系,是否存在没有语言的思想等。我们一般谈论的语言哲学都包含这两个维度,但不管是研究语言本身还是通过语言来理解世界,都面临一个首要的问题:我们如何理解语言的意义。按照功能主义定义,语言具有表达和交流的功能,我们可以通过语言表达世界,我们也可以通过语言和他人交流。我们可以交流的那些东西正是我们用语言表达世界的东西。

语言表达世界,这是经过初级反思之后形成的一种语言观念,它认为语言和实在具有一一对应的关系。问题在于我们的交流是否实际依赖于这样一个对应关系。有些哲学家认为必须预设这样一种表达观念,另外一些哲学家认为语言本身不表达什么,依然可以用来交流。也即表达世界不是交流理解的必要条件。这可以分成两个独立的问题:理解语言的条件是什么?语言的本质是否在于表达?我们依次从这两个问题开始进入语言哲学的讨论。

洛克相信这种语言观:理解话语就是把握说话者心中的观念。换用现代语言哲学的术语,话语的意思(意义)就是说话者心中的观念。一个重新解读者会这样诠释洛克:理解就在于我们把握了作者和说话者的意义,这个意义就是心中的观念。这是对意义的一种理解方式,但意义真的就是心中的观念么？语言哲学中关于语词的意义是什么答案纷呈：意义是心中的观念（洛克、弗雷格）、意义是抽象的实体（柏拉图、弗雷格）、意义是外在的对象（克里普克、普特南）、意义是反应和刺激（奎因）、意义为不同生活形式下的语言游戏所约束（维特根斯坦）、意义是不同语境下的用法（奥斯汀、格莱斯）。

在理解语言的条件是什么这个问题上，我们讨论它的一个子问题即语词的意义是什么。

严格说来理解语言的条件不仅仅是语词的意义问题，还有语句的真值条件问题。在语词的意义是什么这个问题上，我们讨论两种主要的观念：意义的内在主义（洛克和弗雷格）和外在主义（克里普克和普特南）。简单来说内在主义将语词的意义理解为并非独立于人心的一种东西，而外在主义认为语词的意义是独立于认知主体的。内在主义是一种从笛卡尔到弗雷格的主流哲学立场。弗雷格格外关注名字的意义，认为一个名字既具有意义又具有指称。一个名字的意义为与这个名字相关的描述所表达，比如"苏格拉底"这个名字的意义就为"柏拉图的老师"这个描述和其他相关描述所表达。（注意，这里没有说"苏格拉底"这个名字的意义是"柏拉图的老师"，严格说来"柏拉图的老师"只是一个语言表达而不是意义本身，当然这个语言表达表达了"苏格拉底"的意义。只要清楚意义和表达不是同一类范畴的概念就可以了。）名字的指称就是这个名字所代表的外在对象，比如"苏格拉底"的指称就是苏格拉底。在弗雷格那里，意义有时候被解释为心中的观念，尤其是在《意义与指称》的第二个注释里："对于'亚里士多德'之类的真正专名，人们对于它们的含义的理解会出现分歧。可能会出现这样的情况，例如对于专名'亚里士多德'有人会理解为：'柏拉图的学生和亚历山大大帝的老师'；另外的人则可理解为'亚历山大大帝的生于斯塔吉拉的老师'，对于'亚里士多德生于斯塔吉拉'这个陈述的意义的理解，前者就会和后者不一样。只要指称保持同一，含义上的这些分歧是可以允许的。但是，在实验科学的系统中应该避免这种情况,而且也不应出现在理想语言中。"①

有时候,意义又被解释为第三域中的实体,这在**弗雷格**(Friedrich Ludwig GottlobFrege,1848—1925)的"思想"一文中体现出来了:必须承认的是思想既不属于外在事物也不属于观念。但不管怎样,弗雷格的某些论述确实承诺了一种内在主义立场:知道一个名字的意义就是把握(这是一种心智能力)了这个名字的相关描述(意义),知道这个名字的意义对于确定这个名字的指称具有决定作用。所谓说话者把握了一个名字的意义就是说话者处于一种特定的心理状态之中。这样我们得到了内在主义的两个基本论断:

其一,把握名字的意义就是处于一种特定的心理状态;

其二,名字的意义确定指称。

如果合并起来就是说,认知者处于某一种特定的心理状态对于他确定指称是具有本质作用的。名字的内在主义立场和描述主义(名字的意义就是与其相关的描述所表达的东西)立场遭到名字的外在主义立场和直接指称理论的反驳。

我们首先来考虑来自外在主义的反驳,这个反驳来自于哲学家普特南。在"'意义'的意义"这篇名作中,普特南反驳了心理状态决定指称这样一种内在主义观点。

孪生地球例子说明了心理状态决定指称的内在主义观点是不能成立的。也许有人提出,孪生地球上的"水"和地球上的"水"不是同一个语词,那么请想象一个更为切近的例子。有两种树,一种是山毛榉,一种是榆树,在外表上二者差异相当不明显。我在获得关于山毛榉的认知特征的时候与获得关于榆树的认知特征上并不能完全区分。当我在认知山毛榉和认知榆树时,完全有可能获得完全相同的心理状态,但是"榆树"的指称还是榆树,"山毛榉"的指称还是山毛榉。更为一般来说,相同的心理状态完全可以由不同的外在对象来实现。比如我获得一个心理状态 M,可能是 E1 导致的,也可能是

---

① 引自〔美〕马蒂尼奇:《语言哲学》,牟博、杨音莱、韩林合译,北京:商务印书馆,1998,第398页。

E2 导致的。比如我感到恐惧，可能是梦中的一只老虎，可能是动物园里的一只老虎，也可能是电视中某个恐怖电影中的一只老虎。引起相同的心理状态并不保证外在对象的同一。

不是心理状态的不同导致意义的不同，而是外部对象的不同导致意义的不同。按照这种读解，名字的意义就不能是认知者所把握的描述，而是外部对象。名字的意义就是指称这个观点就呼之欲出了。名字的意义就是指称是**克里普克**（Saul Aaron Kripke, 1940—）的指称观点，他反对了弗雷格的描述论。克里普克在《命名与必然性》中捍卫了密尔所提出的名字的意义就是外延的观点（这是名字的意义就是指称的另外一种说法）："约翰·斯图亚特·穆勒在其《逻辑体系》一书中提出了一个著名的学说，即认为名称只有外延而没有内涵。他举例说，当我们用'达特茅斯'这个名称去描述英格兰的某一个地方时，之所以可以这样来称呼它，是因为它位于达特河的河口。但是，如果达特河改变了它的流向，使达特茅斯不再位于达特河河口，那么，我们仍然可以正当地称这个地方为'达特茅斯'，即使这个名称使人联想到它位于达特河的河口。改换一下穆勒用的这个术语，我们或许可以说，像'达特茅斯'这样的名称对于某些人来说的确含有某种'内涵'，也就是说，它的确意味着（……）有一个叫做'达特茅斯'的地方位于达特河的河口。但是另一方面，从某种程度上说，这个名称却没有任何含义。至少，被这样来命名的城市位于达特河口并非'达特茅斯'这个名称的意义的一部分。说达特茅斯并不位于达特河河口的人并非自相矛盾。"①

名称只有外延没有内涵。用指称理论的话来说，名称只有指称没有意义，这与名字的意义所表达的相反。在克里普克看来，名字和对象之间的关系不需要经过描述的中介可以直接建立关系。原因在于这一点：为某个特定名字所指称的个体可以不具有所有为描述语词所刻画的特征，但仍然不能不是这个人。比如尼克松可以不是1972年的美国总统，但他不能不是尼克松，"尼克松"这个名字在所有可能世界指称同一个人：尼克松，而"1972年的美国

---

① 〔美〕克里普克：《命名与必然性》，梅文译，上海：上海译文出版社，2005，第5页。

总统"在另外一些可能世界指称其他人而非尼克松。我们将克里普克的论题总结如下，并一一做出解释：

1. 名字的意义就是指称（对象）；
2. 名字是严格指示词；

（一个名字是严格指示词当且仅当它在所有可能世界指称同一个对象。）

3. 存在后天必然命题：晨星是暮星、水是 H_2O。
4. 我们对名字的获知通过因果链条，从命名开始名字被传递下来，成为语言的一部分。

名字的意义是指称，这是一个基本论点，正因为它的意义是指称而不是描述，所以名字是严格指示词。严格指示词通过可能世界得到定义，可能世界是这样的世界："一个可能的世界不是我们所遇见的或者通过望远镜所看到的某个遥远的国家。一般说来，另一个可能的世界距离我们是非常遥远的。即使我们以比光速还快的速度旅行，也到不了那里。一个可能的世界是由我们赋予它的描述条件来给出的。当我们说：'在另外某个可能的世界中，我今天可能没有作这个演讲'时，到底是什么意思呢？我们只是想象这样一种情景：我没有决定作这个演讲，或者我决定在其他某个日期来做这个演讲。当然，我们没有想象每一件真的或者假的事情，而只想象与我作演讲有关的事情；然而，在理论上，需要对每件事情做出决定，以便对这个世界做出一个完整的描述。我们实在无法想象能够做到这一点，我们只能部分地描述世界；这就是一个'可能的世界'。……'可能的世界'是被规定的，而不是被高倍望远镜发现的。没有任何理由妨碍我们不能做出如下规定：当我们谈论在某种非真实的情况下尼克松这个人可能已经发生些什么事情时，我们所谈的就是尼克松可能已经发生过的事情。"①

克里普克所理解的可能世界是就现实世界来设想反事实情形，就尼克松这个人来设想他可能发生什么，这就是克里普克意义上的可能世界。在所有可能世界里尼克松都是尼克松，因为尼克松这个对象在我们设想各种可能世

---

① 〔美〕克里普克：《命名与必然性》，梅文译，上海：上海译文出版社，2005，第24—25页。

界中是已经被规定存在的。严格指示词在所有可能世界指称同一个世界就是不奇怪的。但有些人会提出,只有名字是严格指示词么?有一些描述语不可以严格指示么?显然像"1972年的美国总统"这样的描述语并不严格,因为它作为描述特征可以描述满足这个描述的不同个体,在现实世界是尼克松,在另外一个可能世界可能是里根或者卡特。

有了密尔观点、严格指示词和可能世界这些概念,可以谈论关于名字的同一性论题。比如晨星是暮星是必然命题么?按照克里普克的说法,晨星和暮星都是严格指示词,在所有可能世界指称同一个星星:金星。我们不可能发现存在一个可能世界,在这个世界里晨星不是暮星。虽然晨星是暮星是一个经验发现,但是一个必然命题,在这里克里普克将必然性和先天性概念区分开了。先天和后天属于认识论概念,先天命题指不需要通过经验发现仅仅通过概念反思就可以获得的命题,比如 2+2=4,单身汉是未婚男人。我们不需要考察世界就知道这个命题是真的。而晨星就是暮星、鲁迅是周树人这样的命题就是后天命题,如果我们不观察世界就不知道这些命题的真假。先天与后天的区分在于是否依赖于经验。当然依赖是一个高度含混的词,在此我们不做进一步的解释。可能(偶然)和必然属于形而上学概念。所谓一个命题必然为真,即这个命题在所有可能世界为真,一个命题偶然为真,即这个命题在某些(个)可能世界为真。我们不可能先天知道晨星是暮星,所以晨星是暮星是一个后天命题;也不存在一个可能世界使得晨星不是暮星,所以晨星是暮星是必然命题。克里普克从认识论和形而上学的区分获得了一种新的命题:后天必然命题。

最后是克里普克的历史因果理论。如果名字的意义仅仅是对象,那么说话者如何学会对名字的使用、获得了名字的一般性意义呢?克里普克给出了解说:"有一个人,例如,一个婴儿诞生了;他的父母给他起了一个名字。他们对朋友们谈论这个孩子。另一些人看见过这个孩子。通过各种各样的谈话,这个名字就似乎通过一根链条一环一环地传播开来了。在这根链条的远端有一位说话者,他在市场上或别处听说过理查德·费因曼,尽管他想不起是从谁那儿第一次听说费因曼,或者曾经从谁那儿听说过费因曼的,但他仍然指称费因曼。他知道费因曼是一位著名的物理学家。某些最终要传到那个人本人那里的信息的确传到了说话者那里。即使说话者不能唯一地识别出费因曼,他所指称的仍然是费因曼。他不知道什么是费因曼图,也不知道费因曼关于粒子的成对生成和湮灭的理论是什么。不仅如此,他还很难区分盖尔曼和费因曼这两个人。但是他不必非知道这些事情不可。反之,因为他是某个社会团体中的一员,这个社会团体一环一环地传播着这个名称,由于这个关系他就能够建立起一根可以回溯到费因曼本人的信息传递链条,而无须采取独自在书房里自言自语地说'我将用'费因曼'这个名称来指那个做了如此这般、如此这般事情的人'这样一种方法。"①

如上四点总结了克里普克指称理论的正面观点,克里普克同等重要的观点是他对描述主义的反驳论证,这被哲学家萨蒙(Merrilee Salmon)总结为三大论证:模态论证、认识论证和语义学论证。

模态论证:假设名称"暮星"可以被分析为"晚上在天空看到的那颗星星"。那么如果暮星存在,它就可以在夜晚被看见,这是一个必然真理。很显然这是错误的:如果暮星与流星相撞,那么它就可能晚上不发光了,或者它在一个你看不到的位置发光。同样"暮星"被分析为"晚上在天空看到的那颗星星",那么如果刚好在那里有一个晚上发光可见的星体,那么它就是暮星这是一个必然真理。当然这也是错误的:很可能其另外一个放光可见的星体刚好占据了暮星实际占据的位置。

认识论证和模态论证在结构上是相似的,假设"哥德尔"(一个伟大的数理逻辑学家)可以被分析为"发现算数不完全性定理的那个人"。那么如果有个人是哥德尔,他就发现了算数不完全性定理,如果只要有人发现了算数不完全性定理,那他就是哥德尔。这些事实就是作为一个语言能力者可以先天地知道的。但是即使我们是对于"哥德尔"这个名字的熟练使用者,我们也不可能先天地知道这些事实。我们完全可能把发现算数不完全性定理这个事归属给哥德尔,但实际是一个叫施密特的人发现了算数不完全性定理。

---

① 〔美〕克里普克:《命名与必然性》,梅文译,上海:上海译文出版社,2005,第75页。

第三个论证是语义论证。假设"皮亚诺"就表示"算数五条公设的发现者",那么"皮亚诺"应该指称戴德金。因为是戴德金发现的五条公设。但显然我们还是用"皮亚诺"来指称皮亚诺。再考虑另外一个例子,假设"泰利士"就指"提出水是万物本原的古希腊哲学家"。但假设其实并不是泰利士提出水是万物的本原,而是一个隐秘哲学家提出了水是万物的本原,只是后来阴差阳错归属给泰利士了,但是这就意味着"泰利士"指称古希腊的那位隐秘哲学家么?显然不是的,我们对这个名字的使用和那个曾经提出万物本原是水的哲学家没有丝毫的联系。

到此为止,我们已经介绍了关于意义理论的内在主义观点和外在主义观点。如果从语言与世界的表达关系来看,那么弗雷格、克里普克、普特南其实都分享了语言表达世界这样一个基本的图景,他们在语言表达世界的框架下讨论理解问题。但语言真的就能表达世界么?关于语言表达世界的经典观点在维特根斯坦《逻辑哲学论》中得到说明:语言由命题组成,它是所有命题的总和。所有命题最终都可归约为基本命题,是基本命题的真值函项。基本命题是简单符号—名字组成的,是名字的一定方式的结合。同样,世界也有相应的本质结构:世界是由事实组成的,是所有事实的总和。所有事实都可归约为基本事实,由基本事实复合而成的,基本事实是由对象构成,是对象的一定方式的结合。在维特根斯坦看来,正是因为这种本质结构逻辑结构上的共同性,才使得语言可以描述世界,命题可以是事实的逻辑图像。而我们的思想活动又使这种可能变成了现实:语言的确描述了世界,命题的确是事实的逻辑图像。由此维特根斯坦便得出了他的下述语言和世界的本质规定:语言是由所有描述事实的命题组成的封闭的、完成了的整体,世界是由所有可以为命题所描述的事实组成的封闭的、完成了的整体。从命题的图像性质,维特根斯坦还得出了如下意义观:名字的意义就是其所指称的对象(不过需要注意的是,这里的对象并不是简单的物理对象,而是逻辑对象),命题的意义就是其所描述的事实。

可以将维特根斯坦关于语言世界的图像总结如下:

名字—原子命题—复杂命题—语言

对象—原子事实—复杂事实—世界

概而言之，维特根斯坦之前的弗雷格和维特根斯坦之后的普特南、克里普克都大致和这种框架保持了一致。在晚期著作《哲学研究》中，维特根斯坦批评了这一早期的形而上学观点，从语言游戏、意义就是使用、家族相似、生活形式等等重新界定语言和世界的关系。在《哲学研究》第 1 节，维特根斯坦给出了反映上述语言观的奥古斯丁图像："奥古斯丁，《忏悔录》卷一第八节：'当成年人称谓某个对象，同时转向这个对象的时候，我会对此有所觉察，并明了当他们要指向这个对象的时候，他们就会发出声音，通过这声音来指称它。而他们要指向对象，这一点我是从他们的姿态上了解到的；这些姿态是所有种族的自然语言，这种语言通过表情和眼神的变化，通过肢体动作和声调口气来展示心灵的种种感受，例如心灵或欲求某物或守护某物或拒绝某事或逃避某事。就这样，我一再听到人们在不同句子中的特定位置上说出这些语词，从而渐渐学会了去理解这些语词指涉的是哪些对象。后来我的口舌也会自如地吐出这些音符，我也就通过这些符号来表达自己的愿望了。'"在我看来，我们在上面这段话里得到的是人类语言本质的一幅特定的图画，即：语言中的语词是对象的名称——句子是这样一些名称的联系。——在语言的这幅图画里，我们发现了以下观念的根源：每个词都有一个含义；含义与语词一一对应；含义即语词所代表的对象。"①

维特根斯坦引用的奥古斯丁图画，涵盖了绝大多数哲学家的语言观：洛克、早期维特根斯坦，以及维特根斯坦之后的克里普克等人。如前所述，他们都承诺了一个语言和世界的基本图像，这个基本图像可以大致说和奥古斯丁图像等价。但是："奥古斯丁没有讲到词类的区别。我以为，这样来描述语言学习的人，首先想到的是'桌子'、'椅子'、'面包'以及人名之类的名词，其次才会想到某些活动和属性的名称以及其他词类，仿佛其他词类自会各就各位。"②

实际上克里普克和普特南的名字理论主要是针对专名和通名，就是维特

---

① 〔英〕维特根斯坦：《哲学研究》，陈嘉映译，上海：上海人民出版社，2001，第 3—4、4 页。
② 同上书，第 4 页。

哲学导论

根斯坦所说的"桌子""椅子""面包"以及人名这样的名词。从第 2 节开始到第 32 节，维特根斯坦对这种语言观进行了系统的批判，在第 1 节的末尾，维特根斯坦想象这样一种场景："我派某人去买东西，给他一张纸条，上面写着'五个红苹果'。他拿着这张纸条到了水果店，店主打开标有'苹果'字样的储藏柜，然后在一张表格上找出'红'这个词，在其相应的位置上找到一个色样，嘴里数着一串基数词——假定他能熟记这些数字——一直数到'五'，每数一个数字就从柜子里拿出一个和色样颜色相同的苹果。——人们以这种方式或类似的方式和语词打交道。——'但他怎么知道应该在什么地方用什么办法查找'红'这个词呢？他怎么知道他该拿'五'这个词干什么呢？'——那我假定他就是像我所描述的那样行动的。任何解释总有到头的时候。——但'五'这个词的含义是什么？——刚才根本不是在谈什么含义；谈的只是'五'这个词是怎样使用的。"①

这就导致了归属给维特根斯坦的著名观点：意义就是使用。每一个语词并不需要对应一个对象，我们所需要的只是在一个具体的语境中考察一个语词的用法。不存在一个同一的原则决定一个语词在句子里如何被使用。第 43 节断言："在使用'含义'一词的一大类情况下——尽管不是在所有情况下——可以这样解释'含义'：一个词的含义是它在语言中的用法。"② 不要问意义，要问使用，这是《哲学研究》的一个中心思想。一旦涉及使用就需要把每一次使用的具体情景考虑进来。可以用"语言游戏"来进一步解释这一观点。"游戏"一词是什么意义呢？游戏有没有一些共同特征可以定义呢？每一游戏就限定给出了语词在某一场景中的使用，游戏的规则、游戏的参与者、游戏的目的种种限定了语词的意义，我们要看这个语词在这个游戏中如何得到使用。意义就是使用和语言游戏的比喻就有着一种本质的关联。就语言游戏的特征来讲，它们没有任何共同之处，只是共用了一个名字而已。这些不同游戏之间的相似，就好比同一个家族中兄弟姐妹、叔伯妯娌，他们彼

---

① 〔英〕维特根斯坦：《哲学研究》，陈嘉映译，上海：上海人民出版社，2001，第 4 页。
② 同上书，第 33 页。

此之间都有那么一点形似，但没有一个共同特征。"家族相似"这个概念说明了"语言游戏"是如何不同的。种种游戏并没有一种共同的特征，而是形成了一个家族，这个家族的成员具有某些家族相似之处。"家族成员之间的各式各样的相似性就是这样盘根错节的：身材、面相、眼睛的颜色、步态、脾性，等等，等等。"① 与此相似，一个概念之下的各种现象 A、B、C、D 并不具有唯一一种或一组共同性质，而是 A 相似于 B，B 相似于 C，C 相似于 D，等等。《哲学研究》用大量篇幅探讨"家族相似"这个概念及与之相关的问题。维特根斯坦设想他的论敌诘难他说："你谈到了各种可能的语言游戏，但一直没有说什么是语言游戏的、亦即语言的本质。什么是所有这些活动的共同之处？什么使它们成为语言或语言的组成部分？……涉及命题和语言的普遍形式的那部分。"维特根斯坦回答说："我无意提出所有我们称为语言的东西的共同之处何在，我说的倒是：我们根本不是因为这些现象有一个共同点而用同一个词来称谓所有这些现象，——不过它们通过很多不同的方式具有亲缘关系。由于这一亲缘关系，或由于这些亲缘关系，我们才能把它们都称为'语言'。"②

意义就是使用、语言游戏、家族相似这些概念加深了我们对语言的理解，它也自然地反对语言表达世界的初级反思观念。具有家族相似特征的种种语言游戏最终都源于不同的生活形式，不同的生活形态，一滴水反映世界，一个语词背后是一种历史文化形态的不同。"堕胎"这个词，在中文的语境中和在基督教国家的语境中有着截然不同的含义，虽然都指示堕胎的事实。但是在基督教国家里堕胎天然就带着几分亵渎和罪责，这背后跟基督教国家的一整套生活方式有关。意义的差异和理解不在于内在的观念、外在的对象、约定的规则、外显的行为，而在于语词在不同环境中的使用，在于语词的意义所链接的背后的一整套生活方式和生活形态。这些生活方式和生活形态是千百年人类繁衍生存发展，经历种种历史变迁所逐渐建立的。有一位哲学家说

---

① 〔英〕维特根斯坦：《哲学研究》，陈嘉映译，上海：上海人民出版社，2001，第49页。
② 同上书，第47—48页。

一个语词就是一个民族的历史,他以这种稍显夸张的方式揭示了语词的意义是如何被塑造的。

心灵哲学

　　心灵哲学研究心灵的本质,具体而言研究心理状态、心理事件、心灵功能、心灵和身体的关系、心灵与机器、心灵和世界等问题。关于心灵向来存在着两种基本看法:一元论和二元论。一元论的第一种立场认为,心灵其实只是一种物质的构造,天地万物都是物质的,心灵并不具有什么特殊的地位,这种立场被称为唯物主义或者物理主义;一元论的第二种立场与上述相反,认为心灵不仅真实存在,不是物质构成的,甚至一切都只是心灵的构造,这种立场被称为唯心主义或者观念论。二元论的第一种立场认为,心灵是独立的实体,和物质实体不同,有自己独特的地位,这种立场被称为实体二元论;二元论的第二种立场认为虽然心灵不像物质实体一样,但却存在着不可归结成物质的心灵性质,比如很多感受(疼痛、伤心、喜悦),这种立场被称为性质二元论。

　　一元论中,唯物主义占据着主流地位,它反映了一种常识,大部分我们所看到接触到的事物都是物理的;唯心主义在德国古典哲学时期一度盛行,但并没有在当代哲学中占据一席之地,因为它违背了我们当今的科学常识。笛卡尔是实体二元论的坚持者,由于当代科学的发展,人们已经很难把心灵当作一种独立的实体来对待,除非一些宗教徒基于信仰的理由。大部分二元论者都是性质二元论者:主张存在着不可还原为物理性质的心理性质。实际上,物理主义和性质二元论才是心灵哲学中两大主要流派,几十年以来二者之间的争论推进了心灵哲学的进展。不过由于科学在当今的强势地位,物理主义成了一些心灵哲学家的基本工作假设,二元论者由之提出了各种反驳物理主义的论证,深化了心灵哲学的讨论场域。本节首先介绍传统的身心二元论,然后介绍当代物理主义(同一论),最后介绍对物理主义的一个反驳:知识论证。

笛卡尔的二元论在心灵哲学的古典时期占据了统治地位：他宣称身体和心灵是两种不同的实体，这两种实体之间通过大脑中的松果腺发生关系。笛卡尔对心身问题的主要讨论在《第一哲学沉思集》里。在第一沉思中，他否定了所有外在事物的存在，即无法确信外在世界的真实存在。在第二沉思中，他发现只有一样东西可以确信其存在，那就是心灵。在第三沉思到第五沉思中，笛卡尔推论出上帝的存在，并通过上帝的存在保证了他对外在世界的信念。在第六沉思中，笛卡尔考察了心理事项和物理事项的区分：它们在本质上是不同的。心灵和身体之间如何通过松果腺作用的问题在"Passions of the Soul"中得到比较细致的讨论。笛卡尔写道："同样有必要知道，尽管灵魂是与整个身体结合在一起的，但是存在着这样一个身体部分，在其中灵魂比在所有其他部分更为显著地实施其功能。通常人们认为这个部分是大脑，或者可能是心脏。……不过，在仔细地审查这个事情的过程中，我已清楚地确定，灵魂在其中直接地实施其功能的那个身体部分绝非是心脏，也非整个大脑。相反，它仅仅是大脑最里层的部分，也即，某个非常小的腺体，它位于大脑实体的中央，悬于位于大脑前腔中的精灵借以与位于大脑后腔的精灵进行交流的管道之上。发生于这个腺体之中的最为微小的运动都会极大地改变这个精灵的进程；反过来，发生于这些精灵进程中的最为微小的变化都会大大地改变这个腺体的运动。"①

但是笛卡尔无法解释他的困难，心灵的东西如何和物理的东西发生关系？松果腺要么是心理的东西，要么是物理的东西，只要是其中的一种，我们就只是把问题暂时延后了，依然要问松果腺和心灵的关系如何，这是笛卡尔的一个大麻烦，当今心灵哲学中的心理因果问题对这种困难开辟了一个可以尝试解决的思路。暂且撇开这一点不谈，考虑一下心灵究竟是个什么东西。让我们从心灵对象和物质对象的一般性区别入手：

首先，物质对象占有空间位置，心灵的对象（如思想和感觉）不占据空

---

① Descartes, *The Philosophycal Writings of Descartes*, Vol. 1, (New York: Cambridge University Press, 1985), p. 340.

间。有人可能反驳说，有些感觉似乎是占有空间的。笛卡尔在第六沉思中给出了回应："从前有些把胳膊和腿截去了的人对我说有时他们还感觉到已经截去了的那部分疼。"①

其次，心灵具有感觉性质而物质对象缺乏这种性质。但一个神经科学家在你大脑的神经系统中找不到任何与其性质相同的东西。物质对象是真的缺乏这种性质么？你砍倒一棵大树的时候，它是不是因为伤痛而哭泣呢？草木花叶具有感觉性质么？除非它们和我们一样具有生命才能感受到痛苦？可具有生命又是怎么一回事呢？草木一枯一荣是不是也有生命？这就牵扯到对何谓生命的形而上学讨论中去了。假设草木花叶和人一样具有生命，但你怎么就知道它们具有感受性质呢？怎么就知道它们没有呢？子非鱼安知鱼之乐，君非草何晓草之性？这又牵扯到本体论和认识论的区分了。在日常意义上，人非草木、孰能无情，我们可以说心灵具有物质对象所缺乏的感受性质。如果换个角度，我们可以用洛克的第一性质（广延、形状、质量）和第二性质（颜色、味道、声音）来谈论这个问题：物质对象具有第一性质，而第二性质则是属于心灵的感觉性质。

再次，心灵似乎是透明的，而物质则否。我们对自己心灵状态的知识非常确信，且具有第一人称权威的优势——即只有主体对自己的心灵状态拥有不可错的判断，其他人只能通过推论获知。我们无法拥有关于物质的第一人称权威知识，我们可能经常出错。心灵的认知透明原则是理性主义的一个基本教条——自我中心教条。主体能无误地获得关于自身心灵状态的知识，而关于外界的知识需要依靠心灵状态的知识推导出来。当斯宾诺莎宣称，观念的次序就是事物的次序，无非是要证明通过对观念的把握和认知最终获得关于外在世界的知识。按照现象学家的理解，笛卡尔到休谟都无法走出自我中心的困境，心灵始终是被关在一个透明而且封闭的盒子里面。胡塞尔、梅诺-庞蒂试图突破这个自我中心的困境，其中胡塞尔提出了要模糊认知对象和认

---

① 〔法〕笛卡尔：《第一哲学沉思集：反驳和答辩》，庞景仁译，北京：商务印书馆，1986，第84页。

知心灵的区分，梅诺-庞蒂提出了身体—主体的概念，以此取代二元论，希望最终获得对实在的知识。成功与否不论，但他们都抓住了笛卡尔哲学或者传统哲学的根本问题。

笛卡尔在讨论身心问题的时候，用了一些特定的术语：实体、特性和样式。在笛卡尔看来，世界由实体组成，比如某张课桌，某个人等等。这个实体不同于非实体的个体：事件、集合、数字等。特性就是一个实体成为一个实体的东西，物质实体所具有的特定形状和大小就是样式。心灵实体具有思想特性，它的样式是感觉、映像、情感、信念、愿望。身体实体具有广延特性，它的样式是各种具体的形状和大小。心灵是思想的实体，物质是广延的实体。心灵没有广延，物质不能思想。

20世纪早期的物理主义者不承认有笛卡尔意义上的心灵。在解决传统的心身问题时，受到行为主义影响，提出了基于行为主义的物理主义观点：意识要么是行为的一种特定类型，要么是以某种方式行动的倾向。比如痒就是当下要去抓挠自己的一种倾向。尤其是在一些认知词汇中，比如知道、理解、记忆，在一些意愿词汇中，比如渴望、意图、期待，这都可以通过行为的倾向来加以分析。另一方面，有一些关于特殊的意识、经验、感知和心理图像的概念似乎不能通过行为的分析来加以解释，行为主义相信也许最终可以获得一种分析。其中最为强劲的一种行为主义立场是逻辑行为主义，它主张心灵只是行为的逻辑构造。不用谈心灵，我们可以通过研究行为来研究心灵，行为主义虽然对心灵做出了统一的解释，自身却面临诸多困难：我们不能把作为原因的心灵视为作为结果的行为的逻辑构造；同一种心理状态可以导致不同的行为（如疼痛有不同表现）；可能存在心理状态而没有外显行为，也可能有外显行为而没有心理状态等等。心理状态和行为之间不存在一个行为主义者所认可的必然联系，也不能指望通过对行为的探究达到对心灵的探究。同一论就是在行为主义解释失效的背景下提出来的，**普莱斯**（Ullin Place，1924—2000）发表《大脑是意识过程么？》正式提出同一论。**费格尔**（Herbart Feigl，1902—1988）发表了《心理的和物理的》，以类似的方式提出了同一论。**斯马特**（John Jamieson Carswell Smart，1920—2012）针对普莱斯没有考虑到的反驳，对同一论加以实质的补充，发表了"感知是大脑过程"一文。上述三位哲学家是当代同一论的主要代表，同一论主张心理状态就是大脑状态。

　　当你感觉到疼痛的时候，这意味着大脑处于一种具体的物理状态（C神经纤维激活）。你感觉到喜悦的时候，大脑又处于另外一种物理状态。总之，每一个心灵状态都是对应于一个特定的大脑状态。但这不意味着每一个大脑状态都是心灵状态。例如：大脑中存在数以百万计的神经胶质细胞，它们起着支持和保护大脑的作用，但是任何心理状态都不等同于神经胶质细胞的状态。同一论主张的是，所有的心理状态都等同于一些物理状态。

　　当宣称意识是大脑过程的时候，并不意指当我们在描述梦境、幻想和感觉的时候，我们在谈论大脑中的过程；也不意味着关于感知和心理图景的陈述可以被还原为或者分析为关于大脑过程的陈述。断言关于意识的陈述就是关于大脑的陈述是明显错误的。原因在于：首先，你可以描述你的感觉和心理图像，但并不知道关于大脑的任何过程，甚至根本不知道大脑过程的存在。其次，关于某人意识状态的陈述和关于某人大脑状态的陈述是以非常不同的方式得到证实的。最后，"某人感到疼痛，但是大脑中并没有发生什么"这样的陈述是没有矛盾的。"意识是大脑过程"这个论断只是一个本体论的断定，即大脑中除了物理状态，别无他物。

　　同一论中涉及如何理解心理状态是大脑状态中的"是"的理解问题。对"是"有三种理解：作为谓述的是，作为定义的是，作为同一的是。考虑下面几组句子：

　　第一组：他的帽子是红色的，电视塔是高大的。

　　第二组：正方形是等边直角形，红色是一种颜色。

　　第三组：他的桌子是一个旧箱子，云是空中悬浮的小颗粒团，闪电是一种放电。

　　同一论主张心理状态是大脑状态，这里的"是"可以用"同一于"来替换，第二组和第三组可以用"同一于"来替换"是"，而第一组则不能替换。他的帽子是红色的，但并不同一于红色；正方是等边直角形，正方形同一于等边直角形；闪电是一种放电，闪电同一于放电。因此心理状态是大脑状态这种同一关系与第二组和第三组相类似。仔细考察第二组和第三组，发现二者也有着实质的区别。在讨论这个区别之前，先引入两组基本概念：在语言哲学中存在分析命题和综合命题的区分，分析命题指根据意义为真的命题，如："单身汉是未婚男人"，综合命题则指可以简单定义为非分析的那些命题，如："张三是单身汉"。在认识论中存在先天和后天的区分。先天地知道意味着独立于任何经验地知道，比如，我们可以独立于任何经验知道数学和逻辑真理。后天地知道意味着这种认知需要经验基础，比如"明天北京下雨"，这句话是否为真要看明天北京是否下雨。不难看出，第二组命题既是分析命题也是先天命题，它们之为真是根据意义为真，同时不需要求助任何经验，可以称为先天分析命题。第三组显然并不根据意义为真，闪电的意义并不同于放电的意义，云的意义也不等同于悬浮小颗粒团的意义。"心理状态是大脑状态"这个陈述，首先不是分析陈述，心理状态的意义和大脑状态的意义显然不同。其次，我们也不能先天地认识到心理状态是大脑状态，同一论题是因为科学的发展在解释人的行为中做出的合理的科学假设。"心理状态是大脑状态"是一个后天综合命题。普莱斯进一步指出，同一论题更类似于"闪电是放电"而非"云是悬浮小颗粒团"。"云是悬浮小颗粒团"这个陈述对于说明组成性同一的关系是有帮助的，但是却不能说明为两种表达所指称的事态之间的同一。因为对云的观察和悬浮小颗粒团的观察都是日常观察，而意识和大脑过程各自的确认方式是不同的，这种不同类似于"闪电就是放电"这种陈述。我们观察到闪电和观察到放电活动要借助不同的方式，正如我们观察到意识活动和大脑过程需要借助不同的方式。弗雷格关于意义和指称的观点可以来解释这个区分。考虑如下陈述：晨星是暮星。在弗雷格看来，晨星的意义是早晨看到的那颗星星，暮星的意义是傍晚看到的那颗星星，这是一个对象的两种不同呈现方式。暮星和晨星都指称同一个对象——金星。因此"心理状态是大脑状态"也是同一个对象的两种不同呈现方式。在普莱斯看来，同一论题属于下类理论同一命题集合：水是 H_2O，闪电是一种放电，金的序数是 79 等。按照克里普克《命名与必然性》一书中对同一陈述的说明，这种理论同一命题是后天必然真理，它们既是经验发现的，同时又是必然的。但普莱斯本人认为同一论题是后天偶然为真的陈述，碰巧在这个世界上心理状态等同于大脑状态。

同一论按照例示和类型的区分，可以分为例示同一论和类型同一论。什么是例示和类型的区分？假设书架上有 5 本《乔布斯传》（同一本书的副本），当我问你有几本《乔布斯传》的时候，如果回答 5 本，那么就是在例示的层次上回答的；如果回答 1 本，那就是在类型的层次上讲的。关于同一论也存在两种理解：例示同一论：每一个处在心理事件种类之下的事件也处在一个物理事件种类之下（或者每一个事件，如果它有心理性质，那么它也有物理性质）。类型同一论：心理种类就是物理种类；或者可以说心理性质是物理性质。戴维森持有例示同一论（物理主义）立场，早期的同一论者（普莱斯、费格尔、斯马特）持有类型同一立场。关于类型同一立场可以用理论陈述来加以说明，水和 H_2O、闪电和放电都是一种类型同一：每一个关于水类的例示都是每一个关于 H_2O 类的例示；每一个关于闪电类的例示都是每一个关于放电类的例示；每一个关于心理状态的例示都是每一个关于大脑状态的例示。这两种同一论的区分可以从还原和非还原的区分来进行说明。还原存在多种理解方式，在心灵哲学中至少存在如下两种方式：理论间还原和本体还原。我们可以把被还原的理论从还原理论中推导出来，比如，热力学可以从气体的动力学中推导出来。前者运用大气的温度、压强和体积来描述气体的活动，后者运用分子动能来描述气体的活动。这种理论之间的还原借助桥律把前一理论中的术语和后一理论中的术语等同起来。大气压被等同为气体分子的平均动能。本体论还原指：看起来是两种不同类的现象，事实上是同一种现象。比如水和 H_2O，当我们发现水是 H_2O，我们就可以把水还原成 H_2O，接受 H_2O 是世界的基本要素。我们可以把心理状态还原成大脑状态，接受大脑状态是世界的基本要素。进一步，同一论者提出，如果我们能够找到合适的桥律，心理学可以被还原成神经科学。在两个还原的意义上，早期同一论都是还原的物理主义。而例示同一论者都是非还原物理主义者，既不接受本体的还原，也不接受理论间的还原。不管是还原的物理主义还是非还原的物理主义，都接受一个基本论断，即心理事实就是物理事实，进而所有的事实都是物理事实。关于这个论断可以有不同种表述，我们也可以说，所有的知识都是物理知识，既然所有的事实都是物理事实，研究物理事实的就是物理学（这是广义的物理学，除了一般所理解的物理学还包括化学、生物学）。物理学成为解释世界的唯一科学。反驳物理主义者的哲学家们自然力图证明：所有的事实并非都是物理事实，所有的知识并非都是物理知识。

澳大利亚哲学家**杰克逊**（Frank Jackson，1943—　）在"感受性质"一文中提出知识论证（黑白玛丽）来反驳物理主义，按照物理主义的表述，所有的事实都是物理事实，所有的知识都是物理知识，可是拥有所有物理事实（知识）的玛丽从黑白屋子里出来之后，却获得了一种新的事实（知识），这种新的事实（知识）并不能从玛丽已经学过的任何物理学（事实）知识中推导出来，世界存在着一种物理主义所不能涵盖的（事实）知识。如果杰克逊的知识论证成立的话，那么物理主义就是错误的。

这个论证可以被总结为如下模式：

1. 玛丽通过学习，获得关于颜色经验的全部物理知识；（假设）

2. 如果玛丽获得了全部的物理知识，那么就获得了关于世界的全部知识；（物理主义的定义）

3. 玛丽在释放之后不会获得新的关于颜色经验的新知识；（根据1，2）

4. 玛丽在释放之后获得新的关于颜色经验的新知识；（直觉）

5. 如果在释放之前玛丽知道所有关于颜色经验的物理知识，但是并不知道关于颜色经验的全部知识，那么物理主义就是错误的；

6. 物理主义是错误的。（1，2，3，4，5）

杰克逊的知识论证至为薄弱的一点是，在阅读完这个思想实验之后，大部分人都相信玛丽肯定是获得了新的东西，分歧在于如何解释新东西上。物理主义者对新东西的解释，分为三种立场：第一种立场认为没有获得新知识；第二种认为获得了新的知识，这个知识是非事实性的知识，获得的只是一种能力或者亲知了一种非事实知识；第三种认为确实获得了事实性知识，但获得的是关于旧事实的新表达。三种物理主义立场，第一种最强，第三种最弱，第二种居于两者之间。

第一种立场认为玛丽没有学到新的东西,毫无疑问,所有人都同意,当玛丽被释放出来的时候,确实在她身上发生了点什么变化,但是这个变化是否就等同于她学到了某种东西呢?这一点尚存疑心。**丹尼特**(Daniel Clement Dennett,1942—)认为玛丽在被释放之前就获得了关于物理的所有东西,释放之后并没有获得任何新的东西。玛丽既然已经知道红色感觉机制如何运行,她就能够想象正常人在正常情况下,看到成熟的西红柿会有什么样的感觉。即使她出来后获得一种新的感觉,也并没有获得新的物理知识。

第二种立场认为玛丽确实学会什么新的东西,但是这种知识是非事实的知识,而不是事实性的知识。这种区别最早来自英国哲学家赖尔在《心的概念》一书中所做的区分,赖尔区分了两种知道:知道事情如此和知道事情如何。前一种知道是一种事实性知识或者命题性知识,比如张三知道今天下雨了。后一种知道是非事实性的知识,比如张三知道如何骑自行车,表示张三掌握了一门技术或者能力。

如果承认玛丽学会的只是一些非事实性知识,这仍然不够,我们需要问,玛丽究竟学会了什么样的非事实性知识,**刘易斯**(David Kellogg Lewis,1941—2001)认为玛丽所获得的是一种能力,她学会了如何想象、识别和搜集经验。能力的改变而非知识集合的改变,这是玛丽前后的区别,这并没有危及物理主义的立场。不过关于刘易斯的这种能力假设,也存在争议。杰克逊认为还没有搞清楚能力是不是玛丽唯一习得的。

能力假设并不是获得非事实性知识的唯一出路,另外一种假设是亲知假设,当玛丽从屋子里被释放出来后,她亲知了一种性质:是红色的性质。亲知假设的要点在于:一个人可以知道什么是红色,而不需要更进一步的知识要求。一个人知道什么是红色,关键就在于他亲知到了红色的性质。亲知假设在第二种立场中,要比能力假设较少引人注意,而且也颇为可疑。因为并不清楚亲知到红色的性质,就是玛丽被释放出来之后所获得的全部新东西;其次,由于亲知在哲学中的广泛使用(比如罗素的亲知理论),使得亲知假设变成一种老生常谈。

第三种立场认为如果我们放弃非事实知识的策略，进而考虑玛丽确实获得一种事实知识，这也是可能的。我们可以承认获得了一种旧事实的新表达。我们讨论过后天必然命题，比如"晨星是暮星"就是一种典型的后天必然命题：首先这个命题是通过经验发现的，其次尽管是经验发现的，却又是必然的，并不存在晨星非暮星的可能世界。因此，玛丽在被释放出来之前就知道晨星是晨星，释放出来之后，通过经验她知道了晨星是暮星，这并没有给她增进新的知识，只是增进了旧知识的新表达而已。

关于旧事实，另外一种解释是不再纠缠新的表达是否后天必然的，而是突出这种表达本身的特征。玛丽从屋子里被释放出来，她获得了一种现象概念。回应知识论证可以采取如下说法：虽然玛丽获得了现象概念，但是对与其相关的现象真理并无认知。现象概念在心灵哲学中是一个关键的概念，究竟什么是现象概念已经引起了独立的讨论。比如，有人解释拥有一个现象概念就是说拥有某种能力或者亲知某种性质，这就和能力假设与亲知假设联系起来了；有人解释说现象概念的本质就在于它能直接对应不同的性质，这与后天必然表达联系起来了。现象概念在回应知识论证的同时，又引入了更多的问题。

心灵哲学中关于心灵（实体或性质）是否存在的争论还在继续，这部分源自我们的认知局限，因为我们还没有足够发达的科学来理解神秘的心灵现象；部分源自我们人类追求理解的冲动，即使科学发展到足够理解现象的那一刻，我们要追问为什么会有这样一类奇特的心灵现象，也许这个问题只有哲学家才能回答，就像海尔（John Heil）在《当代心灵哲学导论》的前言中所写的："我的思路与那些强调心灵哲学和心理学、神经科学、人工智能之类的实证科学之间的联系的思路判然有别。这并不是说，我认为心灵哲学与这些经验研究无关。不过，在多年的摸索之后，我终于认识到，同心灵有关的基本的哲学问题仍然是一些形而上学的问题——我所理解的形而上学不仅仅是对永恒真理的先验推理,而且也是一种需要接受科学的帮助的形而上学。"①

进一步阅读

电影《楚门的世界》

30年前奥姆尼康电视制作公司收养了一名婴儿,他们刻意培养他使其成为全球最受欢迎的纪实性肥皂剧《楚门的世界》中的主人公,公司为此取得了巨大的成功。然而这一切却只有一人浑然不觉,他就是该剧的唯一主角——楚门。楚门从小到大一直生活在一座叫海景的小城(实际上是一座巨大的摄影棚),他是这座小城里的一家保险公司的经纪人。楚门看上去似乎过着与常人完全相同的生活,但他却不知道生活中的每一秒钟都有上千部摄像机在对着他,每时每刻全世界都在注视着他,他更不知道身边包括妻子和朋友在内的所有的人都是《楚门的世界》的演员。当导演需要楚门谈恋爱,就会派一个漂亮的女演员按照计划和他恋爱。在楚门看来,他和这个女孩子恋爱是完全发自内心认真选择的结果,而在导演看来楚门的行为都依赖他的设计。当楚门想出去旅游,导演就设计各种意外事故,最终让楚门放弃旅游计划。

楚门的行为是被决定的,他并没有自由,所谓的自由只不过是一种幻象而已。如果接受这个故事的逻辑的话,那么相当于说我们承认了一种表层的自由,但否定了一种深层的自由,深层的自由只是幻象,我们的行为是被决定的。

---

① 〔美〕海尔:《当代心灵哲学导论》,高新民、殷筱、徐弢译,北京:中国人民大学出版社,2005,第 ix 页。

《楚门的世界》剧照

电影《发条橙》

库布里克改编了伯吉斯的小说《发条橙》,拍成同名电影。

影片以第一人称的形式讲述了一个名叫阿历克斯的少年犯的故事。在不远的未来社会里,几个充满暴力倾向的少年在阿历克斯率领下到处寻欢作乐,无恶不作。在一次入室作案中,阿历克斯由窗户进入"猫夫人"的寝室,被"猫夫人"发现。两人展开搏斗,阿历克斯失手将"猫夫人"打死。当他慌忙逃出猫夫人的公寓时,却被手下报复而当场击昏,最后被赶来的警察逮捕。

阿历克斯以杀人罪被判入狱14年,为缩短刑期,阿历克斯自告奋勇,愿意把自己当做小白鼠一样为一项叫做"厌恶疗法"的实验充当实验品。疗法很简单:在注射某种药物后,医生们就让阿历克斯目不转睛地观看各种令人发指的色情、暴力影片,以使其对色情暴力在生理上产生条件反射式的恶心。这样,阿历克斯在实验结束后成为一个打不还手、骂不还口、无法接近女色而且绝对不会危害社会的"新人"。

哲学导论

《发条橙》剧照

库布里克在一次采访中谈道:"影片的主旨对人的自由意志提出了质疑。每个人都必须按照固定的方式和原则生活。当选择做好人或坏人的权力被剥夺以后,人们是否还真正享有人权?"阿历克斯成了一个新人,不再实施各种暴行。但是似乎很少有人对阿历克斯的行为给予称赞,毕竟阿历克斯不是自愿选择不为恶的,而是一种新的生理条件使得他不能为恶。也就是说阿历克斯并不具有自主选择行为的能力,不具备自由意志,因此他的行为不再具有任何道德含义,既不值得褒扬也不值得贬低。发条橙子的故事向决定论提出了挑战,如果决定论是真的,而且不存在自由意志,那么如何解释道德责任呢?自由意志、决定论、道德责任之间紧密相连,很难将其拆开来一一理解。

九岁儿童

在《本然的观点》一书第六章"思想与实在"中,内格尔让我们设想以下场景:

有相当多的普通人、天生的盲人和聋人不能理解颜色或声音,精神年龄只有九岁的孩子不能理解麦克斯韦方程、相对论或哥德尔定理。但是一个接受过高等教育的正常人能够毫无障碍地理解这些东西。他们还相信存在着基因、神经元、电子、质子等实体。

假设在一个与我们所处的世界类似的世界中,存在着我们和一些有缺陷的生物,他们的智力永远停留在我们人类中的九岁儿童的水平上。他们可以拥有一种语言,这种语言和我们的语言足够相似,我们可以将其翻译成我们的语言。因此,我们能够理解"九岁儿童"所理解不到的东西。那么,假设同样一个世界,我们并不存在,"九岁儿童"依旧存在。这就说明世界上存在九岁儿童所不能理解的东西。依此类推,在另外一个世界中,存在着我们和更高的存在物。我们类似于第一个世界中的"九岁儿童",更高的存在物类似于第一个世界中的"我们",如果更高的存在物并不存在,我们仍旧存在,就等于说世界上存在着超越于我们思想的东西,即使我们不能理解它们。

这个类比成立吗?有人可能会反驳说,在思考九岁儿童所处的世界时,我们所设想的状态是我们已经知道的。九岁儿童不能设想的东西都可以在我们的语言中表达。而一旦把我们设想成"九岁儿童",则我们这类九岁儿童根本就没有心智能力设想更高的存在物和我们之间的关系,我们无法合法地表述相对于我们来说有一些不可设想的存在。简言之,从九岁儿童和我们之间的关系不能类比到我们和更高级生物之间的关系。

为了回应这个反驳,内格尔让我们进一步设想如下场景:

假设世界上存在着永远的"九岁儿童",在这些永远的"九岁儿童"中,

哲学导论

有一个人具有哲学家的倾向,他通过学习开始思考这样一个问题:这个世界上是不是存在他和他的同类不能理解的东西?仔细考虑一下,这样提问是不可能的吗?或者他没有认识到他说的话其实是毫无意义的么?他不能用这样一些语词来表述我们已经知道的东西么?

我们可以很合理地说,儿童哲学家的思考和发问是合理的,就像我们也会提出这样的问题一样。①

做 梦 论 证

做梦论证是笛卡尔在《第一哲学沉思录》中提出的著名的知识论论证。

> 有多少次我夜里梦见我在这个地方,穿戴整齐坐在火炉旁,但其实我是一丝不挂地躺在床上!在那个时候,我觉得自己是在睁开眼睛,看着一张纸,我摇动着的那个头脑也不是在昏昏欲睡,我故意地、有目的地伸出这只手,我感觉到了这是手:在梦中出现的事情看起来不是如此清楚明晰地不同于实际上发生的事情。但在仔细掂量这一点时,我提醒自己,在很多时候我在睡眠中已经被类似的幻觉所欺骗,在仔细考量这个反思时,我如此明白地看到,没有任何确定的东西使我们可以清晰地把清醒与睡眠区分开来,这不禁使我大吃一惊。我的惊讶是这样,以至于几乎有可能使我相信我现在是在做梦。②

笛卡尔认为我们无法区分醒和梦,因为我们所唯一确信的就是思想,而思想在处理外在事物和内在事物时,并没有明显的区别,我可能因为见到一个狮子而感到害怕,当然我也可能因为想到或者梦到一个狮子而感到害怕,最终所获得的相同害怕的感觉并不能区分这些感觉的来源是来自内心还是来自外在世界。我们现在坐在这里听课讨论问题,很可能只是一场梦而已,我

---

① 参见〔美〕内格尔:《本然的观点》,贾可春译,北京:中国人民大学出版社,2010,第108—111页。

② Descartes, *The Philosophyical Writings of Descartes*, vol. 2, translated by John Cottingham, Robert Stoothoff and Dugald Murdoch (New York: Cambridge University Press, 1984), p. 13.

们也许是在梦里梦到这一切的，也许是属于电影《盗梦空间》中的第三个层次或第四个层次，只是我们不自知而已，而要自知，是需要大圣之觉，可是在笛卡尔的世界里，我们都是凡人，因此我们总是无法区分自己是否在做梦还是不在做梦，最终我们无法获得对外在世界的认知。

恶魔论证

恶魔论证同样是笛卡尔在《第一哲学沉思录》中提出的著名的知识论论证。

这是一个更强的论证，因为有一种知识似乎可以逃过做梦论证，即数学知识，数学知识是先天的，存在于人的观念之中，并不需要在世界中探寻，因此似乎数学知识确实只需要通过反思就可以得到，确定的不能怀疑。这里，笛卡尔假设有一个恶魔在作弄我们，我们每一次的计算都被恶魔控制着。也就是说，看起来是确定无疑的数学，实际上也不过是被操纵的结果。比如我们每一次进行 2 + 2 = 4 的运算，每一次运算都让我们得到这个正确的结果，其实只是恶魔在我们心中注入了一个如此运算正确的观念，而这并不能保证运算本身的正确性，运算的正确是自主的，不依赖于恶魔的操控，但是我们不能排除恶魔存在的可能性，因此数学知识的确定性要大打折扣。

既然上帝善良无比，而且是真理的源泉，那么我就假设，并不是上帝，而是某个无比诡诈、能力非凡的邪恶精灵在竭尽全力地欺骗我。要我认为天空、空气、大地、颜色、形状、声音以及一切外在事物都只是他为了诱骗我的判断而设计出来的梦幻。要我认为自己没有手，没有眼睛，没有血肉，没有感官，只是虚假地相信我有这些东西。我要坚决固执于这种沉思。即使我无法知道任何真理，至少我能够有能力做的事情即坚决抵制相信任何虚假的东西，以至于不管这个邪恶的精灵多么强大、多么狡诈，它都不能对我施加任何影响，哪怕是在最轻微的程度上对我施加影响。但这是一个非常吃力的打算，由于某种懒惰，我又不知不觉地回到日常的生活方式中去。我就像一个囚徒，在睡梦中享受一种虚构的自由。当他开始怀疑他是在做梦时，他就害怕醒过来,并尽其所能继续维持这种可怜的幻觉。同样地,我乐于重新陷入我的陈旧的意见中,害怕从它们当中清醒过来,因为我担心在平静的睡眠之后随之而来的辛勤劳作,不仅不会在认识真理上给我们带来光明,反而会在我现在提出的这些问题上产生一片无法消除的黑暗。①

钵 中 之 脑

在《理性、真理与历史》第一章"钵中之脑"中,普特南让大家考虑这样一个思想实验:

> 设想一个人(你可以设想这正是阁下本人)被一位邪恶的科学家做了一次手术。此人的大脑(阁下的大脑)被从身体上截下并放入一个营养钵,以使之存活。神经末梢同一台超科学的计算机相连接,这台计算机使这个大脑的主人具有一切如常的幻觉。人群,物体,天空,等等似乎都存在着,但实际上此人(即阁下)所经验到的一切都是从那架计算机传输到神经末梢的电子脉冲的结果。这台计算机十分聪明,此人若要抬起手来,计算机发出的反馈就会使他"看到"并"感到"手正被抬起。不仅如此,那位邪恶的科学家还可以通过变换程序使得受害者"经验到"(即幻觉到)这个邪恶科学家所希望的任何情境或环境。他还可以消除脑手术的痕迹,从而该受害者将觉得自己一直是处于这种环境的。这位受害者甚至还会以为他正坐着读书,读的就是这样一个有趣但荒唐之极的假定:一个邪恶的科学家把人脑从人体上截下并放入营养钵中使之存活。神经末梢据说接上了一台超科学的计算机,它使这个大脑的主人具有如此这般的幻觉……
>
> 我们可以设想,不只是一个大脑放在钵中,相反,所有人类(或许所有有感觉的生物)之脑都放在钵中(如果某些只具有最低级神经系统的生物也已经算作"有感觉",那就是钵里的神经系统)。当然,那个邪

---

① Descartes, *The Philosophyical Writings of Descartes*, vol. 2, translated by John Cottingham, Robert Stoothoff and Dugald Murdoch (New York: Cambridge University Press, 1984), p. 15.

恶的科学家必须在营养钵之外——要不他愿意吗？或许并没有邪恶的科学家，或许这宇宙恰好就是管理一只充满大脑和神经系统的营养钵的一台自动机（尽管这是荒谬的）。

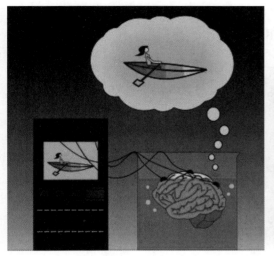
钵中之脑

《黑客帝国》剧照

这会儿让我们假定这架自动机具有这样的程序，它向我们大家提供一种集体幻觉，而不是若干互不相干的幻觉。这样，当我觉得自己正与你交谈时，你则觉得正听我讲话，当然，我的话并没有真的进入你的耳朵——因为你并没有（真实的）耳朵，我也没有真实的嘴巴和舌头。相反，当我讲话时，所发生的是外输脉冲从我的大脑传到计算机，该计算机既引起我"听到"我讲这些话的声音和"感到"我的舌头颤动等等，也引起你"听到"我的话，"看到"我在讲话，等等。在这种情况下，我们在某种意义上真的进行交流。你实际存在着，对此我并没有搞错（我搞错的只是除了大脑，还存在着你的身体和"外部世界"）。从某种观点来看，即使"整个世界"是一个集体幻觉，也无碍大局；因为当我对你讲话时，你毕竟确实听到了我的话，即使起作用的机制并不如我们所设想的那样。①

普特南关于怀疑论的反驳在知识论上引起相当火热的讨论，几乎成为一个工业，甚至有人根据普特南的思想实验，拍出类似的电影（《黑客帝国》）。

盖提尔论证

在《知识是可辩护的真信念吗？》一文中，盖提尔颠覆了知识论的传统。

近些年很多人试图给出一个人知道一个命题的充分必要条件，这种尝试被总结为如下形式：

(a) S 知道 P 当且仅当：

(1) P 是真的；

(2) S 相信 P；

(3) S 在相信 P 上得到了辩护。

例如齐硕姆就接受如下形式给出了关于知识的充分必要条件：

(b) S 知道 P 当且仅当：

(1) S 接受 P；

(2) S 对于接受 P 有充分的证据；

(3) P 是真的。

艾耶尔给出如下关于知识的充分必要条件的形式：

(c) S 知道 P 当且仅当：

(1) P 是真的；

(2) S 对于 P 是真的有相当的确信；

(3) S 对于确信 P 是真，有一种真实的确认。

论证条件中的 (a) 是错误的，它并没有组成 S 知道命题 P 为真的充分条件。对于 (b) 和 (c) 也是一样的，如果"拥有充分的证据"或者"非常真实的确信"就等同于 (a) 中的"在相信 P 上得到辩护"的话。

---

① 〔美〕希拉里·普特南：《理性、真理与历史》，童世骏、李光程译，上海：上海译文出版社，2005，第 11、11—12、12 页。

首先注意两点：第一，"辩护"的意义，S相信P是S知道P的一个必要条件，但仍然有可能S虽然获得了辩护，P事实上是错误的。第二，对于任何命题P，S在相信P上得到了辩护，P蕴含了Q，S从P中推出了Q，作为推论的结果接受了Q，那么S在相信Q上得到了辩护。请时刻记住这两点。我将举出两个例子，(a)所陈述的条件对于一些命题是真的，尽管在同时对于那个人知道这个命题是错误的。

案例I：假设史密斯和琼斯同时应聘一份工作。假设史密斯对于如下析取命题拥有相当强的证据：

(d) 琼斯会得到这份工作并且琼斯的口袋里有十枚硬币。

史密斯对(d)的证据可能是公司的老板告诉他琼斯最终会被选中，而且史密斯数了一下琼斯的口袋，他的口袋里有十枚硬币。命题(d)就蕴含了如下命题：

(e) 口袋里装有十枚硬币的那个人最终获得了工作。

现在让我们假设史密斯知道从(d)到(e)的推论，而且在(d)的基础上接受了(e)。在这个例子上，史密斯在相信(e)为真上得到了辩护。

但是想象一下是史密斯不知道自己而不是琼斯将会得到工作，而且史密斯不知道是他自己的口袋里也有十枚硬币。命题(e)是真的，尽管可以推导出(e)的(d)是错误的。在我们的例子中，下面几条全是真的：(1)(e)是真的；(2)史密斯相信(e)是真的；(3)史密斯在相信(e)是真的这一点上得到了辩护。但是相当清楚的是，我们可以说史密斯并不知道(e)是真的；因为(e)之为真依据史密斯口袋里的硬币数量，而史密斯并不知道史密斯口袋里的硬币数量，他关于(e)之为真的信念是建立在错误的信念上：琼斯口袋里有十枚硬币。

案例II：让我们假设史密斯对于如下命题有很强的证据：

(f) 琼斯拥有一辆福特轿车。

史密斯的证据可能在于史密斯总是记得琼斯拥有一辆轿车，这个轿车是福特牌子的。琼斯还曾开着福特车载过史密斯一回。现在让我们相信史密斯有另外一个朋友布朗，至于他在哪里史密斯全然不知。史密斯随机选择了三个地方，构造了如下三个命题：

(g) 要么琼斯拥有一辆福特，要么布朗在波士顿；

(h) 要么琼斯拥有一辆福特，要么布朗在巴塞罗那；

(i) 要么琼斯拥有一辆福特，要么布朗在布雷斯特·立托夫斯克。

每一个命题都为命题 (f) 所蕴含。设想史密斯认识到他从 (f) 所构造出来的这些命题。史密斯从一个他有很强证据的命题中推导出 (g)，(h)，(i)。史密斯对于相信这三个命题中的任何一个都得到了辩护，但是史密斯并不知道布朗身在何处。

但是现在请想象一下两个进一步的条件：首先，琼斯并没有一辆轿车，而只是租了一辆车在开；其次，史密斯虽然不知道，但碰巧布朗就住在巴塞罗那。如果这两个条件成立，那么史密斯并不知道 (h) 是真的，尽管 (1) (h) 是真的；(2) 史密斯相信 (h) 是真的；(3) 史密斯在相信 (h) 是真的这一点上得到了辩护。

这两个案例表明定义 (a) 并不是一个人知道一个命题的充分条件。同样的例子，经过适当的调换，也会得出 (b) 和 (c) 也不是知识定义的充分条件。①

孪生地球

在《"意义"的意义》这篇名作中，普特南让我们设想这样一种情况：

假设存在一个孪生地球，这个地球和我们这个地球在所有方面都是一模一样的。孪生地球和我们所在的地球唯一不同的是，在我们这个地球上叫做"水"的化学物质的分子结构是 H_2O，而在孪生地球上叫做"水"的化学物质的分子结构是 XYZ。但是水和孪生水在所有外表上都一样，它们都流淌在江河湖海、盛放在锅碗瓢盆，是透明可饮用的液体。我们和孪生地球上的我们对水的认知都是一样的。水和孪生水在所有可认知的层面完全没有差异，

---

① Gettier, Edmund L, 1963, "Is Justified True Belief Knowledge?", Analysis, 23 (6): 121—123.

孪生地球

那么我们把握水的意义和孪生地球上的我们把握孪生水的意义就会处于同一种心理状态。这一点是很清楚的，因为我们的认知能力并不能检测到分子结构的差异。在所有可认知的层面上，水和孪生水都是一样的。显然我们用"水"指称具有分子结构为 H_2O 的地球之水，而孪生地球上的我们用"水"指称具有分子结构为 XYZ 的孪生之水。认知主体在把握同一语词的意义的时候处于相同的心理状态，但指称却不同。[①]

黑 白 玛 丽

在《感受性质》一文中，杰克逊提出黑白玛丽的思想实验：

> 玛丽是一位杰出的科学家，不知何故，她不得不在黑白的房间中借助黑白电视监视器去研究世界。她精通关于视觉的神经生理学，而且我们不妨假定，当我们看成熟的西红柿或天空，使用"红""蓝"等术语时，她得到了关于所发生的、应知的一切的物理信息。例如她发现，哪一些来自天空的波长组合刺激了视网膜，这实际上又是怎样通过中枢神

[①] 引自《逻辑与语言——分析哲学经典文选》，陈波、韩林合主编，北京：商务印书馆，2005，第459—523页。

哲学导论

经系统产生声带的挛缩、肺中气息的膨胀的,正是后者导致了"天空是蓝色的"这样的句子的说出。(几乎不能否认,从黑白电视中获取所有这些物理信息在原则上是可能的,否则电视大学就一定得用彩色电视机。)

当玛丽从黑白房间中被放出来了,或者被给予了一台彩色监视器,那么会发生什么呢?她学到了什么东西没有?似乎很明显,关于世界,关于我们对它的视觉经验,她将学到某种东西。但这样一来,她先前的知识不可避免地具有不完善性,当然她有一切物理信息。因此还有比那多得多的东西,这一来,物理主义就是错误的。

很显然,知识论证的这种方式可以一无例外地推广到味觉、听觉、躯体感觉以及一般所说的各种心理状态上,它们据说有(以不同方式表述的)原感觉、现象特征或感受性质。在每种情况下,结论都一样:感受性质是物理主义描述所遗漏的东西。知识论证富于论战性的力量在于:要否认下述核心主张是很困难的,这主张是:人们可能有一切物理信息,而并没有一切应有的信息。①

丹尼特将杰克逊的思想实验做了延伸:

有一天,玛丽的老板决定把玛丽释放出来,给她一点颜色看看。他们准备了一只蓝色的香蕉给玛丽看看。玛丽拿了一只看了看说:"嗨,你这是想骗我吧!香蕉是黄色的,你给我的却是蓝色的!"老板震惊了,玛丽是怎么识破的呢?

"相当简单,"玛丽回答说:"你应该记得我知道所有的事实——当然知道视觉的整个发生机制。因此在你拿给我香蕉之前,我已经精确地记下了黄色物体和蓝色物体在我的神经系统中引起什么样的物理印象。我已经精准地知道我将会拥有什么样的思想。我不会为我自己对蓝色的经验感到吃惊,让我吃惊的是你居然跟我开了这样一个低级的玩笑。我意识到对你来说很难想象我对自己的反应倾向知道的如此之多,以至于蓝

---

① 高新民、储昭华:《心灵哲学》,北京:商务印书馆,2002,第85—86页。

色出现在我眼前，并让我感到惊讶。当然，你确实难以想象这一点。对任何人来说，想象出知道所有物理事实所导致的后果是什么也是困难的。"①

这个故事并不是要说明玛丽没有学到任何东西，而是试图说明杰克逊所设想的案例并不能表明玛丽就学到了什么。丹尼特的解释蕴含了这样一个前提：玛丽拥有完全的物理知识就意味着必然蕴含玛丽能够想象颜色感觉是怎样的这样一件事情。但这一个前提是否成立，尚待考察，要知道梨子的味道就需要亲口尝一尝，如果你没有亲自感觉，光凭书本描述，怎么就知道梨子的味道呢？后来改变立场转而支持物理主义的杰克逊认为，玛丽学到某种东西只是一个幻觉，这种幻觉源于这样一个事实：新的物理信息的呈现似乎与内在性质有关，甚于与关系性质的关联。

思考与讨论

当代哲学在形而上学、知识论、语言哲学、心灵哲学问题域中取得何种进展？

---

① Daniel Dennett: "'Epiphenomenal' Qualia?", *There is something about Mary*, (Boston: MIT Press, 2004), p. 60.

第八章
当代哲学方法

当代哲学呈现出现象学与分析哲学这两种不同风格的哲学方法。一方面以弗雷格、罗素和维特根斯坦为代表的分析哲学日渐兴盛,他们中的一部分人持守着逻辑经验主义,致力于人工语言的分析方法,另一部分人则通过日常语言的分析方法,试图厘清哲学思考中的陷阱,为真正的哲学正名,因此分析哲学不断探索着逻辑上的分析性和可理解性;另一方面以胡塞尔为代表的研究者则宣告了旷日持久的现象学运动的诞生,而这一运动经过了存在主义和解释学的兴起,经过了从德国向法国的发展,不断走向了对文化和历史的解释。

近来,哲学家们尤其关注这两种看似截然不同的哲学风格之间沟通与融合的可能性。从哲学根本问题上来说,无论是现象学还是分析哲学始终关注的都是如何理解世界的问题,是所得到的理解是否是真理的问题。从哲学史上来说,弗雷格和胡塞尔之间的交流直接促进了彼此思想的形成,即便经历了海德格尔的存在论转向,然而,对语言的关注,对科学技术的关注,持续占据着他们各自思想的中心,使得这两种差异巨大的哲学风格一起努力应对着同样的当代哲学语境。

分析哲学

分析哲学是 20 世纪初期兴起的一种哲学思潮,时至今日成为当代世界哲学的主流。分析哲学所使用的方法也成为当代哲学研究的典范方法。顾名思义,分析哲学方法的关键是分析。研究方法的不同将分析哲学与其他哲学如现象学、解释学等区分开来。大致来讲，分析哲学有两种分析方法：概念分析、经验分析。

概念分析是传统哲学的主要方法，在20世纪分析哲学中概念分析转换为语言分析。这是因为哲学经历过一个语言转向，哲学家把对世界的探索转换为对表达世界的语言的研究。这种转向要通过对语言结构的分析来重新理解哲学问题。分析哲学家中对语言结构的理解存在着两种不同的路径：第一个是把语言结构理解为深层的逻辑结构。第二个是把语言结构理解为其反映了人类生活的经验，日常语言本身就是分析的基础。前者主张对日常语言进行逻辑分析，后者主张对日常语言进行用法考察。

语言分析

首先，我们来看语言的逻辑分析学派。主张对语言进行逻辑分析并非分析哲学的首创，亚里士多德创设的三段论逻辑、主谓逻辑就是对语言的逻辑分析，但自亚里士多德以来，我们对语言结构的理解没有发生实质变化，基本上都停留在亚里士多德的理解层次上。但是19世纪末期发生了一个巨大的变化。逻辑学家**弗雷格**（Friedrich Ludwig Gottlob Frege，1848—1925）开创了一套新的逻辑系统，在《概念文字》一书中，弗雷格发明了一种新的逻辑，这套逻辑在罗素和怀特海合著的《数学原理》中得到发扬光大。弗雷格和罗素发现自然语言背后有一套不同于自然语言的逻辑结构。亚里士多德的逻辑其实是对日常语言的一种形式化理解，并没有背离日常语言的基本特征，比如日常语言中的很多表达都是主谓结构，因此他发明了主谓逻辑。但是弗雷格和罗素的新逻辑与此不同，它完全从一套新的逻辑来理解日常语言。比如对于主词的分析，本来主词是指称世界的一个名字，根据新的逻辑变成了一个函项，对于任意 X 或者存在某一个 X 如何。语句之间的连接可以用一些逻辑连接词代替如（并非、或者、要么），运用推导规则来生成其他语句等。通过新逻辑的刻画，我们似乎就可以消除很多传统哲学问题。

罗素（Bertrand Arthur William Russell，1872—1970）《论指称》一文被誉

为逻辑分析的典范。我们日常的主谓表述，如"司各脱是《威弗利》的作者""金山不存在""当今法国国王是秃头"等等，现实中并不存在当今法国国王，按照传统主谓逻辑，似乎隐含着法国国王的存在。罗素利用现代逻辑技术解决了这一问题，在他看来，所谓"当今法国国王是秃头"这样的语言陈述，可以被分析为如下句子：

1）存在一个X，X是当今法国国王；

2）对任意一个y，如果y是当今法国国王，那么y就是x；

3）x是秃头。

我们可以写出"当今法国国王是秃头"的逻辑形式：

"$\exists x [(Kx \& \forall y(Ky \rightarrow x=y)) \& Bx]$"（谓词K表示"是当今法国国王"，B表示"是秃头"）。

因此我们并不需要对主词断定什么东西，这就解决了本体论上长期纠缠不清的问题。语言表述的背后是否承诺什么实体的存在，关键在于看句子真正的逻辑形式是否承诺实体的存在。我们对日常语言陈述进行一种改写或翻译成形式化语言陈述。通过改写或翻译，我们发现原来的本体论问题被消解了。根据这种方式可以处理很多传统的哲学问题。"罗素似乎是第一个把逻辑分析说成一种'方法'的人。在他后期的一本自传中，他写道：'自从我抛弃康德和黑格尔的哲学以来，我一直寻求通过分析去解决哲学问题；并且我仍然相信，唯有凭借分析才能取得进步。'他说，由此达到的进步'与伽利略在物理学上所引发的进步属于同一类型'。"[①] 所以罗素甚至在《我们关于外在世界的知识》一书中断言："逻辑是哲学的本质。"

将逻辑分析进行到底的是罗素的学生和信奉者**卡尔纳普**（Rudolf Carnap, 1891—1970）。卡尔纳普是维也纳学派的主要成员，一生致力于用形式化的办法解决哲学问题。在《通过语言的逻辑分析清除形而上学》一文中他认为："现代逻辑的发展，已经使我们有可能对形而上学的有效性和合理性问题提出

---

① 引自《逻辑与语言——分析哲学经典文选》，陈波、韩林合主编，北京：商务印书馆，2005，第10页。

新的、更明确的回答。应用逻辑或认识论的研究，目的在于澄清科学陈述的认识内容，从而澄清这些陈述中的词语的意义，借助于逻辑分析，得到正反两方面的结论。正面结论是在经验科学领域里做出的，澄清了各门科学的各种概念，明确了各种概念之间的形式逻辑联系和认识论联系。在形而上学领域里，包括全部价值哲学和规范理论，逻辑分析得出反面结论：这个领域里的全部断言陈述全都是无意义的。这就做到了彻底清除形而上学。"①

在他和维也纳学派成员看来，我们仅仅有两种真正的陈述是人类的知识，一种是根据意义为真的陈述：分析陈述，如数学、逻辑和语义陈述；一种是根据事实为真的陈述：综合陈述，如科学中的一些报道陈述和规则陈述。分析陈述的真假由它所在的形式系统来确定，综合陈述的真假依赖于经验可证实，通过经验观察方式获得其陈述的真假。如果一个陈述既不是根据意义为真的，又不是证实为真的，那么这个陈述就没有任何意义，在卡尔纳普看来，形而上学陈述就是这样的陈述，是应该消除的。

卡尔纳普不仅用逻辑分析方法消除形而上学，他还正面利用逻辑分析技术建构自己的哲学，这体现在他的三部曲中：《世界的逻辑构造》《语言的逻辑句法》《意义与必然性》。

当时欧洲哲学的重心是认识问题，即如何利用逻辑分析建构关于世界的认识系统。对认识系统的逻辑重构需要确立一个基础，在维也纳学派之前**马赫**（Ernst Mach, 1838—1916）提出了把要素作为分析的起点："马赫的'本体论'则建立于这样的观念的基础之上，它对某种程度上说来中立的要素采取一种透视的解释。据此，根据不同的看待方式，要素既可被看作是物体，也可被看作是感觉。如果我们从这个角度看待关于物体和精神的同一性理论（……），那么尽管心理描述完全不同于物理描述，但是心理过程恰恰就是脑过程。这样，再将一种看待方式看作优于另一种看待方式也就没有多大意义了。"②

---

① 引自《逻辑与语言——分析哲学经典文选》，陈波、韩林合主编，北京：商务印书馆，2005，第249页。

② 〔奥〕哈勒：《新实证主义》，韩林合译，北京：商务印书馆，1998，第44页。

按照认识优先的原则，作为构造一切其他对象的基本要素，是不经过任何中介而被直接经验到的东西，哲学家将其称之为所与。马赫将感觉等同于所与，罗素将感觉材料等同于所与。受到格式塔心理学的影响，卡尔纳普不同意上述思路，他认为最初的直接的所与不是一个个原子式的离散的感觉要素，而是一种"作为总体和不可分的单元的经验本身"，这种经验称之为"原初经验"："原初经验应当是我们构造系统的基本要素。前科学知识和科学知识的其他一切对象，以及人们通常称之为经验成分或心理事件成分的那些对象（……）都应在这个基础上构造出来。"①

从认识优先的原则出发，卡尔纳普把原初经验（心理的）作为构造系统的基本要素。但是在《世界的逻辑构造》第59节里，卡尔纳普也提出了另外一种可能性："如果我们不要求构造的次序再现对象的认识次序，那么我们就还可能有其他的系统形式。""由于所有精神对象都可还原为心理对象，而所有心理对象都可还原为物理对象，我们就可以把系统的基础放在物理的对象域中。我们可以把这种系统形式称为'唯物主义的'，因为这种形式的构造系统与唯物主义观点是特别接近的。不过重要的是要把一种理论的逻辑构造的方面与其形而上学的方面区分开来。从构造理论的逻辑观点看，对科学唯物主义没有什么可反对的地方。科学唯物主义关于所有心理对象和其他对象都可还原为物理对象的主张是正确的。至于形而上学唯物主义超出这一点的主张，即认为所有心理过程按其本质来说都是物理的，除了物理的东西之外没有任何东西存在，构造理论和一般（理性）科学则既不提出也不否定。'本质'和'存在'这些词（就此处所指的意义而言）在构造系统中没有位置，而且这已经表明它们是形而上学的了。"②

对于卡尔纳普来说，把心理要素还是物理对象作为基本要素取决于我们的理论旨趣。我们也可以采用一种从物理对象开始构造系统的办法。不管在现象主义时期还是在物理主义时期，卡尔纳普都没有一个把原初经验或者物

---

① 〔德〕卡尔纳普：《世界的逻辑构造》，陈启伟译，上海：上海译文出版社，1999，第125—126页。
② 同上书，第108—109页。

理对象当作实在的形而上学立场,他始终把逻辑结构当作理论建构的核心,甚至可以根据逻辑建构来规定基本要素。一个科学认识理论的结构是由逻辑给出的,这是卡尔纳普最为核心的想法。

在《语言的逻辑句法》一书中,卡尔纳普不仅仅局限于经验主义认识论的逻辑构造,而是把逻辑分析当做哲学的核心内容,在他看来:"我们的'维也纳圈'以及一些旨趣相近的团体(在波兰、法国、英国、美国,甚至在德国)产生并逐渐形成了如下信念:形而上学不会产生任何具有科学特征的断言。这些哲学家的部分工作在其本性上是科学的——不包括通过经验科学得到解决的经验问题——由逻辑分析构成。逻辑句法的目标是提供一个概念系统(语言),这种系统可以精确表述逻辑分析的结果。通过对科学陈述和概念的逻辑分析,科学的逻辑取代了哲学,科学的逻辑就是科学语言的逻辑句法。这就是我们在本书末章达至的结论。"①

逻辑分析对于新的哲学来说具有本质的作用,可以说没有逻辑分析就没有新哲学。在同书的第五章,卡尔纳普将这种看法推到极致:"撇开具体科学的问题不论,关于语句、词项、概念、理论等科学的逻辑分析成为真正的科学问题。我们把这所有的问题称为科学的逻辑。""根据这种观点,哲学纯化了所有非科学的元素,只存在科学的逻辑。然而,在大部分哲学探究中,科学和非科学元素之间的区分是相当不可能的。因此我们倾向于说科学的逻辑占据了曾经混乱不堪的哲学问题的地位。是否将'哲学'或者'科学的哲学'作为其代名词,目前只是权宜之计而没有定论。""'科学的逻辑'这个词项可以在宽泛的意义上来理解,作为指称纯粹逻辑和应用逻辑的词项;作为对科学之为一个整体进行的逻辑分析;作为认识论,作为基础的问题。(这些问题远离形而上学,远离规范、价值和超验)。""我将要说明,科学的逻辑就是句法。同时能够表明科学的逻辑能够以并非无意义的方式来表述,而且不是用不可缺少的假语句,而是用完全正确的语句。这里的观点区别并不仅

---

① 〔美〕卡尔纳普:《语言的逻辑句法》,上海:上海外语教育出版社,第iii—iv页。

仅是理论上的；它对哲学研究的实践形式有着重要的影响。"①

运用逻辑分析方法处理哲学问题，甚至把逻辑分析当做唯一的哲学主题贯穿了卡尔纳普的一生。他的学生奎因也继承了逻辑分析的方法，尽管他在两个重要维度上（分析与综合的区分、还原）反驳了逻辑经验主义，但是他保留了逻辑经验主义的基本精神，接受逻辑分析作为哲学中的主要方法。奎因的自然主义认识论思路，可以被概括为经验分析方法。

维特根斯坦（Ludwig Josef Johann Wittgenstein，1889—1951）的《逻辑哲学论》是逻辑分析的经典之作。事实上，正是他吸收改造了弗雷格和罗素的逻辑分析思想，并激发了卡尔纳普等人对逻辑分析方法的深入应用。但就在逻辑分析学派将维特根斯坦的部分思想进一步拓展时，维特根斯坦本人却逐渐怀疑并放弃直至反对这一主张。

维特根斯坦在出版了《逻辑哲学论》一书之后，认为自己终结了哲学。后来他慢慢发现以前关于语言的看法是有问题的，开始酝酿一种新的想法。简单来说，维特根斯坦认为：语言本身并没有更深的结构，我们需要对日常语言的种种用法进行分析，才能达致对哲学问题的理解。这些想法最开始出现在课堂的讲稿《蓝皮书》《棕皮书》里。后来他为了避免他人对自己的误解开始撰写《哲学研究》的手稿，在《哲学研究》中语言的意义就在使用之中这一看法得到全面展开。

维特根斯坦的前期开创了一个逻辑分析学派，他的后期哲学思想开启了一个日常语言分析学派，其中奥斯汀、塞尔、格赖斯都是倾向于日常语言分析，他们三者之间也有差异，暂取奥斯汀对感觉材料语言的批判加以说明，奥斯汀是通过语言分析来批判感觉材料理论，他试图让读者看到："我没有直接看见猪""我看到实在的猪"这些说法都是荒谬的，在日常语言中根本不会出现，二者恰恰是感觉材料理论建立的关键。在讨论了艾耶尔关于实在一词的用法之后，奥斯汀总结说："在着手说明一个词的用法的时候，只考察它实际用在其中的极少一部分上下文而不认真考察其他的上下文，这总是一种致

---

① 〔美〕卡尔纳普：《语言的逻辑句法》，上海：上海外语教育出版社，第283页。

命的错误。"①

通常我们的哲学理论都从日常经验、日常语言中生长起来，因此奥斯汀从对日常语言的分析入手，企图从根子上摧毁建立哲学理论的想法。

经验分析

分析哲学方法虽然和传统有所不同，但是其精神却一脉相承。语言分析是对传统概念分析的承接，经验分析也是对传统科学研究的承接。因为在传统学问中，哲学和科学是紧密交织在一起的。在心身问题上，笛卡尔对松果腺的解释依赖于他对动物的解剖。

分析哲学除了注重语言分析，更注重自然科学发展对哲学的影响，甚至用自然科学的结果或方法来改造哲学。**奎因**（Willard Van Orman Quine, 1908—2000）作为分析哲学的主要代表人物，除了逻辑分析之外，他接受自然科学的引导，在语言的意义问题上，他认为外部的刺激是获得语词意义的唯一方式，奎因在批评《世界的逻辑构造》一书中，写道："但是，为什么会有所有这些创造性重构呢？为什么会有这一切假象呢？感觉接收器的刺激是任何人在最终获得其世界图像时所不得不依据的全部证据。为什么不只是察看这种构造实际上是如何进行的？为什么不满足于心理学？"②

在奎因看来，认识论就是心理学的一章，因此奎因的认识论不是一种概念分析的认识论，而是一种自然化认识论，自然化的思路是当代分析哲学一个主流趋势，借助自然科学来研究哲学，被称之为自然主义。

按照自然主义的思路，哲学和科学其实是连续的，甚至哲学就是科学的一种形式。心理学代替了认识论研究，道德心理学代替了伦理学，认知科学代替了心灵哲学，逻辑学或语言学、语言调查代替了语言哲学。……

自然化方法的一个路向是实验哲学，通过对哲学理论所依赖的直觉的自

---

① 〔英〕奥斯汀：《感觉与可感物》，陈嘉映译，北京：华夏出版社，2010，第290页。
② 〔美〕奎因："自然化的认识论"，贾可春译，《蒯因著作集》第2卷"本体论的相对性及其他论文"，涂纪亮、陈波主编，北京：中国人民大学出版社，2007，第404页。

然化解释来展开研究,让我们看一个关于语言哲学中的指称理论的直觉探讨:

专名的语义内容(意义)是什么?这是指称理论的核心问题。描述论(弗雷格、塞尔)主张:名字的意义为与其相关的唯一或者一簇描述所表达,比如"苏格拉底"的意义为"柏拉图的老师"等相关描述所表达;进而这个(些)描述确定了指称,比如"柏拉图的老师"确定了其描述的对象是苏格拉底这个人。

克里普克在《命名与必然性》一书中提出了相反的观点:专名的语义内容就是对象(指称),按照萨蒙的解释,克里普克用模态论证、语义论证和认识论证的三大论证反驳了占据主流地位的描述论,这些论证最终都依赖于克里普克所声称的直觉:"有些哲学家认为,某些事物具有直观内容这一点对支持这个事物来说并不是某种具有说服力的证据。而我自己却认为,直观内容是有利于任何事物的重要证据。归根结底,我确实不知道对于任何事情来说,究竟还能有什么比这更有说服力的证据了。"①

在克里普克看来,正是这种普遍的语义学直觉支持了新指称理论。几十年以来,对克里普克理论的反驳和辩护在多个维度上展开,比如重新构造描述理论,回避克里普克的三大论证,或者直接指出指称理论无法解释空名问题和命题态度问题,或者把语用的要素纳入到克里普克指称理论中作为补充等等。上述种种路径都是在接受直觉和理论的一般性框架下展开的。

近些年来,一批实验哲学家从文化心理学的比较研究中获得启发,开始质疑所谓的普遍直觉:如果能有一个办法表明语义学直觉受到语言使用者各种背景(文化、种族、性别、职业、兴趣等)的约束,只是一种特殊的直觉,那么我们对理论的捍卫就不能把直觉作为最后的理由,也不能把直觉和理论的一般性关系作为毋庸置疑的前提接受下来。在《命名与必然性》一书中,克里普克经常使用各种例子(思想实验)来建构自己的论证。在其第二讲中,克里普克为了反驳描述论证,提出了哥德尔的例子,这个例子依赖克里普克的因果直觉。通常认为哥德尔例子支持了克里普克的指称论。

---

① 〔美〕克里普克:《命名与必然性》,梅文译,上海:上海译文出版社,2005,第22页。

直觉做为哲学理论的重要证据这一论断是实验哲学家（也包括很多其他分析哲学家）共享的前提，也是争论的焦点。从实验哲学的结论来看，直觉测试的意涵都是否定性的：看似普遍的理论其实只属于某一种具体历史文化传统中的群体。实验哲学借助测试挑战传统哲学中一些固有的预设，但实验哲学本身并没有给出一个正面的结果。就语义学而言，如何构造一套系统的语义学是实验哲学无法完成的工作。实验语义学对于一般的语言学研究有所助益，对语言哲学研究也有一定的推动，但实验语义学的工作毕竟不能代替语言哲学的工作，实验调查代替不了概念分析。这种想法的背后来自语言学与语言哲学的区分，更大的背景是科学和哲学的区分。实验哲学家恰恰否认这种区分，他们追随奎因提出的哲学和科学是连续的这一论说，提出哲学只是科学的一种形式。实验语义学的方法和思路有助于在概念分析中纠正和澄清一些不合理的假设，让我们看到概念分析的合适位置。在大量的实验哲学著作中，概念分析实际上起到了不可替代的作用，没有传统的概念分析根本无法有效地展开论述。

实验哲学方法和传统哲学方法之间的关系应该这样来看待：实验哲学是传统哲学的有益补充和实质推进，而非彻底改造和完全颠覆。只有在传统哲学的框架内考虑实验哲学，实验哲学的一些方法和结论才是与哲学息息相关的。实验语言哲学只有建立在概念分析和语言使用的基础之上，才能有效进行相关的直觉测试，而不是反其道而行之。

总结

本节总结了分析哲学的两种方法：概念分析和经验分析，实际上这是当代分析哲学在根子上运用数理逻辑和自然科学的结果。这两种方法也并非互相排斥，二者互为补充，分析哲学中最大的流派"逻辑经验主义"这个名称本身就已经昭示了分析哲学的两种方法：逻辑分析和经验分析。但分析哲学并非仅仅具有这两种方法，尚存在其他的分析方法。

反例法是分析哲学中一种常见的方法。通过举出反例来否证某一个观点，比如盖提尔提出的反例，就摧毁了传统的知识定义。盖提尔构造一个符合传统知识定义的例子，但是我们直觉上觉得这个例子不符合我们对知识的理解，这就表明传统知识的三条件定义是有问题的。这种反例法还被拓展成一种"反驳—回应"的哲学方法。对于分析哲学家来说提出一个观点并非要害，关键的是对这个观点的辩护或者论证，其中一个重要的辩护手段即是采用"反驳—回应"的辩护。作者在确立一个论点之后，通常会耗费大量的篇幅去考虑可能存在的反驳，并一一回应这些反驳，如果能够做到这一点，那么作者的观点就是可以成立的了。比如在图灵的经典文章《计算机与人工智能》中，图灵提出了计算机能否思维的问题，并以能通过图灵测试即可断定计算机能否思维做答。图灵文章并非止于此，而是考虑了九种可能的反驳，一一做了回应，即使到今天，人们的反驳依然不出图灵所设想的反驳之范围。

思想实验也是分析哲学中经常用到的方法，哲学家构造一些和我们日常相关的故事，通过故事的逻辑结构来获得某个哲学结论。我们对哲学上的思想实验耳熟能详，比如语言哲学中的哥德尔的例子，知识论中的钵中之脑，伦理学中的电车实验，逻辑学中的理发师悖论、谷堆悖论，心灵哲学中的中文之屋等等。构造思想实验是为了帮助我们在直观上理解哲学问题的结构，使得论证具有一定的说服力。当然在构造思想实验中，我们有时候要借助逻辑分析，有时候要借助自然科学的法则，达致我们对某个问题的理解。

最后要谈论的是分析哲学中的一种潜在的方法或假设：还原的方法。不管是逻辑分析还是经验分析，都是想把我们觉得不可靠的东西还原为可靠的东西。我们认为日常语言是不健全的，所以要把日常语言还原为形式语言，逻辑分析就是一种逻辑还原工作。自然化认识论是把规范性的认识论还原为描述的心理学研究，实验哲学是要把不可言说的概念直觉，用经验调查的办法还原为各种可以言说的差异（性别、种族、职业、基因、地理）等等。在心灵哲学中，要把关于疼痛的日常谈论还原为疼痛的神经生理机制，在语言哲学中，把语言的意义还原为科学可以研究的刺激意义等等。还原法或隐或显地存在于当代分析哲学的各个门类之中，对还原方法的反思将有助于我们进一步理解哲学的本性。

同时，还原的方法并非只见于概念分析。在与分析哲学相异的另一种当代哲学基本方法——现象学方法中，"还原"这一概念同样是它的核心概念，并且几乎是解开现象学方法的钥匙。

现象学

现象学（Phänomenologie）作为一种哲学思潮，始于19世纪末20世纪初。狭义的现象学指**胡塞尔**（Edmund Husserl, 1859—1938）在**布伦塔诺**（Franz Clemens Honoratus Hermann Brentano, 1838—1917）所提出的意向性理论基础上所创立的哲学流派。广义的现象学首先指这种哲学思潮和哲学运动，其内容除了胡塞尔哲学外，还包括直接和间接受其影响而产生的种种哲学理论以及20世纪西方人文学科中所运用的现象学原则和方法。

不过，"现象学"一词早在18世纪法国哲学家兰伯尔那里就曾使用过。黑格尔更以《精神现象学》（Phänomenologie des Geistes）一举成名。黑格尔所说的"现象"是"主体"在历史中所意识到的现象，是在正反合的过程中要被扬弃的那个部分，由它才能达到对真正客观实体的认识。这个实体就是主体自身。所谓绝对的知识就是对主体自身的理解和认识。所以，理性的最高原则是自为自由的。黑格尔作为古典哲学的巅峰，他所建立的庞大的哲学体系也许仍然透露出了对自古希腊以来"哲学—科学"传统的信心，但他所谓的主客体合一的论证目的实际却作为一个巨大的转折点，为自笛卡尔以来主体与客体的斗争奏响了最后的挽歌。

现象学运动与现象学方法

在胡塞尔看来，随着科学心理学的兴起，"哲学—科学"的传统陷入了"危机"：一方面，科学使人扩大了对自然的控制；另一方面，却也降低了科学的可理解性，蜕变为对于事实的非哲学研究，从而丧失了对于生活意义的探求。他将这场危机归咎于伽利略的客观主义与笛卡尔的主观主义的决裂，

哲学导论

是事实与价值问题的决裂（这个问题同时也是当代伦理学和政治哲学首要面对的问题）。胡塞尔与分析哲学的鼻祖弗雷格一样，反对逻辑学中的心理主义，他所提出的描述心理学方法旨在于试图修复"哲学—科学"的传统以及回应哲学何为的追问。① 这种努力首先体现在胡塞尔对"现象"的理解上。

虽然黑格尔被法国哲学家们追认为现象学真正的先驱，但作为早期现象学的开创者，胡塞尔对"现象"（Phänomen）的理解和对现象学的期望并不同于黑格尔。在胡塞尔看来，"现象"既不是客观事物的"表象"，亦非客观存在的经验事实或马赫主义的"感觉材料"，而是一种不同于任何心理经验的"纯粹意识内的存有"。这种现象是前逻辑和前因果性的。用胡塞尔的话来说，"现象"就是向着意识直观显现其自身的直接给予者，而这在他看来就是事物本身。现象学所研究的正是现象显现的过程及其结构的必然性。这种显现不仅是对感官的显现，而且向意识的显现。胡塞尔通过把"现象"理解为向意识显现的直接给予者，其研究重心主要集中在认识现象的可能性问题上，因此，被称为"先验的""纯粹的"现象学。

可见，胡塞尔的"现象"不是认识过程中首先遭遇到的意识对象，通过扬弃它来发现其背后的本质；胡塞尔的"本质"也不是隐藏在现象背后的某种东西，事物本身就是直接被给予意识的。所以对胡塞尔来说，我们所直观到的就是事物本身，但它的客观性并不是一开始就被意识到的，它一开始只是作为主体的意识对象被给予的，而我们只有通过一系列反思分析活动即通过现象学还原的方法，才能追溯到其作为现象被给予意识的客观性，这种客观性是由意向活动的本质结构确定下来的。而这种洞见与现象学还原的方法一同被归纳为"回到事物本身"（zu den Sachen selbst!）这句现象学运动的经典口号。

胡塞尔所开创的现象学方法，与其说是一套哲学方法，不如说是通过发掘一个被忽视了的关于"现象"的传统来接续"哲学—科学"的传统。尤其

---

① 参见〔德〕胡塞尔：《欧洲科学危机和超验现象学》，张庆熊译，上海：上海译文出版社，1988。

是后期的胡塞尔在这一点上更为明晰。这个关于"现象"的传统是通过重新追溯亚里士多德主义对于"现象"的理解来重新建立起来的。其所谓的"现象"意味着尽可能精确地描述我们所做的事情和我们所活的方式,而不是把现象逼进先天的假设里。这个假设源于高度理论化的野心——自笛卡尔以来的近代哲学家们致力于把哲学做成和实证科学一样,以建筑术(康德语)为基本构架的绝对可靠的知识体系。而用玛莎·纳斯鲍姆(Martha Nussbaum,1947—)的话来说,亚里士多德的目的就是要把"世界(描述)为如其(向我们)所显现的,如其(为我们)所经历的那样。"① 所以,现象学的宣言——胡塞尔所创办的《哲学与现象学研究年鉴》第一卷(1913)——提出:"这些编者并没有一个共同的体系。把他们联合起来的是这样一个共同的信念,即只有返回到直接直观这个最初的来源,回到由直接直观得来的对本质结构的洞察,我们才能运用伟大的哲学传统及其概念和问题;只有这样,我们才能直观地阐明这些概念,才能在直观的基础上重新陈述这些问题,因而最终至少在原则上解决这些问题。"②

因此可以说,这种作为现象学的基本原则和方法的"回到事物本身"也成为现象学对欧洲"哲学—科学"危机的基本应对。具体来说,胡塞尔认为,现象学的根本方法是反思分析,即通过现象学还原出意向对象及与其相应的"意识主体",最终达到对"先验自我"的确认。而"先验自我"的客观性(确定性或明见性)正是使经验知识得以可能的条件,也正是这个"先验自我"才得以将事实与价值、客观与主观弥合起来,由此来应对欧洲科学的危机。但是,其追随者们也因此指责胡塞尔重返了侧重主体概念的观念论老路。而胡塞尔则指责他们误解了他的"事物本身"的概念,并囿于客观主义和柏拉图式的实在论,要么模仿实证科学来为意义问题寻找出路,要么无视实证科学而开辟新的道路,这都是对传统的漠视和对问题的放弃,都无以企及先

---

① Martha Nussbaum, *The Fragility of Goodness*: *Luck and Ethics in Greek Tragedy and Philosophy* (Cambridge: Cambridge University Press, 1986), p. 245.
② 〔美〕施皮格伯格,《现象学运动》,王炳文、张金言译,北京:商务印书馆,1995,第40页。

验现象学的关怀和洞见。

由于胡塞尔需要不断应对来自各方的质疑,并不断重申自己的哲学立场,他庞大的哲学计划都基本停留在为现象学构建基本理论框架的层面上,并没有来得及展开。但在其影响下发展出来的舍勒的价值哲学和哈特曼的实在论,都是对他的现象学方法的进一步实践。**舍勒**(Max Scheler,1874—1928)就认为自己正是沿着胡塞尔未完成的事业,进一步把现象学方法运用到了对意识感受及价值结构的描述中,形成了现象学的价值哲学。而**哈特曼**(Nicola Hartmann,1882—1950)则在胡塞尔和舍勒的影响下,从新康德主义的马堡学派脱离出来,形成了自己关于价值实在论的思想。此外,哥廷根学派、慕尼黑学派和弗莱堡学派,都受到了胡塞尔的巨大影响,构成了现象学运动最初的浪潮。

在 1920 年代末,胡塞尔的弟子**海德格尔**(Martin Heidegger,1889—1976)改变了现象学研究的方向,开创了侧重探讨存在问题的新思潮,这一思潮一直持续到了 1950 年代末。研究基地也从德国移向法国,并逐渐扩展到其他地区。在海德格尔看来,反思意识与现象的基本结构尽管重要,但必须首先研究意识经验背后更基本的结构,即所谓前反思、前理解与前逻辑的本体论结构——此在(Da-sein)的生存论结构。只有通过对这一基本结构的解释说明,才能了解意识和先验自我的可能性及其条件,从而揭示隐蔽的"存在"(Sein)。由于海德格尔探讨存在的意义问题,因而其学说又被称作解释的现象学。这一点已然引起了在世的胡塞尔的不满,而海德格尔后期的哲学风格更是与现象学的风格渐行渐远,成就了风格独特的存在论哲学。不过毫无疑问的是,海德格尔的存在哲学进一步扩大了现象学运动的影响和发展。

萨特(Jean-Paul Sartre,1905—1980)是法国现象学最为重要的代表之一。他继承了胡塞尔的现象学方法,但也同样批评胡塞尔的"先验自我"概念,认为"先验自我"背离了现象即本质的现象学宗旨。因此,他在《存在与虚无》中沿用了胡塞尔的纯粹意识和意向性理论,用现象学一元论取代了主客二元论,取消了所谓的先验自我。他首先区分了"现象的存在"(意识到的自为的存在)与"存在的现象"(尚未但可意识到的自在的存在),再进一步将"现象的存在"又区分为"意识"（反思前的意识，第一位的意识）与"自我意识"（反思意识，第二位的意识）。在他看来，现象学本体论是以反思前的意识为出发点，而所谓现象学还原正是要把第二位的意识还原为第一位的纯粹意识及其意向性，而并没有必要进一步把意识还原为先验自我，因为作为第一位的本体论的意识是没有内容的，它的纯粹性就要求它清澈透明，是一种虚无。

在萨特看来，意向活动就是一个虚无化的过程，类似柏格森所谓的"流变"。通过意向活动获得内容，而"自我"则是在这样的意识流变中才得以被发现的，所以自我就是经验的自我，根本就没有先在的自我，否则纯粹意识就变成了自我意识，意向活动也就成为一个经验的活动，而不是本体论意义上的纯粹的意向活动了。可见，萨特是要以意识本身解释意识的起源。因此，他认为存在与虚无就是意识的虚无化与现象的显现。正是在这样的虚无与显现的过程之中，本来自在的现象才有了意义，成就为自为的存在——人的自我作为意识的主体，自为是他的天命，但他永远也成为不了自在之物，成为不了先验的存在，他只有不断使世界被意识到、被赋予意义，才能完成自为的天命，这也就是人的自由。所以，只有自为与自在通过否定辩证法对立统一于人的自为天命之中，才能实现人的存在之本质，这也就是人的生存现实。由此，萨特通过现象学还原的方法把世界的实在问题与自我的实在问题在存在论上统一了起来。

然而，萨特的解答并没有被人完全接受。**梅洛-庞蒂**（Maurice Merleau-Ponty，1908—1961）作为法国现象学另一位主要代表，他认为萨特不过是将现象学方法结合了黑格尔的否定辩证法，最后依然落入了唯我论的老路。虽然貌似用现象学一元论取代了主客二元对立，却实际上创造了一套新的对立——存在与虚无、自在与自为、自我与他人等等。所以，梅洛-庞蒂既反对萨特把自我还原为自我对现实世界的意识，也不同意胡塞尔把自我最终还原为"先验自我"，更不同意海德格尔把自我还原为神秘的"生存论结构"。他坚持认为先验的、客观的意识结构才是根本的解决方案。因此，他提出了知觉现象学。

在他看来，身体与主体是同一的实在，身体既是显现的主体，又是被显现的对象，既是存在着、经验着的现象，又是现象显现的场所，所以"我思"必然把主体之我显示于世界之中；而通过现象学还原得到的是先验的"知觉世界"。这个世界只有通过人的知觉而实现为可见的实在（肉身），也就是说，"身体—主体"与世界彼此开放，相互交融，这也就是所谓的"世界的肉身化"。这个提法突破了观念论与实在论的对立，也不再把现象学的研究放在一个固定的意向关系上，或像萨特那样，放在对立统一的关系之中，而是把自我与实在放在了意向活动的结构之中，这个活动的结构是相互交融的，这正是梅洛-庞蒂提出"可逆性"的深意所在。只有在这个活动中，活动的主体与活动的对象才能体现为可见的实在。它们不是先在的，而是通过彼此交互的对话才建立起了有所区分又相互融合的模糊关系。这种模糊关系是梅洛-庞蒂对自我与他人、自我与世界问题的解决。

此后，在现象学影响下的解释学的发展为这个问题的解决提供了另一条思路，并且也预示着现象学方法进入了应用现象学阶段。例如，列维纳斯（Emmanuel Levinas，1906—1995，宗教伦理学）、英伽登（Roman Ingarden，1893—1970，美学）、阿尔弗雷德·舒茨（Alfred Schütz，1899—1959，现象学的社会学）、马克思·舍勒（Max Scheler，1874—1928，现象学的伦理学）、普凡德尔（Alexander Pfander，1870—1940，心理学）、莱纳赫（Adolf Reinach，1883—1917，法理学），直到泰勒（Charles Taylor，1931—，政治哲学）等等都在各自的领域里不同程度地应用和发展了现象学方法，并在一定程度上加深了它对现当代思想领域的意义。当然，作为现象学运动，所有的发展都源于对胡塞尔现象学方法的清理和继承。

胡塞尔的现象学方法

胡塞尔毕生都想使哲学成为"一门严格的科学"。他认为，哲学研究的不是经验的知识，而是使得经验知识得以可能的条件。就这一点可以说，胡塞尔和康德如出一辙——他们都在做着认识论上的努力，尝试着回答，一个真正有意义的判断是如何做出来的（构成的以及发生的）。然而，虽然胡塞尔宣称自己和康德有着相同的雄心，但在胡塞尔看来，对绝对可靠的条件的诉求就是对普遍的善的追求，因此，胡塞尔不仅停留在纯粹逻辑的层面，停留在知识的绝对基础的层面，也必须同时解决生活世界的意义问题。因此他认为，并不能像康德那样通过演绎的方法把意义划分到不同的领域来达到论证的目的，而只有通过回溯地追踪，才是先验现象学的基本任务和方法，是意识现象学的起源："从各种对象出发回问主体生活和一个主体对此对象之意识的行为构成，这是从一开始就由某些主导意向所决定的，这些主导意向当然（当时我的反思意识尚未达到这一步）还不会以清晰的思想和要求的形式表现出来。"①

因此，只有通过对意向结构进行先验还原才能分析出整体意义构成的可能性，才能获得其所追求的知识的明见性（或确定性），在此基础之上才能建立真正有意义的科学的哲学。

胡塞尔的这一思想可以归纳为四个发展阶段：第一阶段是心理主义阶段，其代表作是《算术哲学：心理和逻辑的研究》，在这一阶段中，他追随布伦塔诺，试图用心理规律来解释数学和逻辑的规律；第二阶段是批判心理主义阶段，认为心理主义是类似柏拉图实在论的本质观，他批判了这种观念并提出了描述心理学的方法，即本质还原的现象学方法，其代表作是《逻辑研究》；第三阶段是先验观念论的现象学阶段，他转向了认识论问题，把现象学方法发展成为研究认识可能条件的先验还原方法，其代表作是《作为严格科学的哲学》《纯粹现象学和现象学哲学的观念》《形式逻辑与先验逻辑》和《笛卡尔式的沉思》等书，它们提出了"现象学还原"和"先验自我"对认识的构造作用；第四阶段，他转向了历史与生活世界的讨论。对自己的理性主义倾向做了自我批评，把现象归结为"生活世界"，而不是自我的创造物，其代表作是《欧洲科学危机和超验现象学》（以下简称"危机"）。

总结起来，从立场上来说，胡塞尔的思想经历了经验论的存在与意识的

---

① 《胡塞尔选集》上卷，倪梁康选编，上海：上海三联书店，1997，第309页。

统一观，到不明确的柏拉图式的实在论立场，再到先验论的存在与意识的统一观，最后是晚年对生活世界的历史主义看法。从方法上来说，经历了从心理主义方法到本质还原的现象学方法，再到先验还原的方法，一直到生活世界和目的论的历史解释方法。

对于胡塞尔具体的现象学方法，我们首先要概述意识还原的第一步，即本质还原（或称为本质直观）。

在胡塞尔最为著名的《逻辑研究》中，他首先对心理主义进行了严厉的批判。他认为，所谓自然规律是指关于现实事件之间因果联系的经验概括，这主要是对或然性的事物进行归纳而得出的；所谓逻辑规律是观念之间（主要是前提和结论之间）必然关系的先天原理，这主要是对必然性的考量。而心理主义混淆了自然规律和逻辑规律，把心理活动本身和心理活动所涉及的内容混为一谈，错误地用自然科学的归纳法来解释观念之间的必然关系。这导致了必然知识的可靠性坐落在了人的心理之上，"人"成了知识的奠基者，"什么是客观""普遍数学何以可能"就成为问题。所以，胡塞尔在《逻辑研究》中提出要建立纯粹的逻辑，这个逻辑就是意向行为的结构。

在胡塞尔看来，我们对意义的反思必须从最切近、最具体处开始，即从我们的表达开始。因为从表达活动开始，我们才可能考察我们的意向活动。当然，这并不意味着语言先于意识。用胡塞尔的话来说，意识先于语言发生，但先要有表达能力，才能表达意识，所以我们只能从语言开始。可以说，表达活动是意向行为的语言层面，而意向活动是意向行为的意识层面。表达活动被胡塞尔分为了三个环节：意向行为、意义和对象。所谓意向行为就是指表达；意义是指意向内容，胡塞尔称之为意识表象，也就是所谓的认识；对象是指意识到的对象，它可以是实在之物，也可以是观念或想象之物。表达通过意义表示对象，也可以将此表述为，意向行为通过意义指向对象，所以把这个指向称作为意向性。这就是意向性的基本结构，这个结构是发生构成性的，也就是说，这个结构必须发生在意向活动之中。无论是理智的或者情感的，都以对象化为基础，也就是把客观之物意向为意向对象，其中的"意向为"是这个结构的根本所在，即所谓的意向行为。所以在胡塞尔看来，对象化活动就是意向活动,也就是人类的语言表达行为。(当然,这是一种对胡塞尔意向性本质的弗雷格式解读,也即常说的西岸解读。)

$$\text{意向行为:意识} \xrightarrow{\text{意义}} \text{意识对象}$$

$$\text{言语行为:语言} \xrightarrow{\text{意义}} \text{指称对象}$$

就像胡塞尔反复强调的,我们得从最具体、最切近的表达行为(意向行为)开始才能看到意向性结构的明见性(必然性或确定性)。表达由物质外壳(语言符号)和表达内容(意义)构成,胡塞尔又将表达这种意向行为分为两种:意义赋予行为和意义充实行为。所谓意义赋予行为是指意义意向行为,即将意义内容加到外壳中去,获得抽象的意识内容。所谓意义充实行为是指意义在意识中再现为形象化的意识表现,获得形象的意识内容。胡塞尔认为,意向行为的本质就在于:什么性质的活动就决定了意识中呈现为什么样的对象,什么样的对象被意识通过意义意指出来就决定了此活动是什么性质的活动,这两者相互依存,互为补充。这个意义(意向内容)由两个部分组成,一个部分是对对象的认识;另一部分是对意识行为自身的认识,这是一种反思意识。意向活动指称对象同时也反观自身,这就是意向结构之所以是可被意识自身还原分析的基础。也就是说,之所以"现象即是本质"就在于这种反思活动同时也是直观现象的活动,两者同时发生在意向活动之中,构成了发生意向行为的本质结构。

就表达行为而言,我们对事物的表达和我们对此表达反思的表达,都是一种表达行为,都符合表达行为发生的本质结构。语言和元语言都在语言之中,它们并非两种不同层阶的语言模式,好像一种是现象的语言一种是本质的语言似的。就是在这个意义上,现象学才反复强调,现象的即是本质的。

可见,在《逻辑研究》中,胡塞尔通过意向行为的结构提出来的"对象"并不是世界的实在事物,而是通过意向行为所意指出来的意识对象。在他看来,世界的实存对象并不属于现象学的研究范畴(但后期的胡塞尔则把实存对象纳入到了现象学研究范围，作为了意向内容的"极"即意向结构的共同承担者），因为作为自在之物的对象只要不和人的意识发生关系就无所谓意义，那么其存在与否，我们无法判断也无从解释。任何判断和解释都和意向行为相关。因此，现象学方法——悬搁与解释——成了论证的枢机。

现象学方法作为方法论，其关键词就是悬搁（epoché），即中止判断。这个方法来自古希腊怀疑主义者皮罗的口号"悬搁一切判断"，即不以任何假设为前提，从绝对确实的地方开始判断，排除可怀疑的部分，防止循环论证，最终达到真理。悬搁所有可怀疑的，还原到不可怀疑之处，这就是所谓的现象学还原。这种还原并非还原为某种机制，而是还原到某种不可怀疑的信念或者结构，这才是知识客观性的明证所在，是一切怀疑得以成立的基础。所谓可怀疑的正是对于存在事实的信念的怀疑。从笛卡尔到洛克到休谟，对物质世界是否存在的怀疑和证明几乎是近代哲学最大的难题。康德认为，在他之前尚没有人提供过令人信服的证明，并把这件事称为"哲学和一般人类理性的耻辱"。海德格尔则说，哲学的耻辱不在于至今尚未完成这个证明，而在于人们一而再再而三地期待着尝试着这样的证明。所以，现象学并不试图尝试证明实存事物是否存在，而把实存事物放进了括号里，存而不论，中止了对其的判断。

在本质还原阶段，我们部分中止判断，悬搁个别事物是否存在的信念，把我们的判断还原为意识对象（现象）。从我们意识到这个世界的经验来说，我们总是首先遭遇到世界中林林总总的事物——这个东西或那个东西，这是我们看世界的一种日常方式。但是这些东西是客观实在事物还是幻象，遭受到了经验主义怀疑论的各方挑战。就胡塞尔的应对而言，他认为只有通过悬搁了对个别事物是否实存的信念，把个别的实存对象还原为纯粹意识中的对象——呈现于意识的、向意识的对象，而不是客观的自在之物，才能去谈论我们对这个事物的认识。用胡塞尔的话来说，通过悬搁对个别实存之物是否存在的判断，我们得以把目光集中在什么是事物向我们直接显现的方面，达到纯粹的现象，从而使得我们能够面向事物本身，获得对这个事物本质的认识。

正如我们先前所强调的，胡塞尔在《逻辑研究》阶段主要以批判心理主义为主，在此基础上通过意向性结构的分析提出了逻辑规律本质上是非心理的，而是直观自明的。这个直观的正是向着意识直接显现出来的现象，也就是说，这个事物直接向我们显现出来的"它"是什么——这就是这个事物的本质。但这个它不再是个别事物的形式，而是这类事物的共相。用胡塞尔的话来说，是一类事物向我们显现出来的共同的规定性，这才是本质。

就语言表达行为来说，当我们指着桌子上放着的那个苹果说"苹果"时，已然把握了苹果这类事物共同的属性特征，换句话说，学会了使用"苹果"这个词，而不再停留在"那个"苹果这样的个别事物之上。因此，当我们直观到"那个"苹果这个事物时，已然直观到了这类事物的本质特征，已然掌握了"它"是什么。向意识的现象在直观中就直接把它的共同规定性给予了我们，这是从现象学方法上所理解的"现象即本质"的要义。

对普通人来说，我们往往执迷于对个别事物的直观（看），却不能看到它们的共相。现象学之意向行为的本质正是要变更我们这种看的方式，通过自由想象的变更将个别对象当作例子，从而在多种多样的例子中，把变项所具有的必然不变的东西当作整体来注视，这就是通过直观和想象，对个体事物进行变更，从而在无限的可能性中直观事物的本质。概括来说，本质还原就是看的方式的变更。它不是一个论证程序，而是一种"看"的程序。我们的目光所及之域，即地平线（horizon，也译作边界或视界）。我们只有知道了一类现象的边界，才能把林林总总的事物还原为纯粹的意识对象，从而变更我们看的方式。同时，随着看的方式的变更，我们对世界的认识也发生了改变，这种改变意味着我们可以认识的场域和范围（即意识的周围域）发生了改变，这个周围域就构成了我们意识中的"世界"整体。只有我们的世界是有边界的，我们才能够让我们的目光触及地平线，才能把"世界"作为整体纳入到我们的意识之内来注视，才能认识到这个世界中的林林总总的个别事物对于这个"世界"的意义和价值。因此可以说，"什么样的看"与"看到什么"，两者相互成就。

本质还原通过悬搁个别事物是否存在的判断，完成了意识还原的第一步，即把个别事物还原为纯粹的意识对象（现象）。但本质还原自身也在意识中进行，最后直观到的本质实际上是在意识内的，甚至可以说就是一种意识，所以这还不是客观的明见性，不是使得知识得以可能的无条件者。因此，现象学不得不要求再次还原，这就是意识还原的第二步——先验还原。

胡塞尔在《逻辑研究》中以意向性理论为基础，研究意识对象是如何向意识显现的，意识又是如何构成意识对象的。但通过本质还原的方法所能还原的始终是意识中的对象，意识本身是什么结构，认识的本质是什么，这些问题在本质还原阶段都尚未得到充分说明。因此，先验还原依然以意向性理论为基础，关注着外部客观世界是否存在、如何存在以及我们如何认识它的问题。

经过了本质直观，我们把个别事物还原为意识中的认识对象，但是作为认识对象，对它的客观存在性我们依然可以质疑（也许只是我们认识出了错，认出的是幻象）。所以我们依然可以问，我们的认识是如何可能的。但问题是，怎么能超越我们的认识而认识到认识本身是如何可能的呢？这是一个形而上学的悖论。就像英国那些感觉论者们——从洛克经过贝克莱到休谟——都曾经指出过的，既然知识是通过感觉而成为知识的（比如看），那么我们就无法确定在感觉之外还有什么，因为我们没有感觉之外的方法来确定这个感觉，也没有感觉之外的方法来确定我们所感觉到的东西是不是外在于我们的感觉而客观存在的。当然，休谟更加极端，外部世界的客观实在性被质疑了不说，连那个在感觉着的"我"的自我也被质疑了。因为我不过是由一系列感觉组成的，我其实只有现在的感受，我前一刻的感受，我下一刻的感受，用什么感觉之外的办法可以确定这些感受属于同一个自我呢？这种极端的当下唯我论实际上向笛卡尔以来由自我的同一性（我思）来保证的知识的明见性提出了最为严峻的挑战。知识还能不能称得上客观的知识，成了一个问题。这也就是康德想要接过的问题，也是胡塞尔继康德之后继续应对的问题。

先验还原作为意识还原的进一步，开始于彻底的中止判断，即悬搁所有事物是否客观存在的信念，将实存事物还原为意识主体在意向活动中的产物，也就是说，把超越的问题彻底还原为纯粹意识的内在问题，完全把客观世界是否存在的问题放到括号里去，而只谈向意识呈现出来的纯粹现象。用胡塞尔的话来说，通过这进一步的悬搁，我们得以深入了意向活动的内部，把意识对象还原为意识的本质结构的一个环节从而保证了这个认识活动的可能性。也就是说，通过先验还原，胡塞尔要肯定的是意向行为的结构（包括意向行为、意义以及对象）和作为意向行为的主体（自我）的先验性，而这个先验性即是客观性，是经验知识得以可能的条件。因此，这个进一步悬搁被称为先验还原。

换一种说法来说，如果我们确实无法判断我们感觉意识之外的外部事物是否客观存在，那么我们就把这个问题悬置起来、存而不论，我们先来问问能肯定的是什么。通过第一步悬搁（本质直观），我们可以肯定的是我们能指出桌子上的那个苹果是"苹果"，那么我们也就能肯定我们有表达行为即意向行为。那么意向行为作为一个行为必然有一个主体，否则谁在意识？意向行为的承担者是谁？所以这个主体作为意识主体是逻辑上先于意向行为而存在的，这个主体就是先验的主体即先验自我。那么，一个主体的"自我"怎么就客观自明了呢？

就像我们所介绍的那样，对"自我"的认识以期达到先验的客观性（自明性）可以说贯穿于胡塞尔现象学甚至是整个现象学运动的始终，也是其意向分析所得到的第一个成果。从早期《逻辑研究》中的"心理—物理学"的自我，到《纯粹现象学和现象学哲学的观念》中的纯粹自我，再到《笛卡尔式的沉思》中的先验自我，胡塞尔不断寻求着可以构成实在总体的最后根基、所有认识发生的最终根据以及所有价值与意义产生的最基底的保证，最终他认为他找到了这样一个阿基米德点，这便是"先验自我"。这个自我并非经验中的自我，因此也不属于经验世界，而是使得世界成其为我们所认识的经验世界的源始性根基——绝对的被给予者。正是因为先验自我的自明性，所以世界才成为了我所能认识的世界，认识才得以可能："这个客观的世界，这个对我来说存在着的、一直并还将对我存在着的客观世界，这个一直能够伴随着它的一切客体而存在着的客观世界，是从我自身中，从作为先验自我、作为只有借助先验现象学的悬搁才会呈现出来的自我的这个我中，获得它每次对我所具有的全部意义及其存在效果的。"①

但是这个先验自我并不是柏拉图式的实在，或者笛卡尔式的心灵实体。在《笛卡尔式的沉思》一书中，胡塞尔接受了笛卡尔"我思故我在"的第一个结论，即将"明见性原则"作为首要的方法论原则，以"清楚分明的洞见"作为真理的依据和标准，但他却不能同意笛卡尔的进一步推论，即推导出自我的明见性。在他看来，笛卡尔之所以困陷于身心二元论就在于他错误地把"我思"与"我在"中的"自我"理解为这样一个实体：它作为一个与物质实体相对的心灵实体，其全部本质或本性只是思想。

按照胡塞尔的看法，当我们思的时候，那个笛卡尔所说的作为心灵的实体的我（灵魂），并没有在反观自照的直观中被给予我们，我们没有看到那样的一个实体，我们所看到的仅仅是一种意识现象及其结构，而"我"只是起到了思的"执行者"或"承担者"的功能。所以，"我思"确定了的只不过是自身有感知、能意识这件事，思想着的我是不是客观实在的实体，这事根本还不能被确定下来。就像后来休谟所指出的，自我只能通过当下的自我感受被给予出来，也就是说，直接被给予的只有自我的当下瞬间的感受。因为这个自我是在经验时间中的自我，根本无法作为总体的、全时的自我（含有其所有属性和习性），所以这个作为心灵实体的"自我"并不具有明见性，只能作为一个假设。因此，胡塞尔区分了经验的自我和先验的自我（纯粹的自我）。所谓先验的自我（纯粹的自我）是指排除了一切有关外在事物存在的经验设定，在内在时间的意识行为结构中通过内知觉的自明性所把握的自我。

这一说明主要是通过胡塞尔后期的《纯粹现象学和现象学哲学的观念》以及在他死后出版的《内时间意识现象学》中被提出来的。胡塞尔在其中修正了他的意向性理论，提出了意识流的概念来说明这个先验自我的直接给予性。他认为，意向活动是在时间中进行的。意识处于流动的过程中，一个接着一个的现象不断地涌现，形成了体验流。而意向内容处于这样一个流动的

---

① 〔德〕胡塞尔：《笛卡尔式的沉思》，施特洛克编，张廷国译，北京：中国城市出版社，2001，第35页。

内时间场中,这个内时间场就是意向内容的周围域(即所谓的晕圈)。当一个意向行为在时间中进行时,其指向一个对象同时也潜在地指向了其周围的东西,使得每一个意向内容的周围形成了一个由过去和将来的意向内容所组成的周围域(或晕圈),这就是意识流或注意力的变动方式:当前所显现出来的意识内容作为体验流的内核(正在意识的)是正在明亮的部分,也是最为清楚的部分;尚未显现的意向内容(将来的)是将要明亮的部分,因此逐渐明亮起来;而过去的意向内容则是曾经明亮的部分,因此逐渐暗淡下去。

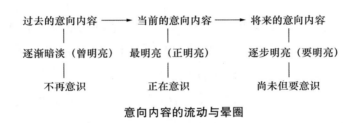

意向内容的流动与晕圈

胡塞尔认为,意向活动就是通过这样一个意识流动的过程,从而把意向活动的对象显现了出来。所谓处在内在时间场域中的意向行为就是由原初地获得印象的行为、回忆和展望所构成的。它们构成了现在、过去和未来的将明将暗的意识之流。而实在事物无非是一个连贯的、统一的知觉经验过程(即意识流或内知觉)的对象性环节,是意识的对象。这个意识对象作为整体呈现在内在意识的时间场中——因为在内在时间场中,实在事物是作为现在的与潜在的给予者,使自我在意识到它作为现象现实地呈现给我们时,也意识到了它的边界和进一步看的可能性。因此,实在事物既不是感觉材料的集合,也不是客观自在的无法认识的物自体,而是内时间意识的产物,是意向活动的对象。从这个意识流动来看,对于已经消逝和尚未明亮的现象,我们凭着记忆和推测在一定程度上对其有所把握。之所以我们能对其有所把握,是因为意识现象总是在一定的意向行为的结构中显现出来的。

同样的,每当意识的内容显现的时候,意识的行为和作为这个行为的主体的"我"也同时显现了出来。只要我们注视这个体验流,我们就能绝对清楚地把握到这个思着的"我"。纵然我的推测会发生错误,但在推测时那个推测着的"我"是先验地被给予出来的；纵然我的记忆会发生错误，但是在记忆时那个记忆着的"我"是先验地被给予出来的；纵然我可以怀疑一切，但在怀疑时那个怀疑着的"我"也是先验地被给予出来的。所以，这个"先验自我"的明见性也就如此被确证了出来。

自从胡塞尔提出"先验自我"之后遭受了各方的质疑。即便是追随者们，也认为他走了一条观念论的老路，弄出一个与活生生的世界无关的"自我"来，把现象学做成了先验哲学而背离了现象学"回到事物本身"和探求意义问题的初衷。胡塞尔晚年致力于回应这些质疑，并且在这个过程中不断推进他的现象学方法，为先验现象学开宗明义。特别是他晚年的《欧洲科学危机和超验现象学》[①] 一书，通过回应这些问题，提出了影响深远的"生活世界"概念，并进一步发展了现象学还原的方法。

就像我们提到的，胡塞尔的现象学还原，与其说是一种还原，不如说是一种追溯，从各种直接给予意识的现象出发回问主体的生活和主体的意向行为结构，可以说这种回溯是现象学还原方法的本质。但在晚年的胡塞尔看来，回溯到了"先验自我"其实并不是还原的终点，因为它还没有回答这个自我与经验的关系，也没有回答这个自我的客观性是如何得到保证的。在《危机》一书中，胡塞尔认为现象学还原的结果只有一个，那就是自我所坐落的生活世界："作为唯一实在的，通过知觉实际地被给予的、被经验到并能被经验到的世界，即我们的日常生活世界。"这个世界"即在我们的具体的世界生活中不断作为实际的东西给予我们的世界"[②]。

正是这样一个直接被给予出来的世界才是一切知识得以有意义的来源；也正是这样一个世界从伽利略开始就被自然科学遗忘了，这才是造成了欧洲科学危机的关键所在。关于这个世界，胡塞尔明确地指出这个生活世界就是

[①] 关于"transcendental"的译法，学界有诸多讨论。"transcendental"虽然带着形而上学的超越维度，但是在经过了康德的集中讨论后，它已然有了一种相对固定的论理用法，即作为经验得以可能、认识得以可能的基础。它首先是逻辑上先于经验的，这里用为"先验"。

[②] 〔德〕胡塞尔：《欧洲科学危机和超验现象学》，张庆熊译，上海：上海译文出版社，1988，第58、61页。

前科学和哲学的生活世界，即便科学如何对它进行技术化的分析，它都从古至今依然如故。科学带来的变化改变的只是我们看待它的方式，使得我们从一种朴素的表达方式变更成了一种科学的表达方式，因此改变的只是对这个不变的生活世界的描述方式而已。

对于这种科学的描述方式，胡塞尔在《危机》中做了非常详细的分析和评价。他认为，文艺复兴时期对古希腊罗马的形而上学的回归，是企图对那种朴素的生存方式的回归。古代的形而上学渴望解决一切有意义的问题。这个"有意义"关系到合乎理性，而"理性"在这里被理解为"绝对的""永恒的""超时间的""无条件的""实在的"理念。而人是理性的人，所以人就成为形而上学的关注点——人的历史与信仰的问题、不朽与自由的问题等等——这些都是超越纯粹事实的问题。形而上学的精神使得它接过了一切关乎意义的问题，为其他的学科提供出知识的最终意义，这就是其所追求的绝对知识。但在古代，这个知识始终是与素朴的生活密切相关的，因为这个知识始终是关于一切存在者的经验生活的有意义的知识。而自笛卡尔以来的新哲学最初所追求的也是一切有意义的问题，只是这个问题被要求用一种理性主义的说话方式来回答——能够逐一证明的、清楚分明的方法，而且它必须在统一的理论体系中，在无限的但有合理秩序的研究过程中。这种说话方式最终导致了对原初意义问题关注慢慢转向了对事实问题的实证研究，因为意义无法量化、不可勘定，因此也不是可被实证和归纳的。胡塞尔把实证科学建立在测量和勘定基础上的描述方法称为"一个残缺不全的"方式，并且尖锐地批判道："的确，日常的归纳已经发展成为按照科学方法的归纳。但是这并不改变已经在那里的世界是一切有意义的归纳的地平圈这一本质意义。我们所发现的这个世界是一切已知的和未知的实在的东西的世界。时空的形式以及一切以这种形式结合起来的物体的形状，都属于这个实际的经验直觉的世界。我们本身生活在这个世界之中，我们的人的身体的存有方式是与这个世界相适应的。但是在这个世界中我们看不到几何的理念存有，看不到几何的空间、数学的时间以及它们的一切形状。"①

也就是说,建立在测量和勘定基础上的实证科学的归纳法想用几何和代数的方法分析世界,但却无法重新归纳出一个整全的生活世界,无法还原出那个我们生活于其中的直观的世界,反而把意义问题清除出了研究范围,而把世界割裂为由一个一个的事实组成的世界。然而,恰恰是那个被直接给予我们意识的整全的生活世界才是我们界定什么是有意义的什么是无意义的边界,是我们目光所及的地平线。如果没有这个边界,我们无可认识,世界也无可成为整全的。在这个意义上,我们的存在才与这个有边界的整全的世界相互适应相互依存,而关于这个世界的问题也就是关于我们主体性的问题。

文艺复兴初期,人们还怀着乐观的精神投身到重建统一的哲学千年王国的美梦中。然而,建立可以放之四海而皆准的理论的努力却一再遭遇失败,而关注事实的实证科学却大获成功。前者动摇了人们的哲学信仰,失败的情绪四处蔓延。这不仅是一场科学的危机,更是对人之存在意义本身的危机——理性信仰的失去也就意味着作为人的存在已然失去了。所以,只有把抽象的理念世界还原回实践活动之总和的生活世界,把科学的描述方式还原为朴素的描述方式,才能重新揭示出存在的真正意义。也就是说,只有用朴素的说话方式来理解我们所栖居的生活世界,才能恢复事实与价值的天然联系,用一种现象学的直观的"看"的方式把世界重新看成一个整全的世界。用胡塞尔的话来说,真正的哲学只有思考主体性——这个谜中之谜——才能为理性,为知识重新奠基,由此才能回溯到意义的始源之处,来探寻存在的价值,才能接续那个伟大的古代传统。所以,胡塞尔提出了目的论的历史解释方法来为现象学的先验性辩护。

胡塞尔指出,对主体的追问和对历史的追问相互关联,因为所有的历史都已然通过那个不变的生活世界,让生活于其中的"自我"成长为这个生活世界和历史进程的承担者。所以,对自我主体的反思,同样也就是对历史的

---

① 〔德〕胡塞尔:《欧洲科学危机和超验现象学》,张庆熊译,上海:上海译文出版社,1988,第60页。

反思。先验还原所还原出的先验自我，就是这样一个带着全部生活世界的自我。对这个自我是否是实存这一问题的悬搁，还原出的就是这个自我所坐落的生活世界。这个世界客观不变，历史经验作为现象不断涌现于其中，并且与此相互适应而获得合理性。这个合理性正是历史经验的意义所在，是它的目的性。因此，在胡塞尔看来，这个生活世界同样是先验的。正是这个生活世界的先验性保证了意向结构的明见性，保证了先验自我的明见性，保证了主体自我加入到意向结构后所产生的认识是可靠的认识。只有可靠的认识才是有意义的认识。目的论的历史解释方法因此成为现象学还原的进一步，是先验现象学的最终任务。

因此可以说，哲学家的任务就是要为全人类做出这样一个表率——一个作为历史目的的解释者的表率。他们作为一个典范的解释者回顾一切学说，为了达到真理，随时修正自己的意见，通过解释生活世界中的种种现象来发现历史的目的。在胡塞尔看来，这种目的论的历史解释必定有一个循环，"由于缺乏对开端的理解，作为意义的发展的发展就无迹可寻。因此我们别无他法，只能前后来回地'快速'进行，在这种互相作用中寻求相互补益。对一方的相对澄清有助于阐明另一方，反之亦然。因此，我们必须作一种历史的考虑和历史的批判"。①

也就是说，开端已然消隐在时光之中，对开端的前理解或相对理解都可能是误解，而我们只能从最为具体、最为当下、最为直接被给予我们的现象开始，来追溯这个开端。然而，这种误解无所谓，因为通过相互对话的方式，我们就能探求历史的内在意义和目的。这种对话方式就是现象学的还原方法，即反思主体的意向行为和意识流动，通过不断转换注意力方向，澄清误解，从而加深理解。用朴素的生活世界的表达方式将被科学的表达方式所掩盖的事实揭示出来，那就是科学原本就起源于生活。在胡塞尔看来，这将帮助我们从科学的观念化的世界回归到活生生的直接经验的世界中去。

---

① 〔德〕胡塞尔：《欧洲科学危机和超验现象学》，张庆熊译，上海：上海译文出版社，1988，第69页。

所以，这种现象学方法就避免了实证心理主义的错误。它们断定客观的东西是人的心理活动作用的结果，但心理活动无法构成整个世界，无法解释数学规律和逻辑规律。因此，只有把这种构成自我和意识的活动还原为先验的自我和意识，即不以人的意志为转移而形成的"自我"和"意识"，才能避免主观主义的错误，才能在主客观分裂、事实与价值分裂的科学主义的掩盖下发现整全世界的全部真相，从而不再纠结于事物是否客观存在这样的怀疑，而相信我们的存在是有意义的存在——只有这种信念才是我们可能怀疑的基础，才是一切知识得以可能的明见性所在。用胡塞尔的话来说，只有当人们重新追溯整个世界原初的历史意义，以及不知不觉地作为遗产延续到主体自我身上去的意义时，哲学才具有和才能够保留真正的和原初的意义，才能够成为一门真正的科学。

总结

胡塞尔通过与日渐兴盛起来的存在主义者的回应，提出了这个"生活世界"概念，完成了向目的论的历史解释的转变，这一转变影响极为深远。然而，也正是他的这一转变导致了他的后期哲学与前期哲学之间产生了某种张力。就像我们一开始提到的，胡塞尔的追随者们指责胡塞尔过分强调先验自我的明见性而重返了观念论。而胡塞尔则指责他们误解了他的"事物本身"的概念，无以企及先验现象学的关怀和洞见，才在晚年反复强调，这个先验自我是带着全部生活世界的自我。

活生生的东西总是不断发生着的，总是与我们的经验息息相关。这是胡塞尔想要回答的问题，更是海德格尔通过对此在的生存论结构的讨论试图接过来的问题。

解释学

20世纪60年代发展起来的解释学可上溯至古希腊。"解释学"（Hermeneutics）一词就来自希腊神话中的神使赫尔墨斯（Hermes）——他用词所对应的事物来告诉人们词的意义，以此传达神意。在中世纪，解释学主要是对《圣经》的古典释义学。解释学作为认识论意义上的普遍方法论主要得益于施莱尔马赫和狄尔泰。**施莱尔马赫**（Friedrich Schleiermacher，1768—1843）受到康德的影响，探究有效解释的可能性条件；同时也受到德国浪漫派的影响，认为理解（Verstehen）也是一种创造，这意味着解释者解读作者的"原义"就是在创造性地重建"原义"。他由此从语法解释和心理解释两个方面来讨论思想是如何产生的，而这也意味着解释学从一开始就触及到了传统形而上学的客观真理（知识）已经不被信任的危机，以及事实与价值二分所导致的意义丧失的难题。

赫尔墨斯

这个问题在"解释学之父"**狄尔泰**（Wilhelm Dilthey，1833—1911）那里表达为对哲学可能性和方法论的探索。在经验主义和康德的影响下，狄尔泰认为只有通过可靠的方法才能建立可靠的知识。这个方法就是历史理性的批判方法，它使人文学科成为和自然科学一样可靠的知识。因此，他创立了一门新的学科——"精神科学"——来研究"人以及人的精神"，即人的"生活体验"和对生命同情的"理解"。他认为,文化和历史就是人的生活体验的表征。因此,不同的生活类型,无论是理性的、情感的还是意志的,其所相应的是不同的宇宙观,不同的历史时期也相应有不同的宇宙观,这就是所谓的"历史的相对主义"。要了解人的历史和社会现实存在的各种联系,就得再度体验人的各种生活,只有通过这种"体验"才能达到"理解"。因此,人通过"体验"这些生活的表征来理解自己的历史,为系统地解释自己的经历提供可靠的基础。在他看来,这些解释是通过心理学的内在主义解释路径和自然科学的因果解释方法结合起来做出的描述,这就保证了"人文—历史"世界和自然科学世界在说明上的整体性。

狄尔泰对普遍方法论的探索为解释学提供了本体论上的可能思路,但是现代解释学在本体论上的确立却主要归功于胡塞尔的现象学方法的提出,归功于海德格尔把现象学方法的本体论化,当然做出最为杰出贡献的是**伽达默尔**(Hans-Georg Gadamer, 1900—2003)对哲学解释学的系统论述。

海德格尔:实是性的解释学

如果说狄尔泰给了解释行为一个本体论上的可能性,那么这个可能性的实现则归功于海德格尔对解释行为的现象学描述。海德格尔作为现象学的另一主要代表,他一方面汲取了现象学的方法,另一方面通过与晚年胡塞尔关于"存在"的论争,发展了胡塞尔的生活世界概念,重构了存在之意义的问题,由此继承和超越了现象学方法,完成了对它的本体论转化。

现象学方法的根本目标是超越心理主义,超越(悬搁)具体的物质或精神的实存,返回到生活世界的日常事物中去。现象学方法用"直观"来替代传统形而上学身心二分的"看"的方式,旨在于让我们得以从存在者是否实存的疑问中解脱出来,使事物作为始终向意识的现象直接显现给我们,即把存在之意义给予出来。但海德格尔认为,"意向性"这样的概念还是太心理主义了。意向结构并不是最为重要的,先验自我也不是我们得以认识的基础,它们只会把人们引入观念论的老路。在他看来,最为重要的是意识经验得以可能的基本结构,即所谓前反思、前理解与前逻辑的本体论结构,这也就是被海德格尔称之为此在的存在论结构。因此,他排除了胡塞尔的"先验"和"意向性",直接从"生活世界"出发,分析人在世界中的生存结构,即具有时间性、历史性的现象本身生发出来的各个生存论环节。

在他看来,只有通过对生存论基本结构的解释说明,才能了解意识和先验自我的明见性,从而揭示出被我们遗忘了的"存在"之意义。因此,只有这个结构才是唯一基础性的结构,是有根的本体论(传统形而上学被他称为无根的本体论)。用"有根的"这样的隐喻暗示出了这样一种认识:存在现象并非对象化地从它的世界中被割裂出来才能理解其意义,而是要落实到他们真正生长出来的世界之中,从最为切己的地方开始理解,意义才能真正呈现出来。海德格尔前期思想主要致力于建立这种有根的本体论(存在论)——通过对"此在"的生存状态的描述和分析,表明宇宙万物存在的意义是在日常的人生历程中涌现出来的,由此出发才能追问一般存在的意义。所以在海德格尔那里,现象学方法正是对"存在"的去蔽,这种去蔽表现为一种描述方法而非认识方式,一种解释过程而不是论证过程。

因此可以说,把现象学描述定位成一种解释和描述,是海德格尔对现象学方法的发展。他把现象学定义为:"凡是如存在者就其本身所显现的那样展示存在者,我们都称之为现象学。"①

这个意思囊括了胡塞尔所开启的现象学运动的口号——"面向事物本身",并且更为接近亚里士多德对现象的理解。虽然他接续着亚里士多德的传统,但他却认为,正是从柏拉图、亚里士多德以来,哲学思考逐渐走向了一种无根的形而上学,用一种对象化的看的方式把存在者和存在分开,把活生生的生活世界做成了一堆感觉材料或者被测量的对象。这种思考方式的集大成者是自然科学。它虽然取得了巨大的成功,但却无法让我们重新返回到对生活的始源理解中去,无法把我们重新放回到与生活世界天然的联系中去,

---

① 〔德〕海德格尔:《存在与时间》,陈嘉映、王庆节译,北京:生活·读书·新知三联书店,2006,第41页。

也无法让我们作为一个存在者如其所是的显现自身并成就为一个本真的自我。这种存在如其所是地显现状态，被海德格尔称为无蔽（aletheia，存在之真理），而现代性的危机正是用对象化的看的方式把存在之真理遮蔽了起来。

海德格尔对"面向事物本身"补充了极为重要的一点：揭示出事物的绝大部分是被忽视和被遮蔽的，而这些被遮蔽的东西恰恰对我们的生活起着决定性的作用。正是因为"遮蔽"纠缠着我们对生活的理解，而意义往往取决于可理解之物在我们的历史文化传统中的种种发展形式，学术研究也因此有着一个历史的维度。在这个意义上，海德格尔才坚持认为现象学研究必须与一种解释的历史相结合，并试图揭示出我们普通日常之物的深层次意义，让我们得以看到那些被忽视和被遮蔽的层次。

这种揭示可以被理解为一种类型的解构，不过，这种解构总是有着一个预期的重构，重构那些被海德格尔称之为我们对事物的"始源"理解。由于解释的现象学要求揭开哲学传统所积淀成的坚硬的概念层，从而得到一个鲜活的视野重新来看待在我们生活世界中实际发生的林林总总，因此被利科称之为"作为意义重新收集的解释学"。也在这个意义上，现象学同样也接续着狄尔泰以来本体论上的方法论构想。由于海德格尔探讨存在的意义问题，因而其学说又被称作是解释的现象学，并为后来伽达默尔对哲学解释学的系统论述开辟了道路。

现象学的一个基本原则就是任何试图对人类加以描述和理解的行为都必须始于事物实际上出现的方式，始于特定的生活情境，始于此时此地的生活经验。海德格尔用术语"实是性"来言及那些在实际语境中涌现出来的东西，他称他的方法为"实是性解释学"。① 其目的是把人的生存（此在）表征为在日常事务中的生存。用他的话来说，"实存就是此时此地的，在它当下的特定角色中就是实是性的。实是性不是某些普遍之物的实际例子，相反，它是对作为实存的特定存在者的原始确定。"② 海德格尔用 Dasein（此在，Da-，在这

---

① 关于 facticity 一词的译法，学界有诸多讨论。这里采用"实是性"的译法。
② Martin Heidegger, *Introduction to Phenomenological Research*, trans. From Heidegger's 1923/24 Lectures by D. O. Dahlstrom (Bloomington, IN: Indiana University Press, 2005), p.221.

里或那里）来称呼人之实存，意在强调人的重要之处正是在这里或那里的方式，它牢固地根植在日常事物之内，根植在每一个人实际生活的情境之中，根植在每一种特定的具体的生活方式里。

所以，人是这样的存在者：他"总是已经"卷入日常器物的各种语境，被抛入生活世界之中，是这样一种在世之在并且与他人共在，这是人所面对的基本生存境遇。因此，就海德格尔的此在生存论结构来说，此在在世的出发点在于存在必须成为什么（现身在场）才可以被理解，才可以解释他所理解的这个"什么"。也就是说，在理解世界之前，此在已然生活在世界之中了，作为一个自我与除自我之外的他人共同生活在这个世界之上，这是此在必须首先要面对的生存事实，是解释人之生存、理解人之存在意义的开始，是此在的命运。这个"命运"具体体现为此在操劳于回应这个实际世界的各种具体要求，表现出种种不同的情绪，做出对未来的筹划和决断。在这些行动中，此在才成为了一个"什么"而获得了他在这个世界中的身份，而不再是一个抽象的自我，一个没有意义的存在者。

具体来说，在《存在与时间》中，海德格尔认为，理解和解释作为此在的思与言说，是此在同存在最为根本的关系，是通向无蔽的道路。理解可以说就是一种存在模式，是此在存在的方式。理解首先向此在揭示了此在之存在结构——通过解释，此在才得以理解自己存在的可能性，从而才有所谓的面向存在（未来）的筹划。换一个角度来说，正是通过这样的筹划，存在才得以现身为"什么"，成为以这种方式或那种方式在这里具体而生动的存在者（此在）。或者说，通过这样的筹划，人得以成为一个带着具体性情的人物。因此，理解是此在把自己的可能性投向生活世界，实现对自身的筹划，成就自身为一个具体的"自我"，而不只是一个没有具体内容的"先验自我"。正是这个有着喜怒哀乐之真实性情的自我，在世间生活的过程中，不断与他人（另外的自我）打着交道，而这个打交道主要是通过理解活动呈现出来的。

所谓的解释（Auslegen），原义即是"展示"，即用语言清楚地展示出某种可能性，也就是展示此在成为的那个"什么"的可能性。就海德格尔的名言"语言是存在的家园"来说，它意味着这样一种认识：我们无法理解没有边界没有限定的事物，对此也无所谓意义问题。如果一个事物没有出现在我们的言说中，那么也就没有存在于我们的视野里，关于它有没有意义的问题是不可能被讨论的。因此，正是用语言言说世界这个展示行为（解释行为），使得我们得以清晰地划分出事事物物的边界，使得一个没有限定的存在成为一个有特定语境的在场者。成为"什么"才能有所呈现。因此可以说，如果没有世界作为此在的语境，此在将无所寓居。但同时也就是在这个意义上，如果没有此在的解释活动（语言活动），世界也将无从显现自身。

同样，在自我问题上，我们总是从自我与世界的关系开始理解自我和在这个世界中的其他的人和事。因此可以说自我是先验的，但是这个先验自我并没有存在论上的意义，因为它没有行动也就不能现身在场，不能成为"什么"而被他人理解，甚至被自我加以反思和解释。只要行动，这个自我就必然不可能是孤立的个体，就总是在与他人（另外的自我）打着交道，这就是所谓的与他人共在。可见，海德格尔悬置了客观世界（外部世界，包括除自我以外的他人）存在与否的问题，认为哲学只讨论此在的世界，也只讨论世界中的此在生存。这个说法意味着，哲学无须默认一幅幕布式的世界图景，然后把人想象成在这个幕布前面活动着的一个个的存在者，仿佛他们彼此无法相互理解，也无法发现背后的幕布似的。此在的生存状态恰恰使得此在与世界，此在与世界中的其他此在，形成了一种相互成就、彼此理解、共同显现的关系。这种关系才是先验的，是前理解、前逻辑的，它使得任何一个此在都与他的语境不可分割。

这种具体语境中的具体判断会不会落入相对主义呢？恰恰相反，按照海德格尔的说法，能让我们得以卷入世界之中的正是某种普遍的"本质的结构"，它表征了任何人的生存。[①] 这个结构从解释活动上被海德格尔称为理解的前结构，也就是说，我们的理解并非从无条件处开始，而恰恰是有条件的，这些条件才是理解得以可能的明见性所在。海德格尔认为，这些条件包括了

---

① 参见〔德〕海德格尔，《存在与时间》，陈嘉映、王庆节译，北京：生活·读书·新知三联书店，2006，第20页。

前有、前见和前设。所谓"前有"即此在被抛于世界的事实，这构成了我们最初的存在视域。换句话说，我们从来不是赤条条来到这个世界，我们总是带着某种身份或者文化背景被抛入这个世界，这是我们最初的有限性。所谓"前见"即进入理解的特定角度和观点，可能是偏见或误解，这些东西使得我们对世界的看法总是被引入特定的问题领域。所谓"前设"是指观点预先已有的假设，是问题之所以可能被提出来的前提。这些条件并非要求一种纯粹的客观性和确定性，而恰恰是承认了主观性和相对性，承认了人之为人有着种种不同的条件。

但是，它们并非导向一种庸俗的相对主义。在海德格尔看来，如果没有不同就无须理解。理解的前结构作为理解开始的条件就是承认了这种种不同。哲学正是要通过解释学循环的方法来消除一开始的种种成见，达到相互理解，这也就是所谓的澄明（Lichtung）。当然这里必须要强调，澄明之境在海德格尔那里从来不是完全的大光明，它始终是明暗交织的林中空地，这个比喻的说法旨在揭示出如下认识：完全消除成见达到放之四海而皆准的真理从来不是海德格尔所说的真理，而恰恰是成见与消除成见这种从不间断的解释过程，

林中空地（**Lichtung**）

这种不断生发出来的理解与被理解的需要，才是生存论上普遍的客观有效的结构。因此，对人的生存来说，解释始终有着一个循环的结构。

解释学循环作为解释的结构，总是解释我们已知的东西，所谓已知的东西正是理解的前结构预先给予了我们的。这个循环结构是存在现身和认识有效的根本条件。如果没有这个结构，我们也就无法澄清前见中的偏见和误解，无法反思到那些前见中的主观性，无法达到客观有效的理解，也就无所谓正确的认识。因此，知识的明见性正是通过这个本体论上生发的结构得以保证的，而不是通过任何无条件的开始。这个思想深刻地影响了伽达默尔。

伽达默尔的解释学方法

从海德格尔的论述中我们可以看到：比照着解释学循环，一个相似的循环结构表征着人类生活本身。从阅读和理解文本的经验中可知，解释学循环涉及到这样一个经验事实：文本的一系列想法是作为整体加以运思的，理解文本中任何特定的段落都要求对这个整体有所预期。因此，在理解的每一时刻，我们都在预期和期待这个整体理解。但同时，我们也根据此刻在我们面前的特定段落来修订那个整体理解。而同样的结构也适合此在的生活经验：在生活的每一瞬间，我们都在理解特定的当下情境，由此做出相应的回应和行动。我们在这样具体的情境中，凭借作为整体意义的生活世界来理解周遭及我们的行动，但与此同时，我们也根据实际的要求来不断修订对这个世界的总体看法。于是，生活的意义与文本的意义一样，在循环结构中不断呈现自身又不断隐没自身，不断重新呈现。

这个过程被他描述为世界与大地的争执：生活世界的意义总体就是存在本身——它不断锁闭自身，而人对它的理解行为又不断试图敞开它，一探究竟，这就是大地与世界的争执。这争执隐喻着一个无止境的理解和再理解的过程，隐喻着真知灼见从种种带着成见的意见中涌现出来的过程。意见不断，理解不止，真理不灭。

由此出发，伽达默尔通过《真理与方法》，进一步确定了这样一个比照着的循环结构，把理解作为人类的世界经验和最基本的存在方式，来探讨关于世界、历史和生活的关系。他认为，此在被抛入世界的生存事实就是理解的历史性所在。因为这种历史性是此在作为在世之在和与他人共在的必然结果——在世之在的事实已然道出了此在作为一个"什么"，必然对自身存在有所限制；与此同时，始终与他人共在的事实也使得此在作为一个自我，总是被他者（被理解的对象）所限制。这种历史性也就是此在的命运。就理解行为来说，它表征为理解的前结构，或称之为成见。作为命运，它是此在的界限——此在要成为一个本真的存在者，成为一个"什么"，就要在时间的绵延中敞开自身，面向未来而筹划自身，由此才能成就自身，这是此在的根本特性，是生存论结构的超越性要求，是此在作为在这里或那里的一个"什么"的先天规定。作为前结构，成见构成了我们对所在的生活世界的原初把握。

可见，这个生活世界已然不是胡塞尔所说的先验的、普遍的、不变的生活世界了，但这并不影响它有一个先验的维度——生活世界先于我们而在，它构成了我们开始理解的原初条件，构成了我们最初的视域和生存处境，是我们目光所及之边界（horizon，地平线）。这个先于我们而在的命运或者成见，用海德格尔的话来说，就是"遮蔽"，因为它总是让我们限于自己的偏见，困于自身的命运。但与海德格尔不同，伽达默尔并没有用明显的批判态度来对待这个"遮蔽"。相反，他从命运的角度接受了它，并且把它看作人类生存的基本事实——如果没有最初的遮蔽，也就无所谓去蔽。

对于此在的命运来说，一开始我们别无选择地接受了这个世界原初给予我们的东西，这是我们的限定，然而这并不意味着此在就只能受限于命运之中，无自由可言。命运是我们的原初条件而不是本质规定。此在的自由正在对未来的筹划行动中展现出来。就理解行为来说，这种筹划比照为理解的开放性，即所谓的去蔽——在理解的自由中，此在不断筹划自身，选择成为一个本真的存在者，存在的意义因此不断被揭示出来。用伽达默尔的话来说，这种去蔽表现为时间距离的澄清作用和效果历史的建立。所谓理解不止，正是发生在去蔽与遮蔽，有限性与开放性的对立保持之中——没有哪一方可以完全消灭另一方，恰恰是保持这种争执才能使得意义不断涌现，又不断被遮蔽，理解的需要因此不断被要求着，新的意义也因此源源不断地把生机灌注于我们的日常生活世界。想想那个明暗交织的林中空地，也许保持这种对立才是解释学真理的特质。那些消除二元对立而保持同一性的要求，与对知识可靠基础的明见性的要求一样，都源于理论家高度建筑术的野心、模仿自然科学的企图和形而上学不切实际的论证要求。

　　正如我们之前所说的，历史性的具体表现就是成见。消除成见的理解过程之所以绵延不息，是因为这个成见是不断生发出来的，成见与消除成见有一个循环结构。在伽达默尔看来，意义的发现基于这样一个具体的生活经验：我们每一个人都是如此不同的自我，所以我们就需要交流以达成理解，但即便交流也不可能完全消除这种自我与他人的不同而达到同一的"我"。就解释行为来说，每一次解释总是带着解释者自己的成见，这是一种"有我"的解释，因此这些解释就不可能是唯一正确的解释，我们无法建立一个标准来消除所有的成见，以达乎客观的理解。所以，解释就要求不断返回到解释者自身来澄清解释的种种原初条件。解释者解释得越多，对解释的解释也就要求得更多。成见与消除成见就成了一个无止境的解释与再解释的过程。

　　在伽达默尔看来，这个无止境的过程在历时性和共时性两个层面同时展开。由于历时性的原因，许多原本清晰的东西变得模糊而陌生了，不再被我们所知道和理解，所以解释就成了我们想理解这些陌生人事的必然回应。同时，在共时性的层面上，作为一个与他人不同的自我，总是带着此在所特有的命运，因此在理解过程中就会产生误解和偏见，如果自我与他人渴望相互理解，解释就变得尤为重要。这个过程之所以是绵延不绝的，是因为无论在历时性还是共时性的层面，我们在不断发现意义和相互理解的同时也在不断创造新的成见和误解，因为时间距离在这两个层面都在不断形成新的不同。只要时间不停止，历史不停止，空间还标示着一种陌生化的距离，那么这种解释的需要也就不可能停止。

　　就意义而言，如果解释是一个绵延不绝的过程，那么意义也将是在不断发生着成见（遮蔽）和消除成见（去蔽）的过程中涌现出来的——每一次解释都将带来新的意义，而每一个意义又不断被遮蔽在时间距离所产生的新的不同之中，呼唤着新的解释行为和新的意义的。因此随着解释行为的不断发生，意义也是一个不断发生的过程。对伽达默尔来说，所谓此在生存的基本事实就是这样一个不断呈现意义的过程：此在是一种有限的存在，却也有着无限的可能——在不断"遮蔽—去蔽"的过程中存在的意义不断涌现，在有限的此在命运与理解的自由争执之中澄明不断敞开。

当然，在这个解释学循环之中是无所谓正确解释的，伽达默尔也悬搁掉了所谓的原初事实和原初意义——既然我们理解的前提是成见，那么我们就是从误解开始的。但如此一来，是否我们就没有任何可判断解释好坏的标准以致落入相对主义呢？伽达默尔并不满足于海德格尔用生存论结构给出的解答，他从解释行为的角度，提出了效果历史（Wirkungsgeschichte）和视域融合（Horizontverschmelzung）这两个概念。在他看来，历史的本质在于：它不只是理解的前提或开始，也是理解的结果。所谓理解的开始指的是处于历史之中的解释者总是带着已然在历史中沉淀下来的成见开始解释的行动，因此历史是理解的限制。而作为理解的结果，不断解释与再解释的过程也就是参与历史、创造传统的过程。

因此，比照着文本解释的经验和人们的生活经验，历史也有一个循环结构：历史本身是作为整体被解释者加以理解的，虽然我们总是从特定的立场，带着特有的性情和成见来解释它，但是通过对某一个特定历史的理解和再理解的过程，又不断让我们修订着对作为统一体的历史的理解。

就历史整体而言，解释者的前历史使它总是有所限制，而通过解释行为而造成的后历史又反过来不断充实着它。解释者对历史解释所持有的这种意识就被称作"效果历史意识"。就像海德格尔把理解作为此在的生存方式，伽达默尔认为，任何事物一旦存在就必定在特定的效果历史之中，因此，对任何事物的理解都必然具有效果历史意识。也就是说，历史事实总是带着我的成见的描述，没有完全去掉解释者的客观历史描述，因此对历史的描述是一种"有我"的理解——总是不断返回到解释者自身，考量解释和理解的种种条件，考量作为解释者自身的特定处境。这个处境就是解释者的视域。

就像我们之前所说的，解释者作为一个具体的此在，他的处境是此在的被抛的种种命运,是有限性与开放的可能性之间的纠缠,是前见的基本结构。而视域是处境的本质体现,是这个此在的目光所及之处,是地平线。既然人的此在生存、理解和解释以及我们的历史都是一个不断发生的过程,那么我们的视域也同样如此。就像海德格尔所说的,与他人共在是此在的命运之一,所以在解释和再解释的过程中,我们的视域必然与其他视域在共时性和历时性的层面都发生着碰撞。正是这个碰撞带来了交流的不断要求——通过相互理解和解释,我们才不断返回自身,不断修订对世界、自我、历史的理解,同时也是这些理解让世界、自我、历史不断呈现出来——成就理解的同时也成就了世界,拓展了我们原本的地平线而让我们的视域不断开阔起来,这就是伽达默尔所谓的视域融合。

可见,伽达默尔所提出的效果历史概念,从一开始就悬搁了事实层面上的历史,而给出了对历史的新看法,把历史看作历史事件与历史解释的统一体。从视域融合的角度来说,这种融合把过去、现在和未来融为了一体,历史不再依赖于物理时间的流逝,而是通过问答逻辑的建立来推进。历史是一个不断提问和寻求回答的过程,是自我作为一个此在不断与其他此在对话的过程。在这个过程中,主体、客体不再二分,而成为理解和解释这项共同实践活动的参与者。

因此,理解是一个对话事件:从阅读文本经验来说,最初的成见构成了最初的视域,我们只能在自己的最初视域内开始理解文本,但这个视域总是有限的,且有可能是错误的,因此我们只能返回文本寻求回答,答案的出现也就揭示了文本的意义。但是,答案从来不是无限的,它也却总是有"我"的答案,总是已然预期于提问之中,却总是超出提问而引起新的问题,因为历史处境决定了我们无法达到一个完满的答案,一个答案意味着新的问题,如此循环往复,文本意义(对话意义)的无限性被不断敞开,这是一个"我"的提问与"我"的回答相互交错,循环往复的对话过程。这就是所谓的问答逻辑,问答的过程也就是视域融合的实现。

如果把作为理解对象的文本与理解者的关系类比于人类语言活动中人与人之间的对话关系,那么就我们的对话经验而言,双方从来不只是各自陈述自己的见解,而必然会受对方观点的影响,向着一种新的视域融合过渡。认识的正确性在理解的过程中由对话的双方共同决定。在伽达默尔看来,文本作为意义整体的载体不是一个完成了的作品,而是一个历史流传物,是无限生长而向着未来开放的生命体——每一次解释都是在与文本对话,在提问与回答的无限过程中,不断丰富着文本的意义。理解也就在这个意义上成了此在对存在意义的探索方式,是此在生存的基本实践。

可见,在伽达默尔看来,理解的经验才是人类生活最原初和最基本的经验。近代以来的经验观念却完全倾向于实证科学,而不考虑经验的历史性。自然科学的经验不过是人们为了获取某种知识的目的而构造出来的,具有可被重复性,而作为此在存在的基本模式的理解经验,总是有我的,总是带着特定的性情和历史境遇,是不可重复的。

因此,作为理解和解释的基本模式,也是人的世界经验构成的基本模式——经验始终对新经验开放,开放性和有限性构成了其一般结构,也构成了它不断生发的本质结构。就像海德格尔一样,这个本质结构意味着正确的解释不是一个固定的实在者,好像等着我们透过文本现象来揭示出它来。它也不是数学规则或机械原理,通过它可以达到可靠的知识。在伽达默尔看来,确定的知识并不是真理的定义,提问作为对真理的探求,其本质恰恰就是要让事物不确定,把看似完成了的事物流转为不断思索的过程。不断思索的过程就是海德格尔所说的不断敞开与锁闭的争执过程,就是由主体性(自我)承认主体间性(与他人共在),发现此在生存的事实,接受此在生存的命运,由此展开对话,通过效果历史的建立而走向相互理解,发现人生在世的本真意义。

如果对真理的基本理解不再是确定可靠的知识,而是此在的世界经验,它由解释行为和理解活动来不断实现,那么对话就是人类生存实践中最为原始的要求。由这个角度来理解海德格尔所提出的"语言是存在的家园",可以说,语言是世界的表征——事物在语言中得到了规定性,语言也通过表达事物而成就为语言。因此我们世界经验的语言性质同任何存在者相比都是在先的。

就解释学而言，语言是解释学问题的起源和归宿——理解的对象首先是语言的对象，而理解的实践活动也是语言的活动。在理解中发生的视域融合是语言的真正成就。作为理解的开始，我们的历史性就沉淀在我们的语言之中，学会一种语言正是传承了我们的历史境遇和此在命运。因此可以说，语言预先规定了文本和理解者双方的视域。视域融合在这个意义上，就是对话双方寻找和创造共同语言的过程。

我们可以看到，伽达默尔依然接续着胡塞尔遗留的问题，继承了海德格尔的基本洞见，通过对解释世界的本体论说明，打破了主体和客体、事实与价值的二元对立，打破人文主义和科学主义两大思潮的僵持格局，在对意义问题的重新发现上提供了一个新角度，由此所确立的解释学精神是一种对何谓事实、何谓价值的新态度：它不简单否定主观和历史传统，不试图模仿自然科学建立所谓的人文科学，不试图论证实在论式的人文知识，而要求承认作为主体的自我及其所带来的相对性在理解中的作用。通过解释学循环的方法，秉持善意的对话态度来审视历史事实、世界经验和存在意义。一方面在本体论上持守生活世界的生动性，另一方面又在认识论上为真理问题开掘出一个新的视域，为价值相对主义的挑战提供一条解决思路。可以说，解释学方法是自胡塞尔提出欧洲科学危机和意义问题以来，现象学方法应对这个问题的进一步发展。

进一步阅读

指称调查测试

这是 2004 年的一个指称调查实验①（简单记为 MMNS）。研究者据此设计了一个测试问卷：

---

① Edouard Machery, Ron Mallon, Shaun Nichols & Stephen P. Stich, "*Semantics, Cross-Cultural Style*", *Cognition* 92 (3), 2004.

假设约翰知道哥德尔是证明了算数不完全性定理的人。约翰长于数学，能够复述算数不完全性定理的全部步骤，而且他认为哥德尔就是这个定理的发现者。现在让我们假设哥德尔并不是这个定理的作者，而是一个叫"施密特"的人实际上证明了算数不完全性定理，他的朋友哥德尔窃取了证明手稿，并公布了这个证明，大家因此认为算数不完全性定理的作者是哥德尔。大部分人对"哥德尔"这个名字的了解和约翰类似。他们知道关于哥德尔的全部事实就是他发现了算数不完全性定理。那么，当约翰使用"哥德尔"这个名字的时候，他是在谈论：

A：实际上发现算数不完全性定理的人，

还是

B：窃取手稿并宣称自己发现算数不完全性定理的人。

按照克里普克的思路，所有的语言使用者都倾向选择B，具有因果历史直觉。实验却发现并非如此，实验者选择了美国罗格斯大学的本科生和香港大学的本科生来做对比调查，前者是西方人群体，后者是东方人群体。实验的结果发现，大多数西方人倾向选择B，而东方人倾向选择A。实验的设计者实际上是将A等同于施密特，将B等同于哥德尔。东方人倾向用"哥德尔"指称施密特（实际上发现算数不完全性定理的人），而西方人倾向用"哥德尔"指称哥德尔（窃取手稿并宣称自己发现算数不完全性定理的人）。用"哥德尔"指称施密特，这表明测试者认为施密特满足关于"哥德尔"这个名字的语义描述：算数不完全性定理的发明者，因此持有描述论观点。用"哥德尔"指称哥德尔，表明测试者认为"哥德尔"这个名字与被如此命名的对象有一个因果关联，因此持有因果历史观点。测试说明：东西方人具有系统的语义学直觉差异。如果克里普克指称理论最终诉诸普遍性直觉的假设，那么论证就不是有效的。实验语义学的工作表明克里普克所诉诸的直觉仅仅是西方人的直觉，克里普克的指称理论相对于西方人而言为真。简言之，如果实验语义学的工作是有成效的，那么克里普克指称理论所依靠的基础就要被削弱，而不具备他所试图表现的压倒性优势。

凡·高《农鞋》

在"艺术作品的本源"一文中,海德格尔阐释了凡·高的一幅画(《农鞋》):

作为例子,我们选择一个常见的器具:一双农鞋。为了对它做出描绘,我们甚至无须展示这样一种用具的实物,人人都知道它。但由于在这里事关一种直接描绘,所以可能最好是为直观认识提供点方便。为了这种帮助,有一种形象的展示就够了。为此我们选择了凡·高的一幅著名油画。凡·高多次画过这种鞋具。但鞋具有什么看头呢?人人都知道鞋是什么东西?如果不是木鞋或者树皮鞋的话,我们在鞋上就可以看到用麻线和钉子连在一起的牛皮鞋底和鞋帮。这种器具是用来裹脚的。鞋或用于田间劳动,或用于翩翩起舞,根据不同的有用性,它们的质料和形式也不同。

此类正确的说明只是解说了我们已经知道的事情而已。器具的器具存在就在于它的有用性。可是,这种有用性本身的情形又怎样呢?我们已经用有用性来把握器具之器具因素吗?为了做到这一点,难道我们不必从其用途上查找有用的器具吗?田间农妇穿着鞋子。只有在这里,鞋才成其所是。农妇在劳动时对鞋思量越少,或者观看得越少,或者甚至感觉得越少,它们就越是真实地成其所是。农妇穿着鞋站着或者行走。鞋子就这样现实地发挥用途。必定是在这样一种器具使用过程中,我们真正遇到了器具因素。

与此相反,只要我们仅仅一般地想象一双鞋,或者甚至在图像中观看这双只是摆在那里的空空的无人使用的鞋,那我们将决不会经验到器具的器具存在实际上是什么。根据凡·高的画,我们甚至不能确定这双鞋是放在哪里的。这双农鞋可能的用处和归属毫无透露,只是一个不确定的空间而已。上面甚至连田地里或者田野小路上的泥浆也没有黏带一点,后者本来至少可以暗示出这双农鞋的用途的。只是一双农鞋,此外无他。然而——

　　从鞋具磨损的内部那黑洞洞的敞口中，凝聚着劳动步履的艰辛。这硬邦邦、沉甸甸的破旧农鞋里，聚积着那寒风料峭中迈动在一望无际的永远单调的田垄上的步履的坚韧和滞缓。鞋皮上粘着湿润而肥沃的泥土。暮色降临，这双鞋底在田野小径上踽踽而行。在这鞋具里，回响着大地无声的召唤，显示着大地对成熟谷物的宁静馈赠，表征着大地在冬闲的荒芜田野里朦胧的冬眠。这器具浸透着对面包的稳靠性无怨无艾的焦虑，以及那战胜了贫困的无言喜悦，隐含着分娩阵痛时的哆嗦，死亡逼近时的战栗。这器具属于大地，它在农妇的世界里得到保存。正是由于这种保存的归属关系，器具本身才得以出现而得以自持。

农鞋　〔荷兰〕凡·高

　　然而，我们也许只有在这个画出来的鞋具上才能看到所有这一切。相反，农妇就径直穿着这双鞋。倘若这种径直穿着果真如此简单就好了。暮色黄昏，农妇在一种滞重而健康的疲惫中脱下鞋子；晨曦初露，农妇又把手伸向它们；或者在节日里，农妇把它们穿于一旁。每当此时，未经观察和打量，农妇就知道那一切。虽然器具的器具存在就在其有用性中，但这种有用性本身又植根于器具的一种本质性存在的丰富性中。我们称之为可靠性。借助于这种可靠性，农妇通过这个器具而被置入大地的无声召唤之中；借助于器具的可靠性，农妇才对自己的世界有了把握。世界和大地为她而在此，也为与她相随以她的方式存在的人们而在此，只是这样在此存在：在器具中。我们说"只是"，在这里是令人误解的；因为器具的可靠性才给这单朴的世界带来安全，并且保证了大地无限延展的自由。①

荷尔德林"诗意地栖居"

在"荷尔德林和诗的本质"一文中，海德格尔阐释了荷尔德林的一首诗（"在可爱的蓝色中闪烁着……"）：

在这首诗中，荷尔德林写道（第32—33行）：
充满劳绩，然而人诗意地
栖居在这片大地上。

人的所作所为，是人自己劳神费力的成果和报偿。"然而"——荷尔德林以坚定的对立语调说道——所有这些都没有触着人在这片大地上的栖居的本质，所有这些都没有探入人类此在的根基。人类此在在其根基上就是"诗意的"。但现在，我们所理解的诗是对诸神和物之本质的有所创建的命名。"诗意地栖居"意思是说：置身于诸神的当前之中，并且受到物之本质切近的震颤。此在在其根基上"诗意地"存在——这同时也表示：此在作为被创建（被建基）的此在，绝不是劳绩，而是一种捐赠。②

---

① 〔德〕海德格尔：《林中路》，孙周兴译，上海译文出版社，2004，第17—19页。
② 〔德〕海德格尔：《荷尔德林诗的阐释》，孙周兴译，北京：商务印书馆，2000，第46页。

劳作的农妇 〔荷兰〕凡·高

思考与讨论

分析哲学与现象学——解释学何以分别代表英美哲学传统和欧陆哲学传统的方法论转向?

第九章
当代实践哲学

亚里士多德将人类的活动区分为三种：理论的、实践的与创制的。与之对应的三种德性分别为科学、明智和技术。他认为，科学是认识不变之对象，创制是思考可能的东西如何生成，而以明智为德性的实践活动既不是科学，也不是技术，它思考可改变的东西。实践活动是一种以可变事物为对象，以自身为目的的自由活动。这一区分划定了实践活动的范围与性质，成为后世研究该问题的理论依据。人类的实践活动包括伦理活动、政治活动以及法律活动。在当代，对人类实践活动的反思集中体现在以伦理学、政治哲学与法哲学为代表的实践哲学诸领域。

人类的实践活动是特定的行为体（个体或组织）在一定的约束情景中为追求特定目标而实现的善改进。当我们这样来界定人类的实践活动时，我们把人类的实践活动看成是一个特殊的活动领域。在这个领域中，人类受限于特定的约束情景，在此特殊情景约束下展开其自身的善改进活动。"约束情景与善改进"是人类实践的两个基本特点，这两个特点决定了社会规范介入人类实践生活的方式。

政治哲学

当代政治哲学的复兴始于 20 世纪 70 年代。值得关注的流派与思想家有：以哈耶克、诺齐克为代表的自由至上主义，以罗尔斯为代表的自由主义，以桑德尔等人为代表的社群主义，以伯林为代表的多元主义，以哈贝马斯为代表的交往行为理论。当代政治哲学争论集中在自由至上主义、自由主义与社群主义之间。我们将分别介绍其主要理论观点以及主要的反对者对这些理论观点的批评。

哈耶克（Friedrich August von Hayek，1899—1992）与**诺齐克**（Robert Nozick，1938—2002）是自由至上主义理论的代表。

哈耶克的代表作有《个人主义与经济秩序》《通往奴役之路》《自由秩序原理》《法律、立法与自由》等。其理论贡献有如下三个方面：首先，从知识社会学的角度，哈耶克提出了"分散知识理论"。他认为，人的知识是分散和局部的，与具体实践的个人密切相关。因此，无所不包的中央计划经济是不可能的，通过人的理性设计而安排社会资源缺乏效率。相反，只有通过市场这样的自发演进机制，我们才能够实现社会资源的充分有效配置。基于这种理解，哈耶克对西方知识传统中的理性主义传统提出了系统批评，对于以苏格兰启蒙运动为代表的经验主义传统进行了梳理和光大。哈耶克认为，人类依赖于基于实践而自发演进的"自发秩序"。其次，哈耶克对自由主义的传统进行了辩护与发展。他从个人主义出发，强调维护人的经济自由、政治自由与思想自由。他认为，人类在物质生产领域依赖于通过劳动实践而产生出的自发演进秩序，在价值领域受惠于维护这种自发秩序的一系列传统价值，在政治生活领域依赖于特定的法制框架。哈耶克强调自发演进机制（即市场机制）对于维护人类自由具有特殊价值，对于中央计划经济提出了严肃批评。在这个意义上，我们可以称哈耶克的自由主义为"机制论的自由主义"。再次，哈耶克强调了社会政治与法律制度对于维护人类文明的重要性。

当代对于哈耶克的理论批评集中在他对自发演进秩序的过度强调。因为，在人类生活中，除了有"自发秩序"，同样存在着"自发失序"。后者必然要求一定程度的人为干预。赫尔维茨（Leonid Hurwicz）就指出，分散知识理论并不支持对有限的政府干预的批评，我们可以设计出一定的经济与政治机制来为社会提供公共产品。因此，除了哈耶克所说的"演进机制"，同样存在着赫尔维茨所说的"设计机制"。赫尔维茨对哈耶克的批评奠定了"机制设计理论"的基础。

诺齐克在其代表作品《无政府、国家与乌托邦》中，提出了一种持有正义理论，以反对罗尔斯在其《正义论》一书中所阐发的分配正义理论。诺齐克提出，假如财富的原始获取是正义的，转让也是正义的，则该财富的持有就是正义的。然而在现实生活中，并非所有的持有都符合持有正义二原则，因此就必须对过去存在的不正义予以矫正，这就是矫正的正义。最好的分配正义是持有正义，国家不应该具有经济再分配功能。基于该理论，诺齐克论证说最低限度的国家是可行的。"国家不可用它的强制手段来迫使一些公民帮助另一些公民；也不能用强制手段来禁止人们从事推进他们自身利益或自我保护的活动。"①

以哈耶克、诺齐克为代表的自由至上主义反对政府干预，主张以市场经济的手段来实现财富的分配，以法治的手段来实现社会政治秩序的稳定。以罗尔斯为代表的自由主义则主张政府应该更多地介入社会财富的再分配，以实现实质性的社会正义。

罗尔斯（John Bordley Rawls，1921—2002）被认为是20世纪英语世界最著名的政治哲学家。其代表作有《正义论》《政治自由主义》与《万民法》。

在《正义论》中，罗尔斯提出了其著名的正义二原则：第一，每个人对最广泛的整个基本自由平等体系拥有平等的权利，该体系与对所有人相类似的自由体系是相容的。该原则被称之为"平等原则"。第二，调整社会和经济中的不平等，使得它们（a）有助于最劣势地位的人获得最大的利益；（b）让公职和职位在机会公正平等的条件下向所有人开放。该原则被称作"差别原则"。前一个原则是说，每个人都应该平等地拥有诸基本权利。后一个原则是说，假如出现了不公正，社会应当能够实现矫正。

罗尔斯排除了通过直觉与功利主义的方法达成此二原则的可能。为了达成此二原则，他采取了一种契约主义的方法。为此，他设计了一个理想实验，假定平等的、不偏不倚的订约者们在"无知之幕"下，从原初状态出发，通过反思的平衡，最终选择出正义的二原则。

---

① 〔美〕诺齐克：《无政府、国家与乌托邦》，何怀宏等译，北京：中国社会科学出版社，1991，第1页。

罗尔斯的《政治自由主义》旨在追问："当一社会中自由而平等的公民因其诸种合乎理性的宗教学说、哲学学说和道德学说而形成深刻的分化时，一个正义而稳定的社会何以可能保持其长治久安？"①

罗尔斯认识到，现代政治社会的基本事实是一个多元并存的事实，为了应对这一基本事实，罗尔斯缩小了他在《正义论》中所阐发的正义观念的适用范围，提出要用"作为公平的正义"这一收缩后的概念来作为政治社会的基础。为此之故，政治哲学的讨论应该被限定为"政治的而非整全的"。也就是说，我们要将我们的政治哲学讨论限定在政治相关领域，因为任何一种"整全的宗教、道德和哲学学说"都不具有普遍的可接受性，都不能够得到公民的普遍认可。因此，我们要借助政治建构主义的方法，通过诉诸人们的"公共理性"，最终达成关于现代政治生活的"重叠共识"。

罗尔斯的《万民法》试图突破传统国家的限制，进一步追问：一个由自由而合宜的人民构成的世界社会如何可能？他考虑了五种不同类型的政治社会：第一种是由合理的自由人民构成的社会，第二种是由合宜的等级制的人民构成的社会，第三种是由组织良好的人民构成的社会，第四种是法外国家，第五种是仁慈专制主义社会。《万民法》的宗旨，就是逐个考察这些不同社会类型相应的政治义务与政治制度如何构成。他把在此基础上满足了一定的限定条件的人民社会称作"现实乌托邦"。有学者指出，罗尔斯《正义论》的目标是反驳功利主义，而《万民法》的目标则是反驳现实主义。其目的是要为政治思考保留规范的维度。

社群主义（Communitarianism，有时也译作"共同体主义"）被认为是对以罗尔斯为代表的自由主义基本理论假设的反动，在20世纪80年代占据着政治哲学讨论的显著位置。自由主义认为人是一种可以进行理性选择的个体的自我，而在社群主义者看来，这种假设恰恰是理论出现问题的关键。社群主义强调社群对于自我和个人的优先性。**桑德尔**（Michael J. Sandel，1953—，代表作《自由主义与正义的局限》）、**麦金泰尔**（Alasdair Chalmers MacIntyre，

---

① 〔美〕罗尔斯：《政治自由主义》，万俊人译，南京：译林出版社，2000，第25页。

1929—，代表作《追寻美德》）与**泰勒**（Charles Taylor，1931—，代表作《自我的根源：现代认同的形成》）以及**沃尔泽**（Michael Walzer，1935—，代表作《正义诸领域》）被认为是社群主义的代表，不过他们的理论渊源则各有不同。桑德尔秉承了共和主义的传统，麦金泰尔开启了德性伦理学的资源，而泰勒的理论则有着很强的黑格尔主义的影踪。

社群主义假定，人是具体的和内嵌的，从而也就是生活在特定的历史与文化之中的；同时也是互动的与相互构成的，从而并不服务于绝对的善。正因为如此，社群主义主张：正义与善是相关的，而不是独立于社群的善价值的。

罗尔斯主张权利优先于善，规定我们具体权利的正义原则不可通过任何特殊的善观念来获得证明。社群主义与桑德尔则认为，支配社会基本结构的正义原则，并不能够对该社会公民所信奉的相互竞争的道德确信和宗教确信保持中立。"正义原则应从特殊共同体或传统中人们共同信奉或广泛分享的那些价值中汲取其道德力量。……共同体的价值规定着何为正义，何为不正义。按照这种观点，承认一种权利取决于向人们表明，这种权利隐含在传统或共同体的共同理解之中。"① 桑德尔同时还区分了另外一种把正义与善关联起来的方式。后一种方式认为，对一种权利的承认取决于该权利是否促进了人类共同善。桑德尔认为这是一种目的论或完美主义的理论，严格来讲，它不是一种社群主义观点。相应地，社群主义认为人类善是内在的，具体而内嵌的个人汲取共同的善原则，同时也参与到共同的善原则的互动性改造当中去。也就是说，个体通过与别人的互动，认识到自我与他人是能动构成，从而形成自我的认同。而由于共同善不是绝对善，因此，社群成员可通过公开讨论和沟通，对共同的善标准加以修正或排除。

如果按照社群主义的共同体价值优先和共同体成员互动认同这两条标准来看，休谟与斯密的伦理观与政治哲学观应该也是符合社群主义的核心主张

---

① 〔美〕桑德尔：《自由主义与正义的局限》，万俊人、唐文明等译，南京：译林出版社，2001，第3页。

的。但是在牵涉到现代国家在公民共同善中的地位问题上,休谟与斯密则与当代的社群主义有别。社群主义主张国家有干预和引导个人选择的责任,从而主张一种"强势国家"。而休谟与斯密则主张以一种社会机制演进的方式来自然调节人与人之间的善价值。

伯林(Isaiah Berlin,1909—1997)的价值多元主义首先以一种伦理主张的面目出现,但是对当代政治哲学的讨论却形成了重要影响。价值多元主义的观点有着悠久的历史,但是只有在伯林之后,才有某些哲学家明确地把自己称作价值多元主义者。

在伯林看来:1. 存在着一些普遍的、共享的人类价值;2. 同时也存在着一些相互冲突的人类价值,这些价值之间是一种相互竞争的关系;3. 在这些不同的相互冲突的价值之间的选择必将意味着其中一些价值的牺牲和损失(选择了价值 A 就必然意味着牺牲和损失了价值 B);4. 这种牺牲和损失是人类所面临的永恒困境。伯林认为:"既然有些价值可能本质上是相互冲突的,那么,原则上可以发现所有价值都能和谐相处的模式这样一种观念,便是建立在关于世界本质的一种错误的、先验的观念之上。"①

乔治·克劳德(George Crowder)提出,伯林的价值多元主义观点包含四个主要成分:普遍性、多元性、不可公度性和冲突性,并指出因不可公度而产生的冲突使我们面临着困难的选择,这是多元主义观点最主要的含义。关于多元主义和自由主义的复杂关系,伯林自己就承认说:"多元论和自由主义是互不相同甚至也互不交叉的两个概念。有各种不属多元论的自由主义理论。我既相信自由主义,也相信多元论,而这两者并没有逻辑上的关联。多元论确认:既然对于道德和政治问题以致任何价值问题不可能有一个最终的解答,并且,人们给出的或有权给出的某些解答是相互矛盾的,那么,在实际生活的某些领域,有些价值便可能变得互不相容,这样,如果要避免破坏性的冲突的话,就应该妥协,而最低限度的宽容,不管你情不情愿,都是必不可少

---

① 〔英〕伯林:《自由论》,胡传胜译,南京:译林出版社,2003,第49页。

的。"① 约翰·格雷（John Gray）基于他对于伯林观点的理解，提出伯林的自由主义是一种竞争的自由主义。这一提法进一步加剧了伯林思想中多元主义与自由主义的紧张关系，使得从多元主义到自由主义的过渡这一难题明朗化。约翰·格雷自己也进而在这样一个难题的基础上提出了自己的主张：自由主义的未来取决于"权宜之计"的方案。

伯林的价值多元主义为人类理解政治生活提出了难题：假如人类政治生活注定建立在多元主义的基本事实基础上，假如人类注定有着不可相互通约的理解与价值，那么人类的政治生活就不可能具有一种稳定的基础。也就是说不可能存在着一个一劳永逸的共同认可的解决方案。假如政治的基本面貌是这样的，那么，自古到今所有关于人类政治生活的整全解决方案都将是不成立的。在伯林之后，政治哲学的思考就不得不面对多元主义这一基本的政治事实。

与伯林提出的难题相对应，罗尔斯提出政治哲学的论证应当局限于"政治的"而非"整全的"，哈贝马斯则提出以交往行为理论来克服这一困难。

哈贝马斯（Jürgen Habermas，1929— ）是法兰克福学派第二代的代表人物，当代有影响力的思想家。其代表作有《公共领域的结构转型》《合法性的危机》《交往行为理论》《事实与价值》等。哈贝马斯著作丰富，论题广泛，一生致力于庞大的理论构建。其中，最能够表现出他对于当代学术贡献的论题有：对公共领域形成与瓦解的考察，对现代科技在资本主义社会中的地位的考察，对于批判理论的框架构造，对于资本主义合法性危机的分析，以及对于交往行为理论的系统阐发。而对当代政治哲学影响最大的，莫过于他的交往行为理论与商谈伦理学说了。

哈贝马斯所说的交往行为是指主体间通过语言的沟通和交流，求得相互的理解与沟通的行为。哈贝马斯认为，人类生活的世界可区分为主观世界、客观世界和社会世界。相应地，人的交往行为包括生产领域的目的性行为、

---

① 〔伊朗〕拉明·贾汉贝格鲁：《伯林谈话录》，杨祯钦译，南京：译林出版社，2002，第40页。

价值领域的规范性行为、社会生活领域的戏剧性行为以及以语言符号为工具的交往行为。人的交往活动是主客观世界的统一，其统一的基础在于人的不同实践旨趣。人的交往行为具有四种不同功能：理解功能、合作功能、社会化功能、社会转型功能。在交往行为理论的基础上，哈贝马斯提出了商谈伦理学。商谈伦理学认为，交往行为的实质是主体间以语言为媒介的商谈关系，商谈是对交往行为的反思和延续，是一种对交往有效性进行论证的行动。商谈可区分为理论商谈和实践商谈，前者关注与认识命题有关的真实性问题，后者关注与规范命题有关的有效性问题。实践商谈要遵守普遍化原则与话语原则。前者旨在通过合理化的论证来确立道德规范的普遍有效性，后者则旨在保证一个程序主义的参与机制，以保证交往主体按照预设的理想条件，通过普遍的、可论证性的、程序化的对话和商谈，形成规范和达成共识。哈贝马斯的商谈伦理学强调程序和规则的合理性，因此不以共同的价值观为基础和目的，表现出对于意识形态和价值观念多元化的政治现实的敏感。交往行为不要求人类有共同的观点、看法和价值取向，但认为只要人们秉持交往理性，遵守对话的规则和程序，就能够达成与实践生活有关的基本共识。

道德哲学

近代以来西方伦理学形成了两个大的传统：一个是发端于休谟，经边沁、密尔而形成的功利（效用）主义传统，另一个是由康德所开创的义务论传统。其间经历了20世纪前半叶分析哲学运动的洗礼。一般认为，以1958年安斯康发表"现代道德哲学"一文为标志，开始出现了另外一个新的德性伦理学的研究传统。当代道德哲学集中体现为这三个传统之间在理论范式上的相互竞争与相互批判。功利主义与义务论传统逐步将伦理研究体系化，并且部分地承诺着某种形式的伦理实在论。而当代伦理研究则更多地呈现为反体系和反实在论的特点。当代伦理或关注对运气和德性这样的具有偶然特征的伦理对象的研究，或主张伦理规则需要经由我们的主观建构而达成。

　　功利主义认为，一种行为如果有利于增进人的幸福，就是正确的；如果导致和幸福相反的东西，就是错误的。对于幸福的评价，不仅仅是指当事人自己，还应该包括受到该行为影响的每一个人。这一原则被称作"最大多数人的最大幸福"原则。功利主义的特点是不考虑个人行为的动机与手段，只考虑一个行为的结果能否最大限度地增加善。人类的行为完全以快乐和痛苦为动机。因而密尔认为：人类行为的唯一目的是求得幸福，所以对幸福的促进就成为判断人的一切行为的标准。对于人的快乐的计算成为功利主义的基本考量。

　　功利主义的优点是从表面上看判别标准简洁明晰，但是其缺点则是混淆了个人的功效考量与公共的功效考量，因此必然造成将推理结果作为公共道德标准，在直觉上却违背了对道德行动者个人的尊重的问题。人有可能作为手段而被利用。为了避免相关的问题，当代功利主义者进一步提出了规则功利主义，以区别于以密尔为代表的传统行为功利主义。

　　与功利主义不同，义务论考察人的行为动机。义务论认为功利主义的判别标准不可普遍化或者会和行为者的预期目标不一致。要想能够普遍化，就应该出于善良意志而行动。康德认为，人必须为尽义务而尽义务，而不能考虑任何利益、快乐、成功等外在因素。善良意志不是因快乐而"善"，因幸福而"善"或因功利而"善"，而是因其自身而"善"的"道德善"。其优点在于，它考虑到了行为出于理性规则而可普遍化的问题，彰显了人的理性价值，人不再被当作工具而利用，人自身就是目的。而且，如果像功利主义那样，只是"符合规则"而行动，这种行动可能是明智的，却未必是道德的。只有出于规则而行动，才能肯定理性价值的崇高与伟大。

　　义务论的优点是规则的可普遍化以及对于人的尊重，但是其缺点则是过于强调了理性的力量，忽略了人的情感因素在道德实践中的巨大作用。而且，善良意志本身是空的，并没有为实际的道德行动提供具有实质内容的判别依据。

　　针对这两个近代传统所存在的问题，当代道德哲学分别从德性伦理与新契约理论等方面对其进行了反思与改进。

安斯康（Gertrude Elizabeth Margaret Anscombe，1919—2001）在其文章"现代道德哲学"开篇，就上述这两个近代伦理学传统所具有的缺陷进行了分析。她认为现代道德哲学遗忘了亚里士多德。康德哲学的问题是没有注意到对于道德行动的贴切描述需要具体的约束条件，因而是空洞的。功利主义的问题则在于效用原则的考量本身就是多样的。休谟机智地回避了功利主义本身所存在的问题，他把我们对于道德行动问题的考察转换成了如下两个问题：第一，德性有何特性，这是一个概念分析的问题；第二，德性与行动是什么关系？而其背后的根本预设，就是休谟所提出的"是"与"应当"的转换问题。安斯康强调，在这里，出现了两个不同的语境：一是激情与行动语境；二是"理智"语境。我们理智地使用某些现代道德哲学概念，却要同时理智地面对复杂的激情与行动。在这样的分离中，义务概念偷偷地溜进了伦理分析中，而道德生活的复杂性却丝毫未减。在这篇文章中，安斯康带领我们简略回顾了现代义务观念的产生，并把康德义务论和现代功利主义都视作是对这一产生过程中的两个应对方案。但是，安斯康想要说明的是，道德行动的激情与行动语境被我们遗忘了，而一个同时兼顾这两个语境的完美解决方案应该存在于亚里士多德伦理学传统之中。

斯托克（M. Stocker）以类似的但更加简明的方式指出了近代以来伦理学的根本问题。他将此问题称作"现代伦理理论的精神分裂症"，而这也正是他那篇著名文章的标题。他指出："现代伦理理论只处理理由、价值观和辩护问题。它们没能省察伦理生活的动机、动机结构与约束。"① 在斯托克看来，一种好的生活应该是我相信某种东西是善良的、美好的、正当的、美丽的，我的行动也就因而受这种种的理由的驱动。然而，现代伦理理论鼓励的却是一种与我所相信的东西相脱节的强制性义务。很显然，这是一种典型的道德分裂症。它鼓励了人的动机与其理由之间的分离，我们错把结果当作了原因。

---

① 〔美〕斯托克："现代伦理理论的精神分裂症"，载《美德伦理与道德要求》，徐向东编，南京：江苏人民出版社，2007，第 59 页。

这种情况同时发生在功利主义与义务论那里，我们因而进入了一种关注立法而远离情感的时代。

可以看出，无论是安斯康还是斯托克，二人都对人类道德行动的二元分裂事实充满敏感。他们的分析模式注定要同时关注人的激情与理智。依循这一线索，我们大体可以看到当代道德行动理论、道德心理学研究得以成立的基本依据。对于人的激情与行动领域的重新关注是当代道德哲学的根本特点。在这一点上，休谟理论机智地提供了思考原型。而功利主义与义务论则成为我们需要检省批评的对象。

与安斯康一样，**富特**（Philippa Foot，1920—2010）同样被认为是当代德性伦理学的奠基人。在其著名的"作为假然命令体系的道德"一文中，富特提出，康德声称的道德命令不可逃避并不能够证明绝对命令有约束力。在《道德的形而上学》一书中，康德声称道德是一种自律体系，要严格与他律体系区别开来。康德声称道德判断不可能是假然命令，这被当作是一个无可置疑的真理。而富特则认为，没错，假然命令与绝对命令是可以区别开来的，但并不因此就说明绝对命令具有特别的地位，也不表明只有"无条件的"或"无外在目的"的道德行为才是具有道德价值的。一些行为尽管是有条件的，是为了达到一定的外在目的，其本身仍可以被看作是道德的。针对康德的义务论，富特声称：我们并非应征加入德性队伍，而是自愿入伍的。在其晚近收入的该论文中，富特进一步指出，我们要在该论文线索的基础上发展出一种关于实践合理性的说明。当我们说某个人是"非理性"的时候，我们其实是说他缺少一种关于道德行动的实践合理性考量。在这里，我们依然大体还可以看出安斯康所勾勒出来的两个语境。

麦金泰尔（Alasdair Chalmers MacIntyre，1929— ）则注意到，分析哲学兴盛以来伦理学研究中的情感主义使得现代伦理陷入了虚无主义的危机，因此，我们需要回到亚里士多德的德性伦理学，为人类伦理生活寻找坚实的基础。德性伦理学反对把义务判断或原则作为伦理现象研究的基础。它认为德性自身有其有效性，而不必诉诸关于行为正当的外在判断标准。一个行为是正当的，那是因为其本身就是善品。德性是一种品质而非一种原则。德性伦理学因而预设生活中的具体行为本身即其目的。规范伦理学认为人的行为要以义务感或正当行为的愿望为动机，德性伦理学则认为除此之外还有更多的动机可能性。一般认为，德性伦理学的优点在于将人作为一个整体来看待，避免了理性与情感的割裂，德性伦理学不但照顾到了人的基本道德义务，同时也注意到了人可能实现的更高的道德行为。德性伦理学更关注人的行为动机，以行为的榜样模仿来作为德性的传递手段。不过与安斯康所提到的近代义务论相比，德性本身缺乏一个客观稳定的评价标准。

威廉姆斯（Bernard Williams, 1929—2003）同时对功利主义和康德式伦理学体系进行了批评。这些批评具有两个重要特征：反对伦理研究中的体系化倾向；强调道德行动的偶然特征。威廉姆斯对于功利主义的批评是指责它威胁到了人的生活的完整性。因为功利主义以后果来作为道德与否的评判标准，其评价标准是"效用的最大化"。但是功利主义默认这种效用的最大化可以是，并且在通常情况下就是一种非个人的视角。也就是说，本来道德行动的主体是个人，但是功利主义却要求遵守一种从普遍视角出发而产生的道德规则。个人的激情行动因而注定与这种普遍视角发生冲突，后者的成立威胁到了道德行动者的个人生活计划的完整性。《伦理学与哲学的局限》一书同样对康德路线做出了猛烈批评。威廉姆斯认为，康德伦理学从一种人格同一性原则出发，试图构造出一种可普遍化的道德原则。威廉姆斯将康德伦理学称作是一种"奇特的道德体系"，认为这种道德体系实际上否认了不同的道德义务之间发生冲突的可能性，也否认了道德运气存在的可能性。针对康德体系将人的道德义务奠基于人的理性能力和先天的道德法则（绝对命令）的主张，威廉姆斯与内格尔等人提出了道德运气说。威廉姆斯进而提出，道德行动者的"行动的唯一的合理性就是内在理由的合理性"。威廉姆斯本人并不认为道德能够免于运气，不过，他认为道德免于运气的传统观念很有吸引力。"这样一个概念拥有了一种根本的正义形式作为其核心，……它提供了一种诱惑，在面对世界的不公正感时提供了一种安慰。"① 免于道德运气的观念伴随着道德具有至上价值的观念,这两点对于康德式道德哲学来说至关重要。由于我们通常的道德观念都是康德式的,所以说,像威廉姆斯等人那样承认道德运气就"不可能丝毫不触动既有的道德观念"。从根本上来说,基于运气的道德偶然性不同于道德免于运气的看法,所以,接受道德运气说注定要伴随着一种新的道德研究方法。

与上述德性论倾向不同,另外一些当代伦理学家发展出了各种不同的新型契约理论,以改进传统契约理论。在当代,契约理论存在着两种不同的潮流:一种叫契约至上论,另一种叫契约论。以**罗尔斯**(John Bordley Rawls, 1921—2002)和**斯坎伦**(Thomas Micheal Scanlon, 1940—)为代表的康德式建构论旨在基于既有的道德基础为社会构造一个可以共同遵守的道德体系,这一形式的当代建构论又被称作契约论,而以**高蒂尔**(David Gauthier, 1932—)为代表的另外一种形式的当代建构论被称作契约至上论。

罗尔斯等人的契约论主张,理性的行为者运用自己的理性能力,接受一定程序的合理限制,对于所处的特定时代的特定条件加以审慎反思,借以达成适用于道德领域和政治领域指导人们行动的行为关系准则。契约论应该超越个人选择的层次,在社会共同生活的层面,通过理性的公用,寻找到为全社会的公民一致同意的生活准则。这一理性运用的过程是一个在反思中进行平衡的过程,通过反思平衡而达成的政治一致就是罗尔斯所说的"交叠共识"。

高蒂尔等人则致力于从一个非道德的来源即霍布斯传统展开其契约缔结。在《约定的道德》一书中,高蒂尔把道德视作出于理性的订约(讨价还价)与同意而进行的建构,这种订约与同意首先假定了满足先在的个人偏好为基本的价值追求。契约理论将伦理或政治的辩护基于事实上的偶然约定,也即事实上是在一定的限定条件下达成的一致。

---

① B. Williams, *Moral Luck: Philosophical Papers 1973—1980*, (New York: Cambridge University Press, 1981), p. 21.

契约至上论者的契约参与方是自利的个人，契约结果是自利的个人基于相互的利益而达成的合作行为。而契约论者的基础则是不同个体平等的道德地位，不同个体都有理性自主的行为能力。基于对理性自主的行为者的同等尊重，我们达成具有约束力的契约。契约至上论旨在利用契约机制实现个人利益的最大化，契约论则在寻求向追求各自利益的各方提供同等有效的辩护理由。

对功利主义和义务论进行反思，回归休谟式的欲望动机说理论，当代伦理研究的种种趋势开启了当代道德行动理论与道德心理学研究的新领域。这些新的研究领域的基本预设是：即便存在着绝对命令，道德行为的具体表现仍然是复杂多样的，我们有必要对丰富的道德实践活动本身展开分析研究。当然，这一研究同时又关联着另外一个问题：道德行动的理由如何才能够是切己的、内在的？因为，我们都承认，一个与道德行动者自己毫无关联的外在理由，其本身并不能够去激发一个道德行动者能动地去行动。为此之故，关注道德行动者的道德实践活动，关注对道德行动者欲望、动机与行动理由结构的分析，进而关注道德行动者的实践合理性，就成为当代伦理学研究的中心话题。所以斯坎伦说，当代元伦理学讨论的话题发生了转移："首先，我们所关注的问题不仅仅局限于道德，同时更为广泛地也包括实践理性。第二，除了关注动机问题，我们还关注（道德）理由与合理性问题。"[①]

马蒂尼奇（A. P. Martinich）在讨论霍布斯时提出：霍布斯的自然法理论"分别回答了不同的问题：'是什么使得自然法具有规范力量？'（答：是神的命令）以及'是什么促使一个人去遵守自然法？'（答：是自保的欲望）。"[②] 因此，我们可以说霍布斯有两套体系，"一套动机体系，一套义务体系。动机体系止于自保的最高原则，……义务体系止于遵守自然法的义务，

---

① T. M. Scaolon, "Wrongness and Reasons: A Re-examination", in *Oxford Studies in Metaethics*, Vol. 2, Shafer-Landau ed. (New York: Oxford University Press, 2007), p. 5.
② A. P. Martinich, *Hobbes*, (New York: Routledge Press, 2005), pp. 210—211.

自然法可以被看作是神的意志"。①

引用这样一个讨论，是要指出在当代道德哲学中同样存在着这样一个张力：当我们意识到了单纯的理智语境无法全面解释人的道德行为的时候，我们诉诸休谟式的欲望动机理论。但是单纯的欲望动机模式仅仅能够很好地还原人们道德行动的动机理由，却并不能够很好地解释人们的道德行动本身的规范理由。很显然，在动机理由与规范理由之间，存在着巨大的张力，这种张力对应着人类对于道德实践活动的两种不同期许：道德活动是基于个体的激情与行动的，但是它也是一种自然产生的规范要求。对于道德行动的一个完整解释应该同时涵盖着对这两种期许的解释，而不应该是站在其中一种偏向立场，攻击另外一种偏向。除非我们能够在理论上证明，我们对于规范理由的期许本身是不可能的。

法哲学

当代法哲学的基本争论在自然法、实证法与法律现实主义之间展开。近代以来，自然法盛行，但是在19世纪以来实证主义法学、历史法学的冲击下，自然法学衰落，而分析法学派和社会法学派兴盛。自两次世界大战以来，自然法再次复苏。当代自然法理论的代表人物有富勒、德沃金与菲尼斯。而哈特与拉兹则被认为是当代实证法理论的代表人物。德沃金作为新自然法的代表人物，主张一种法律建构论。霍尔姆斯则持一种法律现实主义立场。

当代法哲学的核心议题是法律规范的基础问题。自然法坚持其一贯传统，主张道德或理性应该是法律与立法的基础。而实证主义的分析法学则倾向于强调法律与道德的分离，认为法律规范本身具有自治性，法律是一个独立自治的领域，即便法律与道德有联系，也并不影响作为一个独立领域的法的存在。从而，对于法的研究也应该有其独立的方法与自主性。在20世纪，外在

---

① H. Warrender, *The Political Philosophy of Hobbes*, (Oxford: Clarendon Press, 1957), p. 213.

的神圣法则进一步退出人们的研究视野，人们的重心转向了对于作为实践理性的法律实践的考察。但是同样是对实践理性的分析，有的法学家如菲尼斯由此演绎出了关于法律的自然法基础，而另外一些法学家如拉兹则以此为根据为其实证主义的立场服务。

自然法主张，自然中存在着一个永恒的法则，现实的法律应该与其保持一致。因此，"恶法非法"。自然法确立了一个关于法律的外在评价标准，这个标准要么是来自于道德的，要么是来自于神的。西塞罗认为：自然法是自然中固有的最高理性，它允许做应该做的事情，禁止相反的行为。这种理性一旦在人的心智中得到确立与实现，便是法律即自然法。自然法具有永恒性和普遍性，不能取消与废止。自然法最初带有"天赋"权利的思想，认为人生于自然，人的权利也来于自然。但是这些外在标准的基础是否牢固则成为一个富有争议的问题。休谟就批评洛克以及经院哲学家"天赋的""自然的"等概念缺乏精确的界定。

在当代，自然法阵营与实证法阵营发生了两场著名争论：一场争论为哈特—富勒之争，另一场为哈特—德沃金之争。1958年，《哈佛法律评论》同时发表了哈特的"实证主义与法律和道德的分离"一文以及富勒的反驳文章"实证主义与忠实于法律——答哈特教授"。随后，哈特于1961年出版了《法律的概念》，该书系统地阐述了自己的观点并试图回答富勒的批评；而富勒在1964年出版的《法律的道德性》一书中，也详细阐述了自己的观点并批评了哈特的法律与道德的分离主张。1965年哈特撰写书评，评论《法律的道德性》一书，而富勒在1969年《法律的道德性》再版时也回应了哈特的批评。在这场多次交锋的论战中，其他许多法学家也纷纷加入了讨论。

与上述争论相交错，在哈特与德沃金之间也发生了另外一场争论。这场争论以德沃金1967年发表的"规则的模式"一文始，一直持续到哈特1994年《法律的概念》的回应性后记。在回顾与反思哈特—德沃金之争时，布莱恩·莱特尔（Brian Leiter）评价说："德沃金所挑起的争论事实上是对奥斯丁以来法律的事实—描述性主题的挑战。法律实证主义认为，我们可以以一种中立的描述立场来分析法律概念，处理法律体系。哈特提出：'法律

哲学导论

理论可以……为特殊的社会现象,如法律提供一种规范性的、中立的描述'。"①

德沃金则强调,那些诉诸规则的参与者一定相信存在着和规则一致的好的道德理由。也就是说,德沃金认为,完全中立的描述性研究不可能,我们终究要诉诸特定的价值评价。德沃金从而回到了自然法传统,主张法律研究离不开道德评价。此后的菲尼斯也回应说:"一个理论家不能只为社会事实提供理论性描述和分析,他需要参与到对人类行为的评价工作中去。并且,如果他不参与到人类的评价工作中去,则他就不能理解什么是真正对人类有利的,什么是实践理性——即,关于人类将应当做什么的推理——真正要求的"②。这一争论被法学家们称作"法律的规范性难题"。

很显然,上述两场争论都牵涉到了同样一个重大问题:一种价值无涉的、描述性的法学研究是否必要?是否可能?法律实证主义认为,这样一种追求是很有必要的,它使得法学研究摆脱了法律规范体系以外的因素的干扰,实现了法学研究的自治。毫无疑问,法律实证主义同时也认为,这样一种法律纯粹化的追求同时也是可能的。而所有主张自然法传统的法学家都认为,这种法律纯粹化的努力首先是不可能的,其次也是不必要的。

针对这样的分歧,布莱恩·莱特尔建议我们在认识论价值和道德价值之间做出区分:"认识论价值确定了我们在理论建构和理论选择过程中有真理倾向的决定物:证据的适当性、简单性、尽可能少地损害已经较好确立的理论框架和方法(方法论保守主义)、说明性的一致,等等。尊重这些价值(甚至一些明确的实用主义价值),我们就会得到知识。道德价值是那种与实践理性问题有关的价值,诸如,我们应当如何生活,一个人对另一个人的义务是什么,一个人应当服从和支持什么样的制度,等等。"③

---

① J. Coleman (ed.), *Hart's Postscript: Essays on the Postscript to the Concept of Law*, (Oxford: Oxford University Press, 2001), p. 311.

② John Finnis, *Natural Law and Natural Rights*, (Oxford: Clarendon Press, 1980), p. 3.

③ Brian Leiter, "Beyond the Hart/Workin Debate: The Methodology Problem in Jurisprudence," *American Journal of Jurisprudence*, 48 (2003), 17—51, p. 33.

当代法律实证主义者认为描述性法理学仍然是可能的，我们需要进一步考察的则是其赖以立足的概念分析与诉诸直觉这两个起点的可靠性问题。

富勒（Lon Luvois Fuller，1902—1978）是20世纪美国著名法理学家，新自然法的代表人物，代表作有《法律的道德性》等。他主张自然法，反对实证法。他主张法律与道德不可分，法律本身的存在必须以一系列法制原则为前提。这些法制原则就是法律的"内在道德"，也就是"程序自然法"。他区分了出于愿望的道德与出于义务的道德，认为出于义务的道德必须遵守。他又区分了法的内在道德和法的外在道德，他提出法的内在道德要遵守如下八项基本原则：1. 一般性；2. 公之于众；3. 施用于将来不溯及既往；4. 明确性；5. 内在一致性；6. 不要求不可能实现的事情；7. 稳定性；8. 官方行动与法律的一致性。以上任何一项要求如果被违反，将不仅会导致坏的法律制度，而且会导致根本不配称为法律制度的事物发生。富勒对这八项法制原则的坚持被称作对"程序自然法"的坚持，其基本精神正如美国著名法学家博登海默（Edgar Bodenheimer）所言："任何值得被称之为法律制度的制度，必须关注某些超越特定社会结构和经济结构相对性的基本价值。"①

菲尼斯（John Finnis，1940— ）被认为是著名的在世自然法哲学家。其理论被认为是牛津传统与阿奎那传统的结合，他试图开拓出一个关于自然法的新阿奎那传统，以反对哈特等人的实证法主张。为避免像传统神学那样诉诸一个神圣的存在者，他提出人在现实生活中具有追求基本善的愿望。他诉诸道德行动理论，认为人们无须寻求特定目的，就可在现世生活中追寻诸基本善。我们通过实践理性的自我反思，可以辨识和践行这些基本善。在《自然法与自然权利》一书中，他提出了七种基本善：生命、知识、玩乐、美、社交、实践与宗教。他认为这七种善是不可被随意扣除的自明善。而实践理性的自我反思遵循下述原则：1. 前后一贯的生活计划；2. 不固执地偏爱某种价值或某种人；3. 超脱；4. 守诺；5. 在理性限度内合理地考虑行

---

① 〔美〕博登海默：《法理学——法律哲学与法律方法》，邓正来译，北京：中国政法大学出版社，2004，第v页。

事的功效；6. 在每一个行动中尊重每一个基本价值；7. 共同幸福；8. 服从良心。

自然法学派坚持法律与正义之间存在着本质的关联，而法律实证主义则主张法律的有效性与道德正义无关。凯尔森被认为是欧陆法律实证主义的代表人物，他的纯粹法学理论被认为是把法律作为"规范"，是与事实及道德相分的第三领域。哈特坚持一种"描述社会学"的方法，被认为是继承了奥斯汀与后期维特根斯坦的语言分析方法。他的学生拉兹与麦考米克也是新分析实证法学派的代表人物。不过，哈特与科尔曼主张一种弱法律实证主义，认为法律与道德可以有偶然的联系，而拉兹则主张一种强法律实证主义，认为法律与道德属于两个完全不同领域的概念。

凯尔森（Hans Kelsen，1881—1973）支持法律规范的封闭性与自治性，认为法律体系最基本的东西是被社会大多数人所接受的某种假定。其"纯粹法学"认为，法律是一个纯粹的、独立自在的规范体系，一个规范的有效性来自于另一个规范的授权（而不是事实），而所有规范的有效性都可追寻到一个最高、最后的规范——基本规范。法律秩序是由基本规范和从基本规范中获得效力的所有规范组成的法律规范体系。基本规范不能有任何实质性或实体性内容，它既不包含事实内容，也不包含价值内容。它不能从自然法推演而得，也不包含任何关于道德或事实的判断。因而，它是纯粹的。很显然，凯尔森的话题触及到了"应然"与"实然"的区分。他认为分析法学的使命在于描述法律而与评价法律无涉，从而否定了法律研究乃道德之一部分的固定见解，使得分析法学与以自然法为代表的一切形而上法学理论划清了界限。

哈特（Herbert Lionel Adolphus Hart，1907—1992）为新分析法学派的首创者，其《法律的概念》被认为是当代实证主义法学的代表作品。哈特在分析哲学框架内重新挽救了分析实证法学，他先后与自然法学派的代表人物富勒、德富林、德沃金等人展开过一系列著名辩论。

哈特认为，一个成熟的法律体系应该是主要规则与次要规则的结合。主要规则是规范行为和强加责任的义务的规则，而次要规则是控制对主要规则的承认、修改和裁定的授予权力的规则。哈特注意到，如果只有主要规则，就会产生不确定性，规则改变滞后于实际情况（滞后性）以及无法面对复杂社会情况而产生无效性。因此，在主要规则之外，需要有次要规则来弥补这些缺陷。为了消除不确定性，我们需要提出一批规则，使之成为承认主要规则的有效性的标志和标准，并决定其范围。这些规则被称为"承认规则"。为了消除滞后性，我们需要提出允许个人和集团提出新的主要规则和取消旧的主要规则的修改规则。而为了消除失效性，我们需要提出能使个人决定主要规则在何时被违反的裁定规则。其中承认规则最主要，只有通过承认规则的承认，主要规则才具有法律效力，因此，承认规则是"法律制度的基础"，它提供了用以评价这一制度其他规则的效力的准则。在哈特看来，法无非是主要规则与次要规则的结合，主要规则要求人们从事或不从事某种行为，是设定义务的；次要规则是辅助主要规则的，是授予权力的。次要规则的引入是从前法律世界走向法律世界的一步，一个无可争议的法律制度将由此形成。

哈特还提出，法律规则可分为内在观点与外在观点。一个法律社会既有从内在观点出发主动接受法律规则指导者，也有必须以武力或武力的威胁为手段为之强行设定法律准则者。哈特接受在"应然的法"与"实际的法"之间做出区分，但是他认为法理学的研究对象是实际的法。他承认法律与道德有关系，但否认法律必须服从某种道德标准和道德义务。法律与道德之间只存在着偶然的关联。为了说明法律与道德的这种弱的关联，哈特提出了著名的"最低限度的自然法理论"。他认为我们最低限度应当承认的自然法仅仅建立在人性的基础上。之所以存在这种自然法，是因为人有弱点，要求自保和免于暴力；人是平等的，人与人之间要有一定程度的克制、妥协与协作；人具有一定程度的利他主义；人的理解力与意志力是有限的；而且，社会资源具有一定程度的匮乏。

德沃金（Ronald Myles Dworkin, 1931— ）认为，判断一个法律命题的真假，必然要涉及某种道德价值判断。尽管他也承认相关的道德原则是可争议的，但是他认为展开争论的前提，是我们预设了有唯一正确的答案。争论的目的就是达致该正确答案。德沃金认为，法律实践的道德基础是"整体性原则"。该原则表述如下："作为整体的法律要求法官尽可能假设法律是由一整套前后一致的、与正义和公平有关的原则和诉讼的正当程序所构成。它要求法官在面临新的案件时实施这些原则，以便根据同样的标准使人人处于公平和正义的地位。"① 该原则体现了另外一个更高层次的道德原则，德沃金称之为"至上的美德"：平等。政府应该平等地对待每一个成员，给予每一个成员平等的关怀与尊重。在德沃金的"平等的关怀与尊重"原则背后，蕴涵着一个资源平等的观念。该观念认为，政府应该让每一个人都有机会拥有同等的资源去追求自己的美好人生。但每个人对自己人生理想的选择以及对资源的利用方式则是每个人自己的事情，政府不能加以干预。很显然，德沃金的资源平等观还需要另外一个支撑：每个人都必须为自己的选择负责，政府则保证不能让每个人由于纯粹机运造成资源差异。平等的资源分配应"敏于志向、钝于禀赋"。

霍尔姆斯（Oliver Wendell Holmes，1841—1935）是美国著名法学家，美国最高法院大法官。霍尔姆斯提出"法律的生命不在于逻辑，而在于经验"，强调法官是根据自己的直接感触而作决定，而不是依据符合逻辑的三段论推理。分析法学一向认为司法就是将规则应用于具体事实。而在法律现实主义者看来，法官在进行判决时引用的规则来源时常不一，在面临数个相似的规则要加以选择时，逻辑根本发挥不了作用。因此，司法规则本身缺乏确定性，具体的判决案例情况又各异，法官的主观因素即经验必然会介入具体的司法实践。霍尔姆斯反对把法律看作是一个逻辑自洽的演绎体系，强调对现实与结果的关注，强调经验探索。

---

① 〔美〕德沃金：《法律帝国》，李常青译，北京：中国大百科全书出版社，1996，第217页。

进一步阅读

囚 徒 困 境

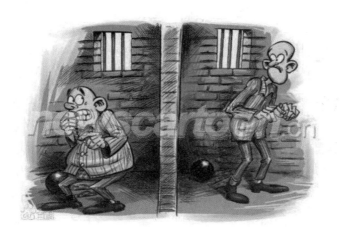

囚徒困境

"囚徒困境"（prisoners' dilemma）是 1950 年图克（Albert Tucker）提出的博弈论经典模型，讲的是两个嫌疑犯合伙作案后被警察抓住。为防止他们串供或订立攻守同盟，警察将他们分别关押在不同的屋子里审讯，并给他们同样的选择机会：若两人都坦白，各判刑 8 年；若两人都抗拒，各判刑 1 年（证据不足）；若其中一人坦白另一人抗拒，则坦白的释放，抗拒的判刑 10 年。在这个例子里，"纳什均衡"（Nash equilibrium）就是（坦白，坦白）：给定 B 坦白的情况下，A 的最优战略是坦白；同样，给定 A 坦白的情况下，B 的最优战略是坦白。这里，（坦白，坦白）不仅是纳什均衡，而且是一个占优战略（dominnant strategy）均衡，这就是说，不论对方如何选择，个人的最优

	坦白	抗拒
	−8, −8	0, −10
	−10, 0	−1, −1

选择是坦白。①

原初状态=相互冷淡+无知之幕

所谓"罗尔斯式证明"可以称之为一种作为方法论的契约论。这种证明就是一种设计，通过设计一种"原初状态"（original position），保证所有人（理性人或道德人）无论选择别的什么都对于两个正义原则达成一致意见或协议。"它是一种其间所达到的任何契约都是公平的状态，是一种各方在其中都是作为道德人的平等代表、选择的结果不受偶然因素或社会力量的相对平衡所决定的状态。"② 这是一种纯粹假设的、虚拟的状态。这个原初状态是由一系列限制条件构成的。其中包括：客观环境中的中等匮乏条件；主观环境中的相互冷淡或对别人利益的不感兴趣的条件；对知识的限制亦即"无知之幕"——所谓"无知之幕"（veil of ignorance）是指在原初状态中，所有人都只具有一般知识，不具有特殊信息；以及对原则的形式限制（包括五种限制条件：一般性、普遍性、公开性、有序性和终极性）等等。罗尔斯特别强调所有限制条件均要尽可能地少而弱，而非多而强。因此他认为："相互冷淡+无知之幕"的假设优于"仁爱+知识"的假设。

电 车 难 题

"电车难题"（Trolley Problem）是1967年福特（Philippa Foot）提出的伦理学思想实验，借助哈佛大学教授桑德尔的网络公开课而闻名遐迩。其大意是，一辆失控的电车疾驰而来，前方轨道上的五个工人将全部被撞死，若拐向右边一条岔道，则轨道上的另外一个工人将被撞死。司机应该怎么做呢？③

---

① 参见张维迎：《博弈论与信息经济学》，上海：上海三联书店、上海人民出版社，1996，第15—17页；谢识予：《经济博弈论》，上海：复旦大学出版社，2002，第6—9页。
② 〔美〕罗尔斯：《正义论》，何怀宏、何包钢、廖申白译，北京：中国社会科学出版社，1988，第120页。
③ 参见〔美〕桑德尔：《公正：该如何做是好？》，朱慧玲译，北京：中信出版社，2011，第22—25页。

电车难题

思考与讨论

当代实践哲学具有何种特质？当代政治哲学何以成为"第一哲学"？

后 记

关于《哲学导论》，自有许多理解方式。譬如，它应该告诉我们哲学与其他具体学科的关系，例如哲学与宗教、哲学与科学等等之间的区别和联系，以便我们把握哲学所具有的特质；它应该告诉我们哲学所具有的种种历史形态以及它们的起源和本质；它应该从各家各派哲学中寻找它们共同的问题和方法予以辨析。对于种种理解，本书兼收并蓄，折中至当，不拘泥于其中任何一种理解方式。

这部《哲学导论》给我们提供了一幅地图。此即所谓"哲学地图"。哲学地图（Mapping the Philosophy）亦即勾勒哲学问题的分布、进展与前沿，勘探哲学研究、教育和创作的广阔程度、深入程度与趋势、热点。哲学地图包括"空间地图""时间地图""观念地图""问题地图"。在这辐地图上，世界哲学大小地标及其长短路径尽可能地标志出来，并且予以概要说明。

曾几何时，我们以一个哲学来取代所有哲学。所谓"哲学原理"正是这样一门课程。只有这门哲学才能以理论形态存在。其他哲学，无论中国哲学，还是西方哲学，只能以历史形态存在，叫做"中国哲学史"和"西方哲学史"，不能叫做"中国哲学"和"西方哲学"。这是"贫困的哲学"，更是"哲学的贫困"。

"贫困"导致狭隘的视野和胸怀。迄今为止，除了中国哲学、西方哲学之外，绝大多数人们并不知道还有什么别的哲学。过去的狭隘是封闭保守，以为中国的"道"是"本"是"体"，西方的"器"是"末"是"用"。现在的狭隘是相反，以为世界就是西方，西方就是世界。在哲学上，我们已经完全认同西方哲学的精神和传统，并且以之为观测全部中国哲学的唯一坐标。

哲学的西方无非是古代希腊、近现当代英国、法国、德国、美国等等几个国家而已。

西方中心论滥觞于黑格尔的哲学史。黑格尔对东方哲学的无知和冷漠，与对西方哲学的博识和热情，相映成趣。当然，今天我们将东西方哲学家相比较，既承认苏格拉底、柏拉图、亚里士多德的伟大，又承认孔子、释迦牟尼、穆罕默德、耶稣基督的神圣；但是，又有多少人在知道笛卡尔、休谟、康德的同时，而又知道朱熹、商羯罗呢？如果西方提出胡塞尔、维特根斯坦、海德格尔，东方又有谁与他们相比较呢？东方人对西方的了解，与西方人对东方的了解是极其不对称、极其不均衡的。确实，许多比较结果不是因为思想魅力，而是因为话语霸权，由于不断阐释，影响人们的认识和评价。

古往今来，整个世界哲学存在种种大小传统，首先分为中国、印度和希腊三大传统，还有希伯来、波斯和阿拉伯等等中小传统。其中，希腊哲学首先超越它的古代形态，发展为它的近代（现代）形态，亦即西方哲学。西方哲学分为英美和欧陆两大传统，再进一步发展为它的当代形态。这是本书所描述的人类精神形成和发展的基本历程。在这一基本历程中，既有纯粹哲学的发展，也有实践哲学的发展。

本书对于每一哲学传统的叙述与评论，以原创性思想为主，以诠释性学术为辅。对于显著影响着自身哲学传统的经典作家、著作及其哲学思想，力图按照原本框架予以阐释；对于各家各派前后传承以及左右关系，给予照应；对于每一哲学传统的整体结构和发展历程，给予关照。

本书分为引论、三篇、九章和三十八节，正文配有插图、图表，每章附有进一步阅读、思考与讨论，另有《哲学导读》（由夏年喜主编）配套，仅供教师在讲授时参考。除作为大学哲学教材外，本书亦可作为哲学普及读物，适用于所有哲学爱好者和哲学工作者。

本书引论、上、中二篇由程广云撰写（中篇第五章由梅剑华参与撰写，第六章由叶磊蕾参与撰写），下篇第七章以及第八章第一节由梅剑华撰写，第八章第二、三节由叶磊蕾撰写，第九章由陈德中撰写。盛珂、杨浩、朱清华、吴功青、张浩军、樊沁泳和朱慧玲等人分别对于各章修订提出了意见和建议。

哲学导论

全书由程广云统稿。学界友好提出的意见和建议，一并致谢。最后感谢北京大学出版社闵艳芸女士对于本书出版所给予的帮助。

毫无疑问，由于编者学力和篇幅的限制，本书挂一漏万是不可避免的。譬如东亚哲学（例如日本哲学）、俄国哲学等等，没有任何体现；近现当代东方哲学，没有充分展现。至于观点的浮浅、材料的错讹，同样难以避免。各位编者的风格差异、篇章结构的交叉重叠，以及全书体例和规范的不一，都是问题。若有修订机会，这些问题容或解决。如果读者能够因本书而拓宽视野，开阔胸怀，真正领会世界哲学之包罗万象的无限风光，那么作者将引以为荣幸。

程广云

2017 年 7 月 13 日

北京·首都师范大学哲学系